Rainer-K. Langner

Das Geheimnis der großen Wüste

Auf den Spuren des Saharaforschers Gerhard Rohlfs

S. Fischer

Satz: H & G Herstellung, Hamburg
Druck und Bindung: Clausen & Bosse, Leck
Printed in Germany
ISBN 3-10-04 3930-9

Inhalt

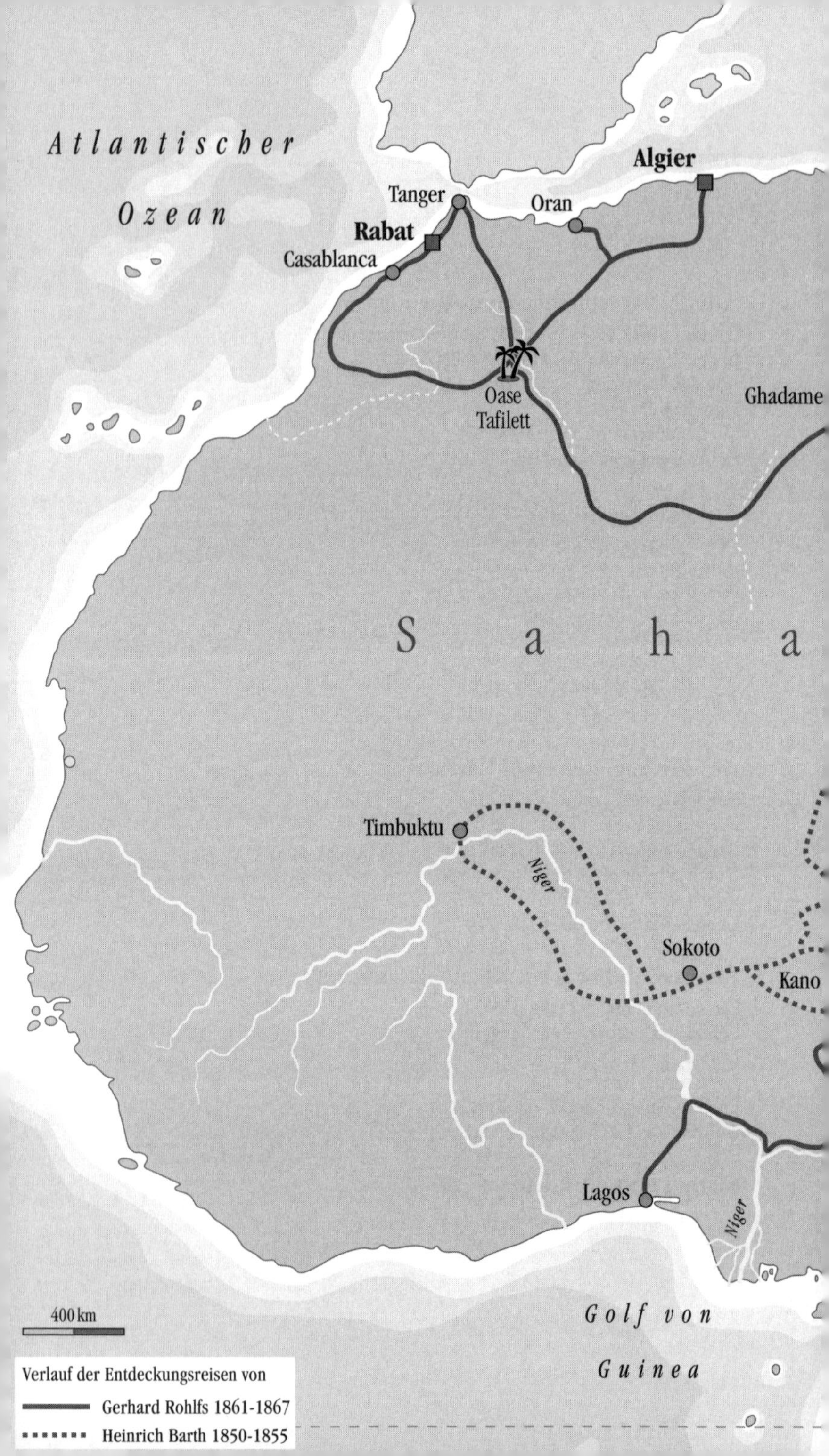

Atlantischer
Ozean
Tanger
Rabat
Casablanca
Oran
Algier
Oase
Tafilett
Ghadame
S a h a
Timbuktu
Niger
Sokoto
Kano
Lagos
Niger
400 km
Golf von
Guinea
Verlauf der Entdeckungsreisen von
Gerhard Rohlfs 1861-1867
Heinrich Barth 1850-1855

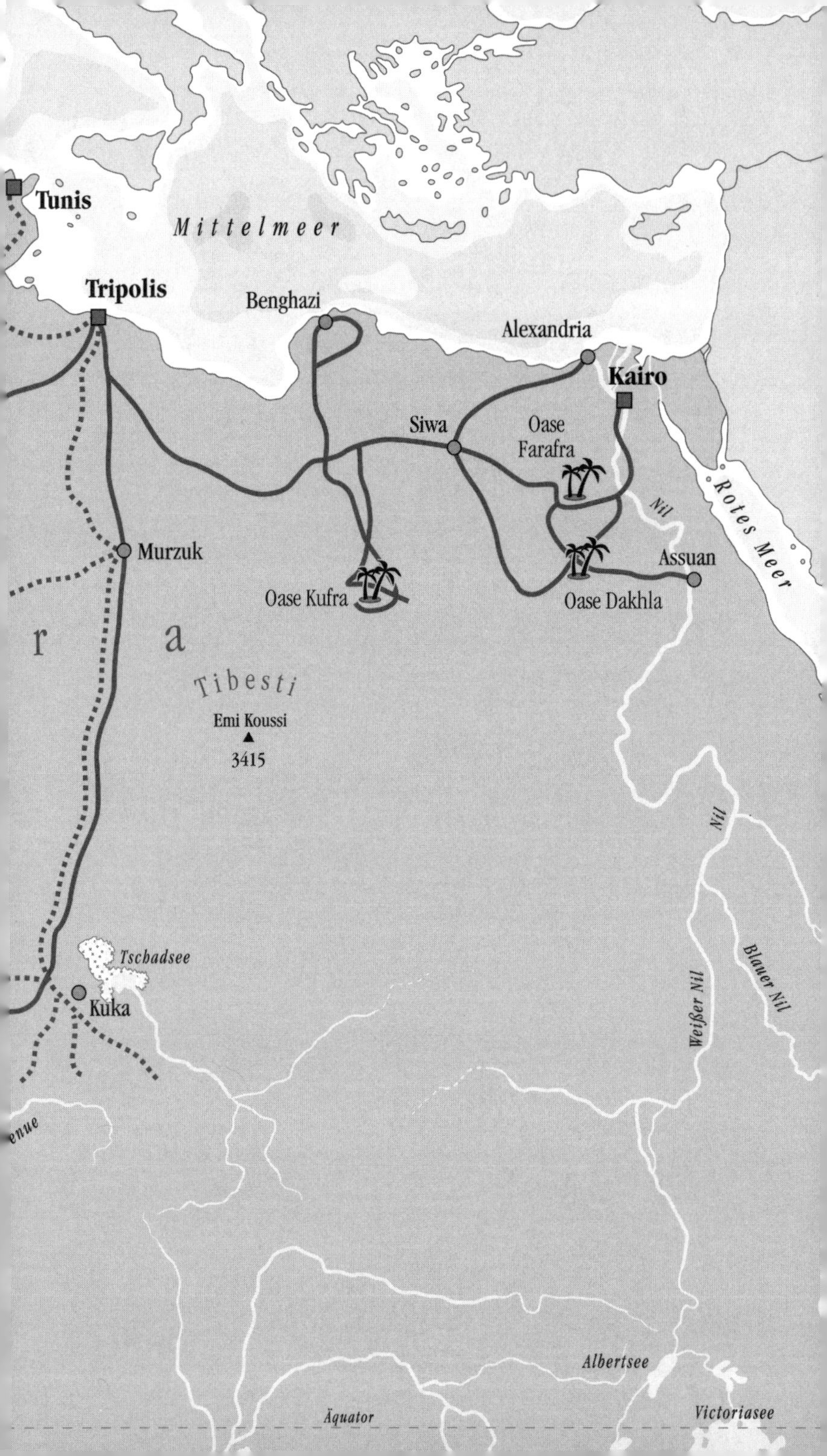
Tunis
Mittelmeer
Tripolis
Benghazi
Alexandria
Kairo
Siwa
Oase
Farafra
Nil
Rotes Meer
Murzuk
Oase Kufra
Assuan
Oase Dakhla
r
a
Tibesti
Emi Koussi
3415
Nil
Blauer Nil
Weißer Nil
Tschadsee
Kuka
enue
Albertsee
Äquator
Victoriasee

Aus den Notizheften eines Abenteurers

Der Reiz des Neuen, das Lockende,
völlig unbekannte Gegenden durchziehen zu
können, fremde Völker und Sitten, ihre Sprache
und Gebräuche kennen zu lernen, ein Trieb zu
Abenteuern, ein Hang, Gefahren zu trotzen:
Alles dies bewog mich, das Wagnis auszuführen.
Gerhard Rohlfs

Dreimal durch die Hochebene des Schreckens

Die Karawane hatte sich den schroffen, knapp vierhundert Meter steil ansteigenden Rand der Hamada el Hamra hinaufgequält und kein einziges Kamel in den pfadlosen Abbrüchen verloren. Störrisch waren die Tiere gewesen, dem Absturz oftmals gefährlich nah, und die Kamelführer mussten in das Zaumzeug greifen oder zum Stock. Eine Schinderei für Mensch und Tier, auch für Gerhard Rohlfs, den die Männer Mustafa el Nemsi nennen, Mustafa den Deutschen.

Es ist der 7. Juni 1865 und der neunzehnte Tag einer Reise, die ihn von Tripolis durch die Sahara nach Timbuktu führen soll, in die legendenumwobene Stadt am Niger. Er wird Timbuktu nie erreichen, sooft er es auch versucht. Noch aber glaubt er an sein Ziel, wozu sonst hätte er diese Reise unternommen, die nicht seine erste durch die Große Wüste ist, doch die erste mit großem Tross.

In Deutschland und Frankreich hatte er allerlei wissenschaftliches Gerät und Ausrüstungsgegenstände zusammengekauft – Aneroide, Thermometer, Hygrometer, Hypsometer, Boussolen, Waffen und Munition, Medikamente: 500 Gramm Chinin, 50 Gramm Opiumextrakt, 5 Gramm Brechweinstein, essigsaures Blei, Jodkali, englisches Pflaster, Heftpflaster; 2000 Gramm Zitronensäure zur Limonadebereitung, Hirschhorngeist, Teppiche, wollene Decken, Schwimmgürtel, Tee, Biskuit, Konserven. In Tripolis erwarb er, was noch fehlte, seine Reisebegleiter zuerst, für ein Handgeld. Europas Reisende gingen nie allein in die Wüste, jedenfalls nicht im 19. Jahrhundert. Rohlfs machte davon keine Ausnahme, sosehr er seine Wege auch als gefahrvolle Einzelunternehmungen beschrieb.

In Nord- und Nord-Zentralafrika, hat man das Angenehme, dass man nicht mit menschlichen Transportmitteln, rep. Trägern, vorzugehen braucht, also im höchsten Grade abhängig von dem guten Willen eines einzelnen ist, sondern Tiere zu verwenden hat, die einem vollkommen unterstehen. Man kaufe also von vornherein

Kamele und miete die notwendige Anzahl Kameltreiber. Man nehme Rücksicht darauf, daß ein Kamel auf so langen Reisen keineswegs große Lasten tragen kann, höchstens drei Zentner, nebst dem dazugehörigen Wasser. Man nehme sodann für sich, als Führer der Karawane, ein gutes Pferd, denn es ist notwendig, daß der Führer repräsentiert.

Afrikareisen beginnen als eine Operation, als logistische Aufgabe par excellence, und jede Karawanentour ist Teamarbeit, bei Strafe ihres Untergangs, ist ein kompliziertes Beziehungsgeflecht auf Zeit. Diener, Kamele und Treiber müssen angemietet oder gekauft werden, deren Anzahl ist abhängig von der zurückzulegenden Strecke und von der Zeit, um diese Strecke hinter sich zu bringen. Tauschwaren und Lebensmittel müssen besorgt, Kisten gezimmert werden, um die Ausrüstung auch transportieren zu können. Ein ganzes Warenlager ist zu verpacken – Kochgeschirr, Proviant, Tauwerk, Beile und andere Werkzeuge, Waren, die als Geschenke und Tauschmittel dienen, Burnusse von Tuch in den grellsten Farben, mit Gold bestickt, bunte Taschentücher, feineres und gröberes Baumwollzeug, Turbane, Mützen, einige Stücke Samt und Seide, Essenzen, echte und unechte Korallen, ganze Zentner Glasperlen der verschiedensten Art, Tausende Nähnadeln, Schreibpapier, Hunderte von Messern. Solche Aufgaben löste Mustafa el Nemsi stets mit großem Nachdruck.

Am 20. Mai 1865 hatte er alles zusammen: drei Diener, drei Kamelführer, sechs Lastkamele und das Reitkamel für sich. Doch ehe die Karawane aufbrach, statuierte Rohlfs ein Exempel. Ein Zwanzig-Franc-Stück war aus seiner Geldbörse verschwunden und der Schuldige schnell gefunden, Hammed Tandjani, einer seiner Diener, dem er die Überwachung des Geldes anvertraut hatte. Hammed beteuerte gestenreich seine Unschuld, doch unbarmherzig schlug der Deutsche auf den Mann ein. Erst die Ankunft der Honoratioren von Tripolis, einiger Konsuln und des türkischen Provinzgouverneurs, die gekommen waren, der Karawane auf den ersten Kilometern ein Ehrengeleit zu geben, setzte der drakonischen Bestrafung ein Ende. Noch am gleichen Tag fand Rohlfs das Goldstück in einer der Gepäcktaschen – und er erinnerte sich, es selbst dort hineingesteckt zu haben. Später, in der Beschreibung seiner Reise, wird Rohlfs Hammed Tandjani zitieren – »Ich werde nie vergessen, dass du an meiner Ehrlichkeit gezweifelt hast« – und hinzufügen, dass sein Diener die unverdiente Züchtigung wohl doch vergessen haben musste; *er war und blieb mein treuester Diener, treu und ehrlich bis zu seinem frühen Tod.*

Es war kurz vor acht Uhr, als der Tross sich in Bewegung setzte. Die Kameltreiber schrien ihr *»E-o-a! E-o-a!«* und *»Salam ala rassul wa nebbina«* (Heil und Frieden über unseren Gesandten und Propheten – d. Verf.), unterbrochen vom gellenden Klagegeschrei arabischer Frauen. *Auf nach Timbuktu. Nur ich und meine drei Diener waren bewaffnet, jeder von uns hatte immer eine Ladung für zwölf Schuß in Bereitschaft.*

Das Mittelmeer im Rücken, führte der Weg südwärts durch eine fruchtbare Landschaft tiefer in den afrikanischen Kontinent hinein, von Oase zu Oase, durch Gharyan und Mizda, weiter südwestwärts durch ein breites ausgetrockenes Flusstal, den Wadi el-Cheil, eine 30 bis 45 Meter tiefe Rinne, seitlich von löchrigen Sandsteinwänden begrenzt. In einer dieser natürlichen Höhlen sah er in den Fels geritzte Darstellungen von Elefanten, Kamelen, Antilopen und anderen Tieren, *ziemlich roh ausgeführt, doch immerhin von einer gewissen Stufe der Kultur zeugend, auch eine weibliche Menschengestalt mit ausgeprägter Negerphysiognomie in sehr indezenter Stellung*. Flüchtig war sein Blick in diese Höhlen, wie seine spätere Reisebeschreibung die Artefakte auch nur beiläufig erwähnt; er musste weiter, wollte mit Sonnenuntergang am Fuße der »Hochebene des Schreckens« lagern, dem Tross etwas Ruhe gönnen, für den schwierigen Aufstieg Kraft sammeln.

Hamada el Hamra, die Rote. Tonfarben schimmernd liegt das Hochplateau messtischeben von Horizont zu Horizont, vollgewürfelt mit Geröll, eine endlose Steinwüste, vom Wind poliert, schutzlos den Sonnenstrahlen ausgesetzt, südwärts fast 240 Kilometer ohne Schatten, steinhart. Nachts fallen die Temperaturen unter null, und es gibt Tage, an denen es über 55 Grad heiß wird. Morgens sind die Farben am intensivsten, noch kontrastreich, wenn die Luft klar ist, die ersten Sonnenstrahlen vom Gestein den Reif nehmen und aus der Hochebene die Nachtkühle. Doch das

Morgenlicht verblasst schnell, und über den Vormittag verwischen die Farben und Konturen, bis alles in ein gleißendes Licht getaucht ist, als würde das Plateau verbrennen. Fata Morganen flirren in prächtigen Phantasmagorien über der Hamada, und Stille dröhnt in den Ohren jener, die sie queren. Das Laufen auf scharfkantigen Steinen wird zur Qual. Mittags scheint die Luft zu schwitzen, als wolle sie den Aggregatzustand wechseln. Wer hier hindurch muss, wird neu geboren, wenn er die Hamada el Hamra wieder verlässt, den ersten Brunnen erreicht. Überleben ist eine Frage des Wassers.

Einen Steinhügel soll er aufschichten, sagen die Kameltreiber, einen Busfor, der werde ihn vor Gefahren schützen. Das sei der Preis, den alle zahlen müssen, die zum ersten Mal Libyens Hamada el Hamra queren, der Busfor und eine Mahlzeit für einen jeden von ihnen.

Sechs, sieben Liter muss ein Europäer in der Wüste pro Tag trinken, bei körperlicher Anstrengung zehn. Die Sonne presst alle Säfte aus dem Körper, entzieht ihm Flüssigkeit. Wird sie nicht ersetzt, bleibt zuerst der Speichel weg, das macht die Kehle rissig und die Zunge hart. Durch den geöffneten Mund fließt heiße Luft in die Lunge, die Atmung rasselt, die Haut brennt, Muskeln verkrampfen, das Wahrnehmungsvermögen schwindet. Am Ende trinken fast alle ihren Urin.

Durst verspürt der Mensch, wenn er ein halbes Prozent seines Körpergewichts an Flüssigkeit verloren hat. Verliert er mehr, beginnt der Magen zu schrumpfen. Bei zwei Prozent ist er bereits zu klein, um die nötige Wassermenge auf einmal aufzunehmen. Bei fünf Prozent macht sich der Flüssigkeitsverlust durch ein leichtes Fieber und eingefallene Hautpartien bemerkbar. Bei acht Prozent trocknen alle Schleimhäute aus, stellen die Drüsen ihre Speichelproduktion ein, und die Haut färbt sich bläulich. Bei zehn Prozent kann der Verdurstende nicht mehr laufen, bei zwölf Prozent ist sein Schicksal besiegelt. Zwei Tage, mehr braucht es nicht, dann kommt der Tod. Selbst Kamelkarawanen, die viel Wasser transportieren und wegkundige Führer haben, sind vor den Folgen einer Dehydration nicht sicher. Mit zwölf Prozent rechnet niemand. Jeder denkt sich mit Flüssigkeit ausreichend versorgt, wenn er seine sorgsam kalkulierte Ration Wasser mit sich nimmt. Überleben als logistisches Problem.

Rohlfs Wasserschläuche sind gut gefüllt und die besten, die man hat auftreiben können, aus sudanesischem Ziegenleder gearbeitet.

Der Ziege wird der Kopf abgeschlagen, exakte Schnitte trennen die Haut an den Vorder- und Hinterläufen, der Kadaver wird durch die Halsöffnung aus dem Fell herausgezogen. Eine Arbeit für Spezialisten. Inwendig geteert, damit das Wasser nicht fault, die Fellöffnungen verschlossen, den Hals zur Schlauchöffnung gerafft, fassen solche Schläuche bis zu 75 Liter Wasser. Damit kann es eine Weile gehen, wenn das Wasser in den Schläuchen nicht verdunstet oder verdampft. In Marokko hatte er gesehen, wie gefüllte Ziegenfelle auf Dreifüße gelegt wurden, um jede Berührung mit dem Boden zu vermeiden. Diesmal legen die Karawanenführer Matten aus, und niemand will seine Dreibeine haben, die er in Tripolis gekauft hatte. Nachdem alle Wasserschläuche auf der Unterlage liegen, werden sie mit weiteren Matten zugedeckt. »Warum hängt ihr die Schläuche nicht auf?«, fragt er die Männer. »Weil wir sie dann nicht so gut zudecken können.« »Warum müssen sie zugedeckt sein?« »Weil der Mond sonst das Wasser trinkt.« Mit dieser Antwort kann der vierunddreißigjährige Deutsche wenig anfangen und müsste doch wissen, dass selbst das geschmeidige Leder einer sudanesischen Ziege brüchig wird, wenn ein aufgeheizter Schlauch der kalten Nacht ausgesetzt ist. Die Temperaturunterschiede zwischen Tag und Nacht sind in der »Hochebene des Schreckens« beträchtlich, über 50, manchmal 60 Grad Celsius.

Irgendwann fällt jede Hamada zur Ebene herab. Es ist höchste Zeit, dass die Männer aus der Hochebene herunterkommen, selbst die Kamele sind erschöpft. Auf halbem Weg hinab, in Dirdj, finden sie Wasser, das die Oasenbewohner in Ziehbrunnen aus der Erde heraufholen, und mieten frische Kamele. Um fünf Uhr nachmittags zieht die Karawane, der sich einige Männer mit ihren Kamelen angeschlossen hatten, weiter. In der Wüste geht man in einer größeren Gemeinschaft sicherer, sagen sie, bis nach Ghadames treibt sich allerlei Gesindel herum.

Man geht langsam und im gleichmäßigen Schritt, den die Kamele vorgeben, eine gute halbe Stunde, bis das Gebrüll eines der Tiere alles Gleichmaß zerreißt. Rohlfs' zweiter Diener, Cheir, hatte sein Kamel mit einem Stock zur schnelleren Gangart antreiben wollen, dabei dem Tier das rechte Auge aus dem Kopf geschlagen. Blutig liegt es im Sand, und der Besitzer des jungen, kräftigen Kamels tobt, droht handgreiflich zu werden; man solle umkehren, in Dirdj den Vorfall dem Kadi vortragen. Rohlfs hat Mühe, den Mann zu beruhigen. Natürlich werde er für den entstandenen Schaden aufkommen, wenngleich das Kamel kein Luxustier sei und der Verlust eines Auges seine Tragfähigkeit nicht beeinträchtige, selbst der fünfte Teil seines Wertes sei daher ein noch viel zu hoher Ersatz. Der Eigentümer läßt sich beruhigen, gibt sich zufrieden, vielleicht, weil er keinen Augenblick daran zweifelte, daß *die Medizin, Charpie mit Wachssalbe bestrichen, die ich dem armen Tier zur Linderung der Schmerzen in die leere Augenhöhle gedrückt, demselben ein neues Auge verschaffen werde.*

Am 17. Juni 1865 ist Ghadames erreicht, vier Wochen nach Tripolis, vier Tage, nachdem Rohlfs die ersten Anzeichen einer ernstlichen Erkrankung bemerkte. *Ich schwebte einige Tage in wirklicher Lebensgefahr. Fortwährende heftige Blutentleerungen aus dem Darm schwächten mich derart, dass ich an meinem Aufkommen verzweifelte. An Essen durfte ich gar nicht mehr denken, ebenso wenig wagte ich es, meinen Durst zu stillen.*

Es ist nicht das erste Mal, dass Rohlfs von Durchfall und Darmblutungen geplagt wird; der Gecko hat damit nichts zu tun. Zwei, vielleicht drei Tage ist es her, als er beobachtete, wie die Kameltreiber einer kleinen Eidechse mit plattem Kopf, eine Bu-Bris genannte Gecko-Art, nachstellten und sie töteten. Bu-Bris vergifte durch seinen Atemhauch die Speisen, sagten sie, und könne der Haut einen Ausschlag anspritzen, schwangere Frauen, die von Bu-Bris angeblickt würden, kämen mit gefleckten Kindern nieder. Als »Repräsentant« des aufgeklärten Abendlandes nahm er eine Bu-Bris in die Hand, setzte sie auf seinen Fuß, ließ sie über seinen Teller laufen; *sie blieben bei ihrem abergläubischen Vorurteil und sagten, ich sei gegen das böse Wesen gefeit.* Besser, Mustafa el Nemsi hätte Bu-Bris erschlagen, dachten sich die Kameltreiber. Jetzt kann er nichts mehr bei sich behalten.

Um die Darmblutungen zu stillen, braucht Rohlfs immer größere Gaben Opium, anders ist der Diarrhöe nicht mehr beizukommen. Er erkrankt auf Leben und Tod, nicht zum ersten, nicht zum letzten Mal. Afrika fordert seinen Preis. Über die Krankheit in Ghadames oder Rhadames, wie der Name der Stadt gesprochen wird, schreibt er: *Obgleich man das Klima nicht ungesund nennen kann, ist es dennoch für Europäer schwer erträglich. Augenkrankheiten, Syphilis, Fieber und Dysenterien sind die häufigsten dort vorkommenden Krankheiten. Im Jahre 1865 wäre ich selbst beinahe das Opfer einer sehr acuten Blutdysenterie in Rhadames geworden. Meist entstehen diese in der Zeit der Melonen, der einzigen Frucht, welche gut in Rhadames gedeiht.* Es müssen die Melonen gewesen sein; der Bu-Bris ist ohne Schuld.

Während er sich nur langsam erholt, bleibt Zeit genug, die Oase zu beschreiben. Sein Reisetagebuch wächst schnell und macht deutlich, was sein Jahrhundert von einem »Forschungsreisenden« erwartet. Die Beschreibung dessen, was er sieht, um Mutmaßungen vermehrt, und die Bestätigung, dass jenseits abendländischer Grenzen keine Kultur sei, keine Zivilisation. Nicht alle bedienen das herrschende Klischee, dieser Entdeckungsreisende jedoch kann sich ihm nicht entziehen, jedenfalls nicht in der Mehrzahl seiner Aufsätze und Beiträge. *Was das Aeussere anbetrifft, so sind die Rhadamser meistens hässlich, da die vielen Kreuzungen mit Negern eben nicht dazu beigetragen haben, Körper und Gesichtsform zu veredeln und zu verschönern.*

Ghadames, seit Jahrtausenden Schnittpunkt alter Handelswege von Nord nach Süd, West nach Ost, ist um eine natürliche Quelle gebaut. Ihre Silhouette aus dicht beieinander stehenden mehrstöckigen Häusern, deren kahle Lehmwände selten genug von winzigen Fensteröffnungen durchbrochen sind, gleicht einer unregelmäßig emporgemauerten kompakten Festung gegen die Hitze. Regen fällt selten, vielleicht alle zwanzig Jahre einmal. Im Innern der Stadt, in der zu Rohlfs' Zeiten über fünftausend Menschen leben, öffnet sich ein Gewirr enger überbauter Gassen, die fast alle auf den Marktplatz führen oder zu dem 25 Meter langen, 15 Meter breiten Wasserbecken aus massiven Steinquadern, das durch eine unter artesischem Druck austretende, 30 Grad warme Quelle gespeist wird. Das Becken, vermutet der Deutsche, sei bereits von den Römern gebaut worden, vor rund 2000 Jahren, als Roms Legionen weite Gebiete Nordafrikas besetzten, aus Ghadames Cydamus wurde. Nach den Römern kamen die Araber, später die Türken, die noch immer die südliche Mittelmeerküste besetzt halten und in Ghadames eine Wassersteuer erheben, jährlich etwa 50 000 Francs. Jedenfalls verbucht die türkische Regierung diese Summe, die der Gouverneur von Tripolis ins ferne Konstantinopel transferiert. Welchen Betrag der Gouverneur vom obersten Beamten der Stadt Ghadames, dem Kaimmakam, erhält und wie viel dieser tatsächlich einnimmt, bleibt ein Geheimnis der osmanischen Bürokratie. Das Quellwasser wird in einen größeren eisernen Topf geschöpft, aus dem es durch eine kleine Öffnung im Topfboden wiederum herausläuft, drei Minuten, dann ist die einfache Wasseruhr, die die Ghadameser »Gaddus« nennen, leer gelaufen. Sieben »Gaddus« sind ein »Dermissa« und reichen knapp für sechzig Palmen auf zweihundert Quadratmeter Gartenfläche. Eine schier unerschöpflich sprudelnde Geldquelle für den türkischen Statthalter, eine Art Geldmaschine, von römischen Ingenieuren entworfen.

Schon Jahrhunderte vor der Römerzeit war die Stadt wichtiges Handelszentrum im eng geknüpften Netz aus Karawanenstraßen. Rohlfs kann die Architektur dieser fernen Zeit in den Ruinen runder und viereckiger Türme aus roh bearbeitetem Stein, den »Esnamen«, Götzenbildern, noch erahnen. In den Türmen liegt zur ebenen Erde eine meist gut erhaltene, oben spitz zulaufende, gewölbte Kammer, in einigen über der ersten eine zweite, die über eine steinerne Außentreppe zu erreichen war. Untereinander durch Mauern verbunden, war die gesamte Anlage ein einziger großer Lagerplatz, Zufluchtsort und Verteidigungsanlage zugleich. Gegen römische Legionen, die mit Steinschleudern und Rammböcken nach Ghadames kamen, versagte die Anlage.

Die stärker dosierten Opiumgaben zeigen Wirkung. Rohlfs wird unruhig. Ghadames ist Durchgangsort, nicht das Ziel. Den, den er erwartet, Tuareg-Scheich Si-Otman, erwartet er bislang vergebens. Ohne seinen Schutz allein durch das Ahaggar-Gebirge nach Timbuktu zu gehen wäre zu gefährlich. Gewiss, er fürchtet keinen Wegelagerer, auch scheint ihm seine Bewaffnung ausreichend, aber er kann keinen Karawanenführer durch das ihm unbekannte Gebirge finden, und der Firman, jener vom Türkischen Sultan auf Empfehlung des Gothaer Geographen Petermann ausgestellte Schutzbrief, ist in Ghadames nicht mehr das Papier wert, auf dem er geschrieben wurde: »Die Gesandtschaft seiner Majestät des Königs von Preußen bei Unserer Pforte der Glückseligkeit haben mittels amtlicher Note Uns benachrichtigt, dass Mustafa-Bey, ein hoch angesehener deutscher Untertan, eine Reise durch Afrika anzutreten gedenkt, und hat Uns gebeten, ihm einen Kaiserlichen Firman auszustellen. Wir fordern dich daher auf, Generalgouverneur von Tripolitanien, diesen Mustafa-Bey, der in seiner Heimat Gerhard Rohlfs genannt wird, gastfreundlich aufzunehmen und ihm die gehörige Ehre zu erweisen. Du sollst Acht geben, dass er wohlbehalten reist und dass ihm kein Leid geschieht. Zu diesem Zweck haben wir vorstehenden kaiserlichen Firman erlassen. Gehorche gemäß seinem erhabenen Inhalt, und also ebenso all jene, denen du gebietest. Geschrieben am achten Tag des Monats Silkade im Jahr 1270. Abd ul Asis. Türkischer Sultan. Konstantinopel 1865.« Konstantinopel ist weit und das Ahaggar-Gebirge von Tuareg-Stämmen beherrscht.

Si-Otman kommt nicht, dafür ein Brief von Abd el-Kader, Herrscher über das Tidikelt-Gebiet, den Rohlfs ein Jahr zuvor kennen gelernt und dem er versprochen hatte, einen Revolver in Deutschland reparieren zu lassen. Diesen und eine neue Pistole hatte er mit seiner Ankunft in Ghadames in die Tidikelt-Oasen geschickt, auch um über das Ausbleiben Si-Otmans Erkundungen einzuziehen. Abd el-Kader reagierte euphorisch und ebenso prompt. »Gelobt sei Allah! Es gibt nur einen Gott. Und Gebet und Heil über seinen Gesandten und seine Familie und seine Genossen und seine Anführer und sein Heer! Wir haben die alte Pistole empfangen und mit innigstem Dank den wunderbaren neuen Revolver mit 18 Schüssen erhalten, ein Werkzeug der christlichen Teufel, Allah möge sie verfluchen und vernichten, bis keiner mehr übrig ist.« Viel Palaver, vom Tuareg-Scheich dagegen keine Nachricht.

Ende August bringt ein Kurier aus Tripolis eine Zeitung nach Ghadames. »In Algier wird in den nächsten Tagen der Tuareghäuptling Si-Otman ben Bikri erwartet, der mit zahlreichem Gefolge kommt, um dem Gouverneur von Algerien einen Besuch abzustatten.« Damit sind die Würfel gefallen; gegen Timbuktu. Monate würde es dauern, ehe Si-Otman in Ghadames einträfe. *»Mein Entschluß war schnell gefaßt. Die Reise nach dem Hoggar-Lande (Ahaggar) wurde aufgegeben und dafür die Tour über Fazzan in Aussicht genommen. Zuvor mußte ich aber nach Misda zurückkehren, um mir dort Kamele bis Mursuk zu mieten.«*

Zurück führt kein anderer Weg als jener, den er gekommen war, und wieder über Dirdj, wo ihn der Besitzer des Kamels erwartet, dem Rohlfs' Diener Cheir das Auge ausgeschlagen hatte. Als Schadensersatzklage kommt der Vorfall vor den Kadi von Dirdj, der dem Kläger Recht gibt und Rohlfs zur Zahlung von zehn Mahbub, des halben Preises eines jungen Kamels, verurteilt, um ihn dann, nach einem Einwand des Verurteilten, dass das Tier arbeitsfähig geblieben sei, auf fünf Mahbub zu reduzieren. »Einen Sbili«, einen viertel Mahbub, »steuere ich selbst bei, einen mag dein Neger geben, und den Rest wirst du zahlen«, sagt der Richter und legt tatsächlich eine Münze hin. Nachdem auch Cheir einen Sbili gezahlt und Rohlfs den Rest aufgezählt hat, unterbricht der Kadi den Kläger, der eben das Geld einstreichen will, und erkundigt sich nach dem Verbleib des einäugigen Kamels. Auf dessen Antwort, es sei mit einer Karawane unterwegs, nimmt der Richter das Geld vom Tisch und steckt es in die eigene Tasche. »Wenn das Tier so reisetüchtig ist, dass es fortwährend auf der Straße sein kann, so brauchst du gar keinen Schadenersatz, Freund meines Herzens; jedenfalls muss ich den Schaden erst besichtigen.« Für den Kläger ist die Sache damit ebenso ausgestanden wie für den Verurteilten, der die Oase Dirdj nach Mizda verlässt, um sich dort einer Karawane anzuschließen, die in das Féssangebiet zieht, nach Murzuk, und ihm sechs ihrer Kamele vermietet.

Sobald Mizda hinter ihm liegt, tauscht Rohlfs die traditionelle Kleidung gegen einen leichten europäischen Sommeranzug. *Bis hierher durfte ich nicht wagen, anders als unter der Maske eines Muselmans zu reisen; jetzt ging es südwärts in Länder, deren Bewohner nicht wie die fanatische Bevölkerung des Rharb jeden Andersgläubigen feindselig behandeln oder gar mit dem Tode bedrohen.*

Die Karawane zieht schnurgerade südwärts, so gut es eben geht, denn manches Ausweichmanöver ist nötig, um Wegelagerern zu entgehen. Schon einige Zeit war ihnen eine Hand voll Männer auf Rennkamelen aufgefallen, die den langsamen Karawanentross in einiger Entfernung begleiten. Die Absicht des kleinen Trupps ist offensichtlich, doch er scheut einen offenen Angriff. Dann verschwinden die Männer, und die Gefahr eines Überfalls scheint gebannt. Nachts, als die Karawane zwischen zwei Dünen lagert, nicht einmal eine Wache aufgestellt ist, kommen sie über eine Düne zum Lagerplatz herab. Säbel blitzen auf und Gewehrläufe. Mit »Mursuk« haben die Angreifer nicht gerechnet, Rohlfs' weißem Spitz, den er vom österreichischen Konsul in Tripolis geschenkt bekommen hatte. Der Spitz springt mit Gekläff den Banditen entgegen und reißt dem Ersten, den er zu fassen bekommt, ein Stück Stoff aus der Hose. Damit ist der räuberische Überfall abgewehrt. *Mursuk war der Held des Tages und fortan eine allgemein geschätzte Persönlichkeit. War er müde, so wurde er auf ein Kamel gehoben, und er hatte mit der Zeit ganz gut gelernt, auf seinen Vieren stehend, alle Schaukelbewegungen des Wüstenschiffes auszuhalten.*

Wieder führt die Route über die Hamada el Hamra, diesmal mitten durch die Hochebene hindurch. Die Sonne schwächt den Willen der Männer und macht die Kamele lethargisch. Knapp 60 Grad zeigt das Thermometer, jedenfalls wird er später diese Temperatur in seinem Reisebericht notieren. Vielleicht war es nicht ganz so heiß, aber was macht das schon. Auch 50 Grad sind unerträglich, wenn es keinen Schatten gibt. Dann bleibt plötzlich auch noch der Wind aus, der Mensch und Tier etwas Erleichterung in der Hitze verschaffte, und das Thermometer springt um zwei, drei Grad nach oben. Die Karawanenführer sehen sich an, und auch Rohlfs weiß, was sie zu erwarten haben – den Gibli, jenen gefürchteten heißen Sandsturm.

Die Sonne mutiert zum glutroten Feuerball; eine schmutzigschwarze Wand steht am Horizont, wälzt sich näher, eine hoch aufragende Mauer aus feinstem Sand und Staub. Dunkler wird die Sonne, immer drückender, heißer, trockener die Luft, immer schwerer die Atmung. Die Männer binden ihren Schesch, das Kopftuch, bis auf einen winzigen Sehschlitz fester um den Kopf, dann ist der Orkan mit seinen aufgepeitschten Sandkörnern da. Ohne Kommando machen die Kamele kehrt, damit der Sturm ihnen den scharfen, die Haut zerschneidenden Sand nicht in die Augen treibt, ohne Kommando knien sie nieder. Der Sandsturm, mehrere hundert Meter hoch, verdunkelt die Sonne zur Sonnenfinsternis. Um den ersten Stoß des Gibli abzuhalten, legen sich die Männer hinter die Kamele, und doch füllen sich Ohren, Augen und Nase mit feinem Sand, werden die Kehlen unerträglich trocken. Sandstürme machen apathisch, können den Willen brechen, wenn sie schier endlos toben; dieser braucht zwanzig Minuten, bis er zur Ruhe kommt. Die Tiere richten sich auf, die Menschen schütteln sich den Sand aus den Kleidern und greifen nach den Wasserschläuchen. Leer gefegt liegt die Hamada el Hamra unter der wieder gleißenden Sonne.

Die Karawane zieht weiter, erreicht den Südrand der Hamada und nach dem Abstieg den Brunnen, der Um-el-Cheil, »Mutter der Pferde«, heißt. Da gibt es Wasser genug für Mensch und Tier, zudem etwas Steppenland, das den Kamelen einige Grashalme bietet. Zwei Tage ruhen sie sich von der »Hochebene des Schreckens« aus, von deren steil abfallenden Rändern Rohlfs den Blick stets zurückgewandt hatte, auf die Wadis, die Flüsse ohne Wasser. *Wie konnten, fragte ich mich staunend, diese mächtigen Flußtäler entstehen? Was für Umwälzungen müssen sich hier vollzogen haben, und welche Zeiträume von zehntausend oder hunderttausend Jahren mögen zwischen jener Epoche und der unsrigen liegen?*

In der Kinderstube des Homo habilis

Afrika, uraltes, präkambrisches Gestein aus Gondwanas Mitte und Geburtsstätte der Menschheit.

In Ostafrika lernte Homo habilis, der Nachfahre des Australopithecus, vor zwei bis drei Millionen Jahren den aufrechten Gang. Und als Australopithecus noch immer mit grob zersplittertem Stein und größeren Knochen nach seiner Beute warf, schlug Homo habilis schon Kiesel und Geröll zu scharfkantigen Faustkeilen herunter. Das östliche Afrika ist voll davon, und manche Gegend in der Sahara von den Artefakten der Menschwerdung übersät, zum Beispiel das Bergland Dschebel Ben Ghnema, nördlich der Hamada el Hamra.

Jahrtausende wurden Faustkeile zurechtgeschlagen und noch vor siebzigtausend Jahren als Jagdwaffe und zur Bodenbearbeitung benutzt. Diese »Zweiseiter«, die Faustkeile und bald auch die steinernen Speerspitzen, machten Homo habilis zum Siegertypen, dem Australopithecus auf Dauer nichts entgegenzusetzen hatte. Der Vorsteinzeitmensch verschwand im Staub der Geschichte. Homo habilis aber, der Geröll-Kultur-Mensch, entwickelte sich zum geschickten Jäger und geduldigen Sammler, zum Homo erectus, der eines Tages aufbrach, den ganzen afrikanischen Kontinent, Asien und Europa zu erobern, um später die Welt zu beherrschen, als Homo sapiens.

Archäologische Funde in der Sahara belegen für die einzelnen Großregionen eine bewegte und uneinheitliche Ur- und Frühgeschichte. Manches Bruchstück zum Puzzle der Menschwerdung hat die Wüste preisgegeben, auch das Fossil eines vorderen Schädelfragmentes mit zahnlosem Oberkiefer, deformiert und stark verwittert. Eine große, fliehende Stirn mit leichter Einschnürung hinter den Augenhöhlen, zusammenstehende Überaugenwülste, kräftiges Jochbein und eine stark vorspringende Oberkieferpartie, das vertikal verkürzte Gesicht eines Homo habilis, der vor mehr als hunderttausend Jahren gelebt haben könnte. Damals hatte eine Kaltzeit die Erde im Griff, und auf den Gipfeln des saharischen Zentralmassivs lag noch Schnee. Flüsse flossen in die Ebenen hinunter, füllten Bodensenken zu Seen auf. Am Fuße der Berge wuchsen Zedern und Zürgelbäume, Zypressen, Wacholder, Eichen und Ölbäume, gelegentlich auch Birken, Buchen oder Linden. Die Seen waren von Schilfgürteln großflächig umstellt. Im Osten des Aïr weist der Boden noch Spuren einer einst üppigen Baumvegetation auf, und im Adrar Bonus, im Südwesten von Tidikelt, hat die Tonerde des längst ausgetrockneten Sees Sebkra Mekerrhane die Abdrücke riesiger Papyrusstauden konserviert. Als Zeugen jener fruchtbaren Epochen gelten ebenso die knorrigen, 3000 Jahre alten Tarut-Zypressen bei Tamrit, deren Wurzeln weit in die Tiefe herunterreichen, dorthin, wo es noch Feuchtigkeit gibt. Und in den ausgetrockneten Flussbetten, den Wadis, bläst der Wind noch heute kleine und große Fischgräten frei, findet der aufmerksame Wüstengeher Muschelkies und Bruchstücke versteinerten Schilfs.

In vielen Teilen war die Sahara des Neolithikums fruchtbar, vom Tschad bis nach Aoukar in Mauretanien, voll Wasser und heiß, eine Zone der Üppigkeit und ein Eldorado für allerlei blutsaugendes Getier. Vom Hoggar herab speiste der Igharghar den See von Ouargla im Norden; der Tefassasset sammelte die Wasser der Südhänge der Gebirgsmassive und füllte den Tschadsee; der Tamanrasset strömte westwärts und versickerte in der Tilemsisenke, während die Saoura aus dem Atlas in nordsüdlicher Richtung floss, um auch nur in einem See zu enden. Einzig der Draa, gespeist aus dem Antiatlas, entwässerte im Atlantik.

Wälder gab es und Buschwerk, ausgedehnte Savannenareale, eine vielfältige, reiche Vegetation und die dazugehörige afrikanische Fauna. Nicht überall, nur in den Feuchtgebieten des Neolithikums, denn die Sahara blieb, was sie immer war: eine große Wüste, in der dem Leben nur eine kurze Gastrolle zukommt. Dem Homo erectus aber reichte ein kurzer Augenblick, um die Gunst dieser geologisch winzigen Zeitspanne zu einem Wendepunkt der Menschheitsgeschichte zu nutzen, sich vom Jäger und Sammler zum Ackerbauer und Viehzüchter zu entwickeln. Die Geschichte dieser »neolithischen Revolution« hat er uns in pittoresken Bildergeschichten hinterlassen.

Auf dem Tassili-Plateau, im Felslabyrinth von Tinterhert, entstand vor 9000 Jahren die fünf Meter breite Gravur einer Rinderherde, inmitten der zentralen Sahara. Warum der Steinzeitkünstler mit seinem Faustkeil Rinder in die zuvor geglättete schwarze Metalloxydkruste des Felsens ritzte, wissen wir nicht; vielleicht als magische Handlung, die dem Jäger die Beute sichern sollte. Auch die steilen Felswände des Wadi Mathendous im südwestlichen Libyen sind von Tierzeichnungen übersät – Nashörner, Elefanten, Strauße, Giraffen, ruhende Antilopen, ein Krokodil. In den Fels eingeritzt wurde auch eines der ältesten Bildnisse des Menschen, die knapp 30 Zentimeter große Gestalt eines Hockenden.

Vor neun bis zehn Jahrtausenden zogen Rinderzüchter durch die Sahara, die auch Ackerbau betrieben. Aus Ostafrika kamen sie in die Savanne, doch sie kamen spät, zu spät; die letzte Kaltphase der Eiszeit erschöpfte sich, und der einsetzende Klimawandel bot keine Garantie, die in die Erde gebrachte Saat auch ausreichend zu bewässern. Nach üppigen Jahren, die die ersten Bauern und Viehzüchter in der Savanne vorfanden, hatten sich deren Nachkommen bald mit der Verwüstung, der Desertifikation des genutzten Bodens auseinander zu setzen. Immer öfter blieb der Regen aus, Wasserstellen verdunsteten zu Staublöchern, und die trockenen Winde ließen Gras und Laub verdorren. Die Menschen zogen sich mit ihren Viehherden auf die immer noch regenreichen Hochebenen und in die Gebirge zurück, den Inseln des Lebens inmitten knochentrockener Ebenen.

Eine dieser Lebensinseln war das algerische Tassili-Plateau, 150 Kilometer von den Rinderherden des Tinterhert entfernt. Aus dem Sandstein des Plateaus hat die Hartnäckigkeit des Windes surreale Felsenstädte herausgeschmirgelt, Höhlensysteme mit engen Gassen, breiten Straßen, Brücken, Pfeilern, Felskathedralen und weiten Plätzen. Ein schier endloses Labyrinth zwischen 1500 und 2000 Meter Höhe. Für jede dieser Windstädte haben die Nomaden einen Namen: Tin Tazarift, In Itinen, Tin Aboteka, Jabbaren und Auanrhet. Viele Generationen der Steinzeitmenschen nutzten den vom Wind geschliffenen Sandstein als Malgrund, ritzten Zeichnungen in die Wände, bis sie vor 6000 Jahren die Malerei entdeckten. Nordöstlich der Oase Djanet steht der Wüstengeher im größten Freilichtmuseum des Neolithikums, inmitten Tausender Felsbilder der Jungsteinzeit. In dieser Galerie des Lebens, Denkens und Fühlens fehlt keine Nuance künstlerischer Arbeit, weder die kleine Studie, das Porträt noch die mehrere Quadratmeter große Massenszene.

In gelbem, braunem und rotem Ocker sind die Fresken ausgeführt, in Weiß und Grün. Der poröse, saugfähige Sandstein gab einen brauchbaren Haftgrund für die mit Leim vermischten natürlichen Erdfarben, die das einsetzende trockene Klima gleichsam konservierte.

Drei, vier, vielleicht auch fünf Jahrtausende hindurch haben Menschen in den Windstädten gelebt, alle haben ihre Zeichen in den Sandsteinwänden hinterlassen. Wer die Überlagerungen älterer durch jüngere Zeichnungen zu lesen versteht, versteht das Schicksal jener, die sich aus dem Tassili-Plateau zurückziehen mussten. Jüngere Zeichnungen zeigen Kampfszenen, Streitereien zwischen Hirtenstämmen, ausgelöst durch die schrumpfenden Ressourcen Wasser und Weideplätze; jüngste, flüchtig hingeworfene Fresken bilden Kamelkarawanen und Oasen mit Dattelpalmen ab.

Vor 3000 bis 4000 Jahren kroch die Wüste aus der Ebene die Gebirge und Hochplateaus empor. Die Flüsse versiegten, Seen trockneten aus, und Flora und Fauna zogen sich aus der Sahara zurück – nur in wenigen Enklaven konnte überleben, wer sich den geänderten klimatischen Gegebenheiten anpassen konnte, Regenwürmer oder jene kleinwüchsigen Tassili-Krokodile, deren letztes Exemplar vor wenigen Jahrzehnten getötet wurde.

Als die Wüste ihre nur auf Zeit verlorenen Gebiete zurückeroberte, wanderten die Menschen dorthin zurück, woher sie einst kamen, in das tropische Afrika. Die Sahara wurde menschenleer bis auf jene Stämme, die entweder nicht wussten, wohin sie ziehen sollten, da ihr ursprüngliches Herkunftsgebiet von anderen Stämmen bereits besetzt war, oder die sich darauf eingelassen hatten, mit ihren Tieren den wenigen Regenwolken nachzuziehen. Die festen Siedlungsplätze versandeten, aus sesshaften Hirtenvölkern wurden Nomaden, und nur wenige Ackerbauern fanden ihr Auskommen in ein paar Dutzend Oasen, zumeist am Rande großer

Bodensenken, wo die wasserführenden Gesteinsschichten durch Verwerfungen der Erdkruste angeschnitten sind.

Die Nomaden waren auf die Produkte der Oasenbauern ebenso angewiesen wie die Oasenbewohner auf die Nomaden; es entwickelte sich ein die Jahrtausende überdauerndes gesellschaftliches Abhängigkeitssystem. Die Nomaden boten den meist dunkelhäutigen Oasenbauern, zum größeren Teil Nachkommen der negriden saharischen Urbevölkerung, Schutz, und die Bauern wurden den Beschützern dafür tributpflichtig. Hirse, Datteln und Getreide waren der Preis für den Frieden. Die Nomaden, vor allem die Salzkarawanen, hielten die Kommunikationswege in der Sahara offen und organisierten den Warenaustausch zwischen den einzelnen Wirtschaftsräumen.

Von diesen alten Nomadenwegen, den Karawanenstraßen durch die Sahara, wusste Gerhard Rohlfs, der populärste und meistgelesene deutsche Afrikaforscher seiner Zeit, nichts, wie sein Jahrhundert von der Großen Wüste nur wusste, was die Geschichtsschreiber der Antike überliefert hatten, Herodot zuerst: »Auch da wohnen Menschen, die heißen Garamanten, ein mächtig großes Volk; die tragen Erde auf das Salz und säen dann. Bei ihnen gibt's auch die rückwärts weidenden Rinder. Ihre Hörner sind nach vorne gebogen, darum gehen sie rückwärts, wenn sie weiden; vorwärts können sie nämlich nicht, denn dann würden sie mit ihren Hörnern in den Boden stoßen. Diese Garamanten machen Jagd auf die aithiopischen Troglodyten, mit Viergespannen. Die aithiopischen Troglodyten nämlich haben die schnellsten Beine aller Menschen, von denen uns darüber etwas berichtet wird. Ernähren tun sich die Höhlenbewohner von Schlangen und Eidechsen und anderem solchen Gewürm. Eine Sprache ist bei ihnen in Übung, die ist keiner anderen ähnlich, sondern sie kreischen wie Fledermäuse.«

Wie das Abendland nach Afrika kam

Als germanische Stämme im 5. Jahrhundert mit wilden Axthieben das mächtige römische Imperium zertrümmerten, Geiserich, König der Vandalen, im Jahr 439 Karthago mit seinen Männern eroberte und Roms reiche Kornkammer Tripolitanien brandschatzte, verschwand der drittgrößte Kontinent der Erde für über ein Jahrtausend aus dem Blickfeld des Abendlandes. Selbst was die Geschichtsschreiber von einst, Herodot aus Halikarnassos, Thukydides, Plutarch aus Chaironeia oder Tacitus zu erzählen wussten, geriet in Vergessenheit. Der ganze Landstrich vom Nildelta bis zur marokkanischen Atlantikküste wurde den Europäern zur ebenso geheimnisvollen wie gefahrenreichen *terra incognita*, die nur wenige betreten wollten. Afrika, obwohl nur durch die 13 Kilometer enge »Straße von Gibraltar«, an den Säulen des Herakles von Europa getrennt, wurde zum »dunklen Kontinent«. Einzig ein Gerücht überdauerte, das bereits vor 4000 Jahren unter den seefahrenden Mittelmeervölkern kursierte, das Gerücht vom Goldland nilaufwärts.

Die Phönizier, die Griechen und die Kreter nannten das ihnen unbekannte Afrika Libyen. Das andere, das ihnen bekannte Afrika war identisch mit Ägypten, dem mächtigen Staat der Pharaonen. Damals, 2000 Jahre vor unserer Zeitrechnung, waren die Goldschätze der Pharaonen geradezu sprichwörtlich. Gesehen hatte sie keiner, eben darum wuchs der Reichtum in den ägyptischen Schatzkammern ins Unermessliche. Ihren Reichtum, immer wieder sickerten solche Nachrichten aus dem Nilland durch, erbeuteten die Ägypter in weiter südlich gelegenen Gebieten, in Nubien und Äthiopien, selbst zum sagenumwobenen Weihrauchland Punt bestanden feste Handelsbeziehungen. Das Gold kam, vermutlich, aus Ophir, dem Goldland des Altertums, irgendwo nördlich der Sambesimündung. Viele brachen auf, Ophir zu finden, auch König Salomo. »Und Salomo machte auch Schiffe zu Ezon-Geber, das bei Eloth liegt am Ufer des Schilfmeeres im

Lande der Edomiter. Und Hiram sandte seine Knechte im Schiff, die gute Schiffsleute und auf dem Meer erfahren waren, mit den Knechten Salomos; und sie kamen gen Ophir und holten daselbst 420 Zentner Gold und brachten's dem König Salomo.« König Salomos Männer waren die ersten Nichtägypter, die über das Rote Meer hinaus Afrikas Ostküste südwärts entlang fuhren. Dem biblischen König Salomo folgten Phönizier auf seetüchtigen Schiffen. Vor 2600 Jahren nahm Ägyptens König Necho phönizische Seeleute in seine Dienste, um zu beweisen, dass Afrika umfahren werden könne. Herodot hat 150 Jahre später davon erzählt, als Afrika noch immer Libyen hieß.

»Nekos, König von Ägypten, ... schickte Phönizier auf Schiffen aus mit dem Auftrag, den Rückweg durch die Säulen des Herkules zu nehmen und so lange zu fahren, bis sie ins nördliche Meer kämen und so zurück nach Ägypten. Die Phönizier fuhren also ab vom Roten Meer und befuhren das Meer im Süden. Wenn es Herbst wurde, gingen sie an Land und säten Korn, irgendwo in Libyen, wo sie gerade waren, und warteten die Ernte ab. Wenn sie dann das Korn gemäht hatten, fuhren sie wieder ab, und so vergingen zwei Jahre, und im dritten bogen sie um die Säulen des Herakles und kamen an in Ägypten. Und sie haben etwas erzählt, was ich zwar nicht recht glauben kann, aber vielleicht ein anderer, nämlich sie hätten, als sie um Libyen herumbogen, die Sonne zur Rechten gehabt.«

Was Herodot nicht glauben konnte, dass die Männer die Sonne zur Rechten, im Norden, sahen, ist ein untrügliches Indiz, dass die phönizischen Schiffe tatsächlich auf der Südhalbkugel der Erde fuhren. Herodot aus Halikarnassos erzählte noch andere Geschichten, von jenen fünf jungen Stammesangehörigen der Nasamonen, deren Wohnsitz die Küstenlinie der Großen Syrte sei. »Die jungen Leute also, ... mit Wasser und Lebensmitteln wohl versehen, sind zuerst durch das bewohnte Land gezogen; und als sie dieses durchquert, sind sie in die Region der wilden Tiere gekommen, danach ist es durch die Wüste gegangen, wobei sie eine westliche Richtung einschlugen; nachdem sie aber eine lange Strecke hinter sich gebracht hatten, viele, viele Tage und immer nur Sand, haben sie endlich wieder Bäume gesehen, die wuchsen in einer Ebene; und sie gingen hinzu und machten sich an die Früchte, die an den Bäumen hingen, und wie sie dabei waren, kamen kleine Männer herbei, kleiner als mittelgroße Männer, und griffen sie und führten sie weg. Sie brachten sie durch gewaltige Sümpfe, und wie sie durch die hindurch waren, kamen sie an einen großen Ort, da waren alle Leute ebenso klein wie die, die sie weggeführt, und schwarz von Farbe. Und an dem Ort vorbei floß ein großer Fluß und floß von Abend nach Sonnenaufgang, und es waren Krokodile in ihm zu sehen.« Es ist gut möglich, dass Herodot mit dieser Geschichte eine der frühesten Durchquerungen der Sahara und von den Pygmäen in Zentralafrika erzählt.

Ein Jahrhundert nach Herodot marschierte Alexander der Große mit einer gewaltigen Streitmacht durch Nordafrika, er besetzte Ägypten, gründete Alexandria und unterwarf die Stämme auf dem Gebiet des heutigen Libyens. Ein Jahrhundert nach Alexander fuhren die Römer über das Mittelmeer und besetzten die fruchtbaren Küstenregionen des »schwarzen« Kontinents.

Ein halbes Jahrtausend hindurch beherrschte Roms Militärmaschine Nordafrika, seit sie mit ihren Schiffen vor Karthago landete, die alte phönizische Stadt 146 v. u. Z. sinnlos zerstörte und zur römischen Provinz erklärte. Um ihre Macht zu festigen, ließen die Römer Verteidigungsanlagen bauen, mächtige Kastelle, große Forts. Ihre Landvermesser legten ein Katastersystem an, ihre Sklaven verbanden größere Ansiedlungen durch Straßen. In den fruchtbaren Flusstälern Algeriens, Tunesiens und Libyens ernteten römische Bauernsoldaten Datteln und Getreide, weideten große Rinderherden, dort, wo heute nur noch einige Schirmakazien in längst ausgetrockneten Flussläufen wachsen. Um jeden Tropfen Wasser zur Kultivierung des Bodens zu nutzen, legten die Römer Terrassen, Dämme, Kanäle und Zisternen an, ein grandioses Bewässerungssystem, das ebenso vom Staub der Geschichte überdeckt wurde wie vom Sand der Sahara.

Roms Prokonsul in Afrika, Balbo, war der erste Europäer, dessen Vorstoß in die Sahara verlässlich überliefert ist. Wenige Jahre vor Beginn der modernen Zeitrechnung zog er mit seinen Kohorten bis zur Wasserstelle Cydamus, dem heutigen Ghadames, und weiter südwärts. Durch die Hamada el Hamra trieb er seine

Legionäre vorwärts und viele in den Tod. Bis zum Niger soll er marschiert sein, nach Gao. Mit Feuer und dem römischen Kurzschwert befriedete er die streitbaren Wüstenstämme, um martialisch die endlose, sandige Südgrenze des Imperium Romanum zu sichern.

Gerhard Rohlfs fand auf seinen Wegen durch die Wüste manches Zeugnis der römischen Vergangenheit und wollte doch nicht glauben, dass die Römer so weit südwärts marschiert waren. *Noch heute in der Nord-Sahara befindliche Denksteine erinnern an ihre einstige Anwesenheit. Ob indess die Römer gar in Air gewesen sind, und diess zu identificiren wäre mit Agisimba regio, wage ich nicht zu behaupten … und wenn man in jenen Gegenden Abbildungen von Wagen, gezogen von Buckelochsen, findet, sagt das nicht mehr, als wenn man in Tafilet oder Tuat einen Dampfer (wie ich deren dort oft auf rohe Art gemalt fand, vielleicht von Mekkapilgern, um ihren daheim gebliebenen Landsleuten zu versinnlichen, wie ein »Feuerschiff« aussehe) abgemalt findet. Freilich besassen die Römer eine weit nach dem Süden, bis nach dem heutigen Agades, sich hin erstreckende Karawanenstrasse. Ob das aber in der That ein für die Römer benutzbarer Weg war, ist bei der damaligen Abwesenheit des Kamels sehr fraglich. Höchst wahrscheinlich beschränkten sie sich darauf, bis zu den Sitzen des mit ihnen am meisten in Verkehr stehenden Wüstenvolks, der Garamanten, vorzudringen, diesen den eigentlichen Handel mit den schwarzen Aethiopiern überlassend.*

Dass Kaiser Nero um 60 unserer Zeit eine stark bewaffnete Forschungsexpedition ausschickte, die Quelle des Nils zu finden und zu topographieren, wusste Rohlfs nicht. Die von zwei Centurionen geführte Karawane schlug sich nilaufwärts bis in den zentralen Sudan durch und erreichte jene Gegend, in welcher der Bahr al Ghasal in den Weißen Nil mündet. Auch von jenen Römern wusste er nichts, die vierzig Jahre später unter dem Befehl des Centurionen Julius Maternus die Sahara durchquerten und bis in den nördlichen Sudan vordrangen. Doch wie weit die Römer auch kamen und was immer sie von Afrika wussten – als die Vandalen afrikanischen Boden betraten, wurde Afrika, was es Jahrhunderte hindurch für das Abendland bleiben sollte: ein ebenso unzugänglicher wie menschenfeindlicher Kontinent.

Erst die Suche nach einem Seeweg für den lukrativen Gewürzhandel mit Indien veränderte die Lage, denn davor lag der afrikanische Kontinent, dreimal so groß wie Europa, bis in das 16. Jahrhundert hinein eine schier unüberwindliche Barriere. Zuvor schon hatte der Portugiese Heinrich der Seefahrer, der seit 1416 Schiff um Schiff ausrüstete, deren Kapitänen den Befehl erteilt, südwärts zu segeln, Afrikas Westküste hinunter. Heinrich, Großmeister des Christusordens, vertraute Gerüchten, die Jahrhunderte hindurch im Abendland gehandelt wurden. Irgendwo in Afrikas Osten warte der noch lebende Apostel Johannes auf einen europäischen Verbündeten, um gemeinsam mit ihm gegen alle Andersgläubigen zu ziehen. Heinrich wollte dieser Verbündete sein. Und weil die Geographen seiner Zeit sich die Ordnung der Welt, die Verteilung von Land und Wasser, nicht anders als harmonisch denken konnten, nahm auch Heinrich an, dass der Weg zu Johannes über ein tief in den afrikanischen Kontinent hineinreichendes Meer führen müsste, dem Roten Meer an Afrikas Ostflanke vergleichbar. Was seine Männer jedoch fanden, waren unzugängliche Küsten, versandete oder von Wasserpflanzen verkrautete Flussmündungen, in die hineinzufahren niemand mutig genug war, zu abenteuerlich schienen die Nachrichten der Küstenbewohner vom Hinterland. Und immer fuhr auf den winzigen Segelschiffen die Angst mit, die große Feuerwalze am Äquator könnte das Holz der Boote und deren Mannschaften verbrennen. Gesehen hatte diese Feuerwalze, die angeblich das Meer zum Kochen brachte, noch niemand, doch in den Seemannskneipen am Tejo, Lissabons Tor zur Welt, kursierten darüber die schrecklichsten Gerüchte. Nicht alle verstanden, warum Portugal seine mutigsten Kapitäne in diese Hölle schickte, von der niemand wusste, wie sie aussah. Jahrzehnte vergingen, bis Vasco da Gama 1498 die Südspitze Afrikas, Kap Agulhas, umschiffte, sechs Jahre nachdem Kolumbus, auf seinem Weg nach Indien immer westwärts segelnd, Amerika entdeckt hatte. Afrika, Hindernis auf der Gewürzstraße, lag seit Kolumbus abseits globalpolitischer Machtspiele der Portugiesen und Spanier, später der Franzosen, Engländer und Niederländer. Doch was Europa über Afrika wusste, war nicht verloren, lag verstaubt in den Geheimarchiven des Vatikans, in königlichen Bibliotheken und in den Regalen europäischer Handelshäuser.

Italienische Bankhäuser archivierten sorgsam Nachrichten aus dem Kontinent jenseits des Mittelmeeres, Agenteninformationen oder Missionarsberichte. 1447 reiste der Genuese Antonio Malfante im Auftrag seines Bankhauses durch die Sahara in die Tuat-Oasen, um Möglichkeiten größerer Goldlieferungen zu sondieren. 1470 erreichte der florentinische Bankagent Benedetto Dei auf der Suche nach profitablen Geschäften Timbuktu, jene im 5. Jahrhundert von Tuareg-Stämmen gegründete, geheimnisumwitterte Ansiedlung am Nigerknie. Später wird einer aussprechen, was alle zu wissen glauben, Leo Africanus: Timbuktu ist die Goldstadt Afrikas, unermesslich reich, unermesslich schön. »Viele Brunnen unter Palmen mit süßem Wasser gibt es dort. Kanäle ziehen zum Nigerstrom. Der König besitzt einen großen Schatz von Gold in Barren, Platten und Blöcken, deren einige 1300 Pfund schwer sind – wie jener vor seinem Palaste, an dem er sein Pferd anbindet. Alle Sporen, Steigbügel, Zäume, Gebisse der edlen weißen Rosse in seinem Marstall sind von Gold, ja sogar die Ketten der Hunde.«

Solcher Glanz weckte die Begehrlichkeit der Abenteurer und Mächtigen. Die Stadt seinem Reich einzuverleiben, schickte der Sultan von Marokko eine Armee gegen Timbuktu, 4000 Männer, 8000 Lastkamele, 1000 Packpferde. Nur die Hälfte der Truppe erreichte den Niger. Selbst einheimische Stämme, die Fulbe und die Tuareg, lagen in einer blutigen und andauernden Fehde um die »Königin der Wüste«. Benedetto Dei, nach einer gewiss strapaziösen, aber doch friedlichen Reise durch die Sahara, betrat Timbuktu noch zu seiner Blütezeit, als dort über fünfzigtausend Menschen lebten. Dass Timbuktu innerhalb weniger Jahrzehnte ausblutete, die Einwohnerzahl auf etwa 13 000 herabsank, wussten die Europäer nicht. Die Stadt blieb Christen Jahrhunderte hindurch verschlossen wie das heilige Mekka, bei Strafe für Leib und Leben. Erst 1826 erreichte, im Auftrag der britischen Krone, mit Alexander Gordon Laing wieder ein Europäer Timbuktu. Als Spion des Abendlandes, der »Ungläubigen«, verdächtigt, wurde er während seiner Rückreise ermordet. Den Leichnam überließen die Mörder den Schakalen, Laings Reisenotizen dem Saharasand.

So wuchs in Europa unwidersprochen die Legende vom glänzenden Reichtum der Wüstenstadt am Niger, und die französische Geographische Gesellschaft stellte demjenen 10 000 Francs in Aussicht, der verlässliche Berichte aus dem alten Handels- und Kulturzentrum liefern würde. Als sie einen solchen Bericht in ihren Händen hielt, glaubte sie ihm dennoch nicht.

Einem französischen Bäckerssohn aus der Vendée, René Caillié, gelang es 1828, nigeraufwärts nach Timbuktu zu kommen. Weil er seine Rolle als angeblich schon im frühen Kindesalter von den Franzosen entführter muslimiser Pilger, der endlich seine heiligen Stätten besuchen wollte, glänzend beherrschte, blieb er als Christ unerkannt. Fleißig notierte er, was er sah, und kehrte, im Schutz einer Karawane nordwärts die Wüste durchquerend, über Tanger nach Frankreich zurück. Doch den Reisenotizen eines Abenteurers, eines Mannes ohne geographische und historische Bildung, schenkte niemand Glauben, die gelehrten Mitglieder der Geographischen Gesellschaft schon gar nicht. Er sei keiner von ihnen und die 10 000 Francs nicht wert. Es blieb dem deutschen Heinrich Barth vorbehalten, Cailliés Berichte zu bestätigen. »Es war mir sehr interessant, hier (am Niger) die vom wohlverdienten französischen Reisenden René Caillié auf seiner ruhmvollen und gefährlichen Reise durch den ganzen westlichen Teil von Nordafrika von Sierra Leone nach Marokko verfolgte Straße zu erreichen, und es ist mir eine angenehme Pflicht, die allgemeine Richtigkeit seiner Beschreibung zu bestätigen.« Barth erreichte 1853 die Stadt, aus der ihm einige Einwohner neugierig entgegenkamen, »ein bedeutungsvoller Augenblick; denn wenn diese Leute den geringsten Argwohn in Bezug auf meinen Glauben gehegt hätten, würden sie meinen Eintritt in die Stadt leicht ganz und gar verhindert haben und selbst mein Leben wäre in äußerster Gefahr gewesen«. Auch er reiste in der Kleidung eines gläubigen Moslems, wie vor ihm Caillié und nach ihm andere.

Mehr als alle europäischen Abenteurer, Handelsagenten und Missionare zusammen kannten sich arabische Geographen in Afrika aus, Jahrhunderte hindurch. Wahb ibn Munabbeh topographierte im 8. Jahrhundert den Tschadsee, und Abul-Hasan Ali Masudi wusste viel aus Madagaskar zu berichten. Der arabische

Fürstensohn al-Idrisi gravierte im 12. Jahrhundert eine Erdkarte in eine Silberplatte ein. 15 Jahre arbeitete er und konnte sein Wissen über das Gesicht der Erde doch nicht ausschöpfen, das er später in einem geographischen Kompendium fixierte, einem Atlas mit 73 Karten. »Die Gärten der Bildung und der Trost der Seele« nannte er sein Werk, das heutigen Geographen und Historikern manches Rätsel aufgibt. Der »Kleine Idrisi« – ein umfangreicherer Atlas ist verloren – bildet Südamerikas Küstenlinie der Wirklichkeit entsprechend ab: 450 Jahre vor Kolumbus und Magellan. Niemand kann sagen, woher der Fürstensohn diese Kenntnis hatte.

Der Anfang des 14. Jahrhunderts in Tanger geborene Marokkaner Abu Abdallah Mohammed Ibn Battuta war der »Marco Polo der Araber«. Fast drei Jahrzehnte reiste er durch die Welt, rund 120 000 Kilometer. Er hat die Wolga und das Kaspische Meer ebenso gesehen wie den Himalaya, er war in Indien und in China. Wo immer er war, blieb er ein strenggläubiger Muslim, der auf seine Gewohnheiten nicht verzichtete. Auf seinen Reisen kreuz und quer durch die Welt verzichtete Ibn Battuta weder auf die Gebete gen Mekka noch auf seinen Harem, für den er immer wieder junge Sklavinnen kaufte. Ibn Battuta war, was alle arabischen Reisenden dieser Zeit waren, frommer Pilger, draufgängerischer Abenteurer, geschickter Diplomat, ein trefflicher Beobachter und ein Gelehrter mit lebendigem Verstand.

Mit der Hedschra, der Flucht des Propheten Mohammed von Mekka nach Medina, beginnt 622 die islamische Zeitrechnung in Nordafrika. Wenig später besetzen die Muslime Ägypten, gründen 639 Kairo, erobern vom Nil her den gesamten nordafrikanischen Küstenstrich. 678 erstürmten Okba ibn Nafis Reiterarmeen Karthago und erreichten die marokkanische Atlantikküste. Wo das alte Karthago stand, nur ein Abglanz seiner einstigen Macht und Herrlichkeit, bauten die Araber 698 eine neue Stadt, Tunis. Südwärts kämpften sich arabische Kamelarmeen tief durch die Sahara vor, zerstörten das Reich der Garamanten und setzten sich in Timbuktu fest. Nordwärts, von Marokko aus, schickten sie Truppen über die Meerenge bei Gibraltar auf die Iberische Halbinsel und eroberten 711 Spanien. Der arabische Vormarsch wurde erst 732 vor den Toren von Paris gestoppt. Spanien aber blieb für lange

Zeit in arabischer Hand. 1492 fiel mit Granada die letzte Bastion der Araber auf der Iberischen Halbinsel. Die katholischen Armeen des spanischen Königspaares Ferdinand und Isabella entledigten sich ihres Auftrages, das Land zu christianisieren, ebenso gründlich wie erbarmungslos. Sie töteten im Namen der heiligen römischen Kirche und vertrieben mit den Arabern zugleich die Juden aus dem Land, 160 000 Menschen.

Das Hauen und Stechen überlebten wenige, unter ihnen ein knapp Dreijähriger, der in Granada geboren wurde, al-Hasan Ibn Muhammad al-Wazzân. Seine Eltern konnten vor der christlichen Reconquista nach Marokko emigrieren, wo al-Hasan eine gründliche Ausbildung erhielt. Herangewachsen, bereiste er weite Teile des islamischen Afrikas und erlebte 1517 die osmanische Eroberung Ägyptens. Von sizilianischen Piraten gefangen genommen, nach Italien verschleppt, konvertierte der Muslim zum Christentum und wurde von Papst Leo X. 1520 auf den Namen Leo Africanus getauft. Sechs Jahre später notierte er in italienischer Sprache eine umfangreiche »Geschichte und Beschreibung Afrikas«, die Summe dessen, was er auf seinen Reisen quer durch Nordafrika und aus den überlieferten arabischen Geschichtsbüchern des vergangenen Halbjahrtausends erfahren hatte – ein einzigartiges Kompendium afrikanischer Kultur und Geschichte, das jedoch erst 1550 veröffentlicht wurde und alsbald zum Standardwerk abendländischen Wissens über die Landschaften und Völker jenseits des Mittelmeeres avancierte. Da war Leo Africanus bereits auf den afrikanischen Kontinent zurückgekehrt, nach Tunis, wo er als Muslim starb.

Von den europäischen Kartographen wurde Africanus' Werk bis ins 18. Jahrhundert immer wieder fantasievoll ausgeschlachtet, um den *horror vacui* Afrika auszufüllen. Das Bild, das man sich an der Themse, der Spree oder an der Seine von der Sahara oder dem Tschadsee machte, wurde dadurch nicht klarer. Abraham Ortelius war der Erste, der Leo Africanus als Autorität unbeirrt vertraute. Sein 1570 veröffentlichter Atlas »Theatrum Orbis Terrarum« zeigte eine Karte von Afrika, die zwei Jahrhunderte hindurch mit nur geringen Veränderungen immer wieder nachgezeichnet wurde. Kartographen sind exzellente Kopisten, und so schrieben sich

Leo Africanus' Fehlurteile von Generation zu Generation fort, seine Einschätzung, dass der Niger westwärts fließe und der Gambie und der Senegalfluss nichts anderes als Unterläufe des Niger seien. Selbst als 1731 der Engländer Harrison im guineischen Gebirge Futa Djalon an den Quellen des Gambie stand, konnte sich solche Erkenntnis gegen Leo Africanus' Ansicht, der Niger entspringe in der sudanesischen Landschaft Kordofan und habe als Mündungsgabel Senegal und Gambia, nicht durchsetzen. Die Karten, bunt ausgeschmückt mit allerlei Getier, pausbäckigen Wolkengesichtern oder Engelsköpfen, blieben, was sie waren, Verzeichnungen der tatsächlichen Geographie, um die Unkenntnis der Europäer zu bemänteln. Erst spät zeigte sich ein Kartograph mutig genug, dem *horror vacui* furchtlos zu begegnen, und das, was er nicht mit letzter Sicherheit wusste, auch auszusprechen. 1749 und 1761 veröffentlichte der Franzose Bourguignon d'Anville kartographische Darstellungen Afrikas, die bislang dem Abendland unbekannte und unerforschte Gebiete als weiße Flecke auf den Karten auswiesen. D'Anville musste nicht viel Farbe in seine Landkarten investieren, sie waren überzogen vom Weiß der Unkenntnis, nur küstennahe Gebiete des Kontinents, das Nildelta, Äthiopien, der Unterlauf der Flüsse Gambie und Senegal, das Kapland, Afrikas Südspitze waren den Europäern einigermaßen bekannt – ein Bruchteil der großen Landmasse.

Alles sollte sich ändern, als England 1776 mit der Unabhängigkeitserklärung der Vereinigten Staaten von Amerika einen überseeischen Absatzmarkt verlor, den es auf dem afrikanischen Kontinent zu ersetzen hoffte. Das erwartete Geschäft jedoch setzte grundlegende und handhabbare geo- und ethnographische Kenntnisse über Afrika voraus. Folgerichtig wurde 1788 in London dann auch mit der »British Association for Promoting the Discovery of the Interior Parts of Africa« die Vorläuferin der späteren »Royal Geographical Society« gegründet. Und ebenso folgerichtig resümierten ihre Mitglieder im Gründungsdokument einen fatalen Tatbestand: »Während der Kreis unseres Wissens in Bezug auf Asien und Amerika sich allmählich erweitert, hat die Entdeckung von Afrika nur in einzelnen Teilen Fortschritte gemacht. Die Karte des Innern ist eine weite weiße Fläche, auf welcher der Geograph, gestützt auf die Autorität des Leo Africanus und des Edrisi, mit zögernder Hand einige Namen von unerforschten Flüssen und ungewissen Völkern verzeichnet.«

Es waren die weiten weißen Flächen, die Europa faszinierten, jene Gegenden, aus denen Geschichten von unermesslichem Reichtum, Gold und hochwertigen Rohstoffen über das Meer kamen.

Wie einst Julius Cäsar landete Napoleon 1799, als er sich noch nicht Bonaparte nannte, mit einer starken Streitmacht in Ägypten. Im Hafen von Alexandria gingen 25 000 seiner Männer an Land, während 10 000 Matrosen die französische Flotte, 600 Transportschiffe, Fregatten und Korvetten, vor der Küste hin und her manövrierten, um einer Seeschlacht mit der britischen Flotte unter Admiral Nelson auszuweichen. Nilaufwärts marschierte napoleonisches Militär bis zu den Katarakten, andere wandten sich ostwärts, um die Türken anzugreifen. Napoleon war um nichts zimperlicher als die römischen Imperatoren, wollte er doch wie diese seinem Land die Welt erobern. Als er nach Paris zurückkehrte, jubelte ihm das Volk begeistert zu, und er wurde, was er sein wollte – Napoleon Bonaparte. Doch der Traum war bald ausgeträumt, er endete mit Napoleons Verbannung auf St. Helena.

Napoleons Ägyptenfeldzug gilt noch immer als Europas erste wissenschaftlich ertragreiche Unternehmung in Afrika, deren Ergebnisse in einer mehrbändigen Edition niedergelegt wurden. 1809 erschien der erste Band der »Description de l'Egypte«. Acht Jahre bevor die Dokumentation 1830 abgeschlossen werden konnte, erregte die Entschlüsselung eines der ägyptischen Rätsel Europa, die Übersetzung des so genannten »Steins von Raschid«, des Rosettensteins. Französische Soldaten hatten 1799 bei Abbrucharbeiten in einem Fort an der Nilmündung, unweit der Stadt Raschid, einen schwarzen Basalt, einen Quadratmeter groß, gefunden, in dessen polierter Oberfläche drei Textblöcke eingeschlagen waren. Die Vermutung, dass es sich nur um *einen* Text handelt, in drei verschiedenen Sprachen formuliert, sollte sich rasch bestätigen. Die griechischen Schriftzeichen bereiteten den Wissenschaftlern wenig Mühe, bald konnten sie auch den spätägyptischen Text übersetzen, einzig der dritte Textblock, in ägyptischer Hieroglyphenschrift geschrieben, blieb ihnen ein Rätsel. Es dauerte ein Vierteljahrhundert, bis Jean François Champollion die Hieroglyphen als eine Buchstabenschrift erkannte und 1824 aus dem Vergleich mit den anderen Texten ein entsprechendes Alphabet vorlegen konnte. Afrika hatte ein erstes großes Geheimnis preisgegeben.

Zum kulturgeschichtlichen Vermächtnis Napoleons gehört ebenso jene Anfang des 19. Jahrhunderts durch Napoleons Feldzug ausgelöste Ägyptomanie der Europäer, die spätestens mit dem Bau des Suezkanals zur ersten großen Tourismuswelle anwuchs. Ein Augenzeuge schrieb: »In dem an den Pyramiden liegenden Araber-Dörfchen leben die Einwohner, wie es scheint, bloß von den Reisenden.«

1859 wurde mit dem Bau des Kanals begonnen, der das Mittelmeer mit dem Golf von Suez verbinden sollte, schleusenlos, 20 Meter breit, acht Meter tief. Ferdinand Marie Vicomte de Lesseps, französischer Diplomat und Ingenieur, leitete zehn Jahre hindurch das Unternehmen, das zeitweise 30 000 Fronarbeiter beschäftigte, die Städte Port Said, Ismailia und Port Thewfik aus dem Boden stampfte und bis zur Kanaleröffnung am 17. November 1869 stolze 432 Millionen Francs verschlang. Drei Jahre zuvor hatte der Sultan in Konstantinopel den Kanalbau nachträglich sanktioniert, nachdem Englands Königin ihren anfänglichen Widerstand gegen Frankreichs Kanalbau aufgegeben hatte. Zu vorteilhaft war den Briten der schnelle Seeweg nach Indien und Südostasien, zu profitabel, als dass man ihn hätte boykottieren können. Der 168 Kilometer lange Kanal verkürzte die Schiffsrouten um 10 000 Kilometer. Lesseps hatte mit Baubeginn das Kanalbauunternehmen als eine Art Aktiengesellschaft betrieben, an welcher der Vizekönig von Ägypten den weitaus größten Anteil hielt. Der Bau erwies sich als Fass ohne Boden und brachte aus dem Gebührenaufkommen für seine Durchfahrt vorerst wenig ein. Das Suez-Papier sank bodenlos tief. Sechs Jahre nach Kanaleröffnung saß Ägypten auf einem Schuldenberg von 2,5 Milliarden Francs. Das war Englands Stunde. 1875 erwarb die britische Regierung vom Vizekönig Ismail Pascha 176 602 Aktien über je 500 Francs zum Preis von 100 Millionen Francs. Frankreich, bis zu diesem Zeitpunkt Ägyptens wichtigster Wirtschaftspartner, verschlief den britischen Coup und sah sich bald, sowohl politisch als auch militärisch, ins Abseits gestellt. England nutzte seine fiskalische Beteiligung am Suezkanal rigoros, Ägypten Schritt um Schritt in eine immer tiefer gehende Abhängigkeit zum Empire zu verstricken, bis 1882 das Land am Nil vollends unter britische Aufsicht kam.

Anders als Franzosen, Spanier, Portugiesen, als Niederländer und Briten zeigte sich der politische Flickenteppich Deutschland, locker geknüpft aus den unterschiedlichsten Interessen seiner Königshäuser, Fürstentümer und Stadtstaaten, vom Expansionsstreben des übrigen Europas wenig beeindruckt. Selbst Preußens starker Mann, Otto von Bismarck, wollte bis weit in das 19. Jahrhundert hinein, nach eigenen Worten, kein »Kolonialmensch« werden. Später, mit Gründung des Deutschen Reiches, wurde Bismarck wortbrüchig. Vor 1871 aber blieb die zerstückelte deutsche Politik im Lande, hatte mit sich selbst genug zu tun und mit jenen, die 1848 die starren gesellschaftlichen Strukturen durchlüften wollten. Als die bürgerliche Revolution an der Macht der feudalen Verhältnisse scheiterte, wanderten viele – bürgerliche Demokraten und arme Teufel – in ferne Weltgegenden aus. »Nun wollen wir in Schiffen über das Meer fahren, da und dort ein junges Deutschland gründen. Wir wollen es besser machen als die Spanier, denen die Neue Welt ein pfäffisches Schlächterhaus, anders als die Engländer, denen sie ein Krämerladen wurde. Wir wollen es deutsch und herrlich.« Solche Hoffnung, vom revolutionsbewegten Dresdner Hofkapellmeister Richard Wagner ausgesprochen, erwies sich rasch als Chimäre. Es war das Exil, in das man ging, nicht ein »junges Deutschland«, und wo man hinkam, waren schon andere Europäer. Nach Amerika wanderte man aus, nicht über das Mittelmeer südwärts. Afrika war für eine andere Klientel interessant, für Hasardeure, die etwa nach den Quellen des Nils suchten, und für den vermögenden Adel.

Seit Sachsens König August der Starke 1732 eine Tierfangexpedition nach Algerien und Tunesien entsandt hatte, veranstaltete der deutsche Adel Jagdreisen nach Nordost- und Südafrika, nach Ägypten, in die britische Kapkolonie und die Burenstaaten, um in »unzivilisierten« Regionen mit einem Mindestmaß an gewohnter Bequemlichkeit das exotische Abenteuer zu suchen. Das Interesse dieser Reisenden galt weniger der Geographie oder der Geschichte des besuchten Landes als den Jagdtrophäen und anderen exotischen Mitbringseln, dem Ehrgeiz, als Erster an den Quellen des Nils zu stehen, um so seinen Namen zu verewigen. Alexander von Humboldt berichtet: »Kürzlich war ein Leutnant im 7. Ulanen-Regiment, Baron Seufft von Bilrach hier, welcher laut Parole auf zwei Jahre zur Aufsuchung der Nilquellen beurlaubt ist – gewiss in den Analen der preußischen Armee ein Unikum.« Und das viel gelesene Familienblättchen »Über Land und Meer« bemerkte ironisch, dass viele »Leute, welche, auf die Leichtgläubigkeit und wissenschaftliche Neugierde des europäischen Publikums spekulierend, ihre Taschen füllen, und dann zum Schein mit großartigen Ankündigungen so lange Nil aufwärts ziehen, bis man sie aus den Augen verliert. Einmal zur Mythe geworden, lassen sie sich in irgendeinem gesunden Thal an der abessynischen Grenze, der Venus huldigend, wohl sein, treiben mitunter Sklavenhandel und gehen auf die Jagd; das Publikum zuhause aber wird mit lächerlichen Fabeln von geschwänzten Njam-Njam-Negern, Mondgebirgen und wunderlichen Flußgebieten u. s. w. zu beiderseitiger Zufriedenheit abgespeist.« Doch Ausnahmen gibt es immer: Friedrich Hornemann.

»Er gehörte zu den besten jener durch Alexander von Humboldt repräsentierten Gruppe moderner Reisender, die gründliche wissenschaftliche Vorbildung mit Vielseitigkeit der Interessen verbinden«, resümierte der Geograph Friedrich Ratzel, als er vom Tod des Mannes hörte, der die Ära der klassischen deutschen Forschungsreisen in das nördliche Afrika eröffnete. Friedrich Hornemann wurde 1772 als Sohn eines Pfarrers in Hildesheim geboren. Weil ihn die Geographie Afrikas mehr interessierte, brach er sein Theologiestudium vorzeitig ab, ging nach England, wo er sich im Auftrag der Afrikanischen Gesellschaft in London auf eine Reise vorbereitete, deren Ziel die Nigerregion sein sollte, um den Verlauf des großen Stroms und dessen Quellgebiet zu erkunden. 1797 brach Hornemann nach Kairo auf und nutzte ein weiteres Jahr, um das Unternehmen zu organisieren.

»Cairo, den 31sten August 1798. Ich schrieb Ihnen in meinem

letzten Briefe, daß es meine Absicht sey, Cairo mit Ende des Maymonathes zu verlassen; aber mein Plan ist vereitelt worden. Die Pest, die sich hier im April einstellte, verhinderte mich nicht allein, abzureisen, sondern fesselte mich auch an meine Wohnung ... Sobald ich mich wieder mit Sicherheit hinaus begeben konnte, erneuerte ich die Bekanntschaft mit einigen Männern der Karawane. Vierzehn Tage sind nun verflossen, seit dem wir Vorbereitungen zu unserer Abreise machen, die auf übermorgen festgesetzt ist. Man pflegt sich gewöhnlich zur Erreichung außerordentlicher Zwecke, eben so außerordentlicher Mittel zu bedienen; ich selbst schlage bey meinem Unternehmen den ganz entgegengesetzten Weg ein. Der Plan, den ich mir vorgezeichnet habe, und den ich auf meiner ganzen Reise befolgen werde, ist sehr einfach; eine einzige Zeile faßt ihn: ich werde als Mahometanischer Karawanen-Kaufmann reisen. – Unter diesem Charakter bin ich im Stande, mit derselben Sicherheit als ein Eingebohrner des Landes zu gehen.« Im Schutze einer größeren Handelskarawane führte Hornemanns Route über Siwa nach Murzuk durch die Sahara. »Der Boden ist mit einem groben Kiesel-Sande bedeckt, der, wenn er durch heftigen Nordwind aufgewirbelt wurde, nicht anders aber weit schmerzhafter auf den Körper wirkte, als ein Schlossen-Schauer (Hagelschauer – d. Verf.) in den nördlichen Gegenden von Europa. Sehr häufig trifft man in dieser ungeheuren Wüste versteinertes Holz an. Man sieht solche Baumstämme von zwölf und mehr Fuß im Umfange; zuweilen dünnere Zweige, zuweilen Rinden-Stücke, die der Eichen-Rinde ähnlich sind. Viele von diesen Stämmen haben noch ihre Nebenäste und bey einigen entdeckt man deutlich die Jahres-Ringe ... Andere, die nichts weiter als die äußere Form behalten haben, zeigen inwendig eine dichte Stein-Masse.«

Im November traf er in Murzuk ein, wurde von heftigen Fieberanfällen geschüttelt und kehrte nach überstandener Krankheit aus der Wüste an die mediterrane Küstenlinie, nach Tripolis, zurück. Tripolis konnte ihn nicht halten: »Mursuck, d. 20sten Febr. 1800. Ich verließ Tripoli den ersten Dezemb. 1799 und kam, nach einer glücklichen wiewohl langsamen Reise den 20sten Jan. 1800, hieselbst in Fessans Hauptstadt an. Meine Gesundheit ist, wie ich sie wünschen kann, und ich darf hoffen, daß sie auch von Dauer seyn wird.« Es war die vorletzte Nachricht, die Europa von Hornemann erhielt. Die letzte, noch immer aus Murzuk, klang hoffnungsfroh. »6. April. 1800. Unsere Karawane ist im Begriff, ihre Reise nach Burnu anzutreten … da ich mich ungemein wohl befinde, vollkommen an das Klima gewöhnt bin, die Arabische und auch ein wenig die Burnu-Sprache rede, da ich wohl bewaffnet, auch nicht muthlos bin und mich unter dem unmittelbaren Schutz zweyer Scheriffs befinde, so darf ich mit Recht hoffen, daß ich in meinen Unternehmungen glücklich seyn werde. Vor einigen Tagen sprach ich einen Mann … er gab mir einige Nachrichten … und sagte, die Vereinigung des Niger mit dem Nil sey nicht zu bezweifeln, aber vor der regnigten Jahreszeit sey sie sehr unbedeutend, denn der Niger ruhe in der trockenen Jahreszeit oder sey *non fluens*.«

Dann verstummte Hornemann, doch erst neun Jahre später vermisste die englische Afrikagesellschaft ihren Reisenden, weitere acht Jahre später verdichteten sich die Gerüchte, die seither als Wahrheit gehandelt wurden. Friedrich Hornemann starb Anfang 1801 an einer Darmerkrankung in Bokane an den Ufern des Nigers.

Die Veröffentlichung des Tagebuchs seiner Reise von Kairo nach Murzuk und sein Tod in einer exotisch anmutenden Weltgegend waren Anlass, ihn als ersten deutschen »Entdecker Afrikas«, vor allem der Sahara, zu feiern. Wie dieser Pfarrerssohn aus Hildesheim sollten in den kommenden Jahrzehnten viele Männer und Frauen in der Sahara umherreisen, furchtlos und hungrig nach dem Abenteuer ihres Lebens.

Einer dieser jungen Männer ist Gerhard Rohlfs, der im Oktober 1865 aus der Hamada el Hamra herunterkommt und das Jabal as-Sawda, das »Schwarze Gebirge«, erreicht, neun Jahrzehnte nach Hornemann. *Das äußere Aussehen des Schwarzen Gebirges ist so unheimlich, wie man sich nur ein ödes, wild zerklüftetes Wüstengebirge denken kann. Vogel verglich die Gegend wegen des zertrümmerten schlackenartigen Gesteins den Landschaften im Mond und Hornemann einer Höhle in einer engen dunklen Schlucht mit dem Eingang zur Unterwelt. Der düstere Eindruck, den die schwarze Fär-*

bung der Steine, der großen wie der kleinen, hervorbringt, wird noch dadurch eigentümlich verstärkt, daß in die pechschwarzen Felswände und in die mit schwarzem Geröll überdeckten Abhänge häufig weiße Sandsteinlager eingebettet sind. Eine Landschaft wie von einem anderen Planeten, die schon Plinius d. Ä. in seiner »Naturalis historia« als »verbranntes« Gebirge beschrieb. Anders als alle bisherigen Reisenden entdeckt Rohlfs, der den westlichen Teil des Gebirges quert, Spuren von Leben. Auf dem Grund tiefer Schluchten, den die Strahlen der Sonne nur selten erreichen, wachsen Kräuter und niedrige Akaziensträucher.

Im Jabal as-Sawda begegneten sich Anfang und Ende einer Epoche deutscher Afrikareisen: Friedrich Hornemann, ein Mann des 18. Jahrhunderts, der die Ära der »Einzelunternehmungen« eröffnete, und Gerhard Rohlfs, dessen Wege durch Nordafrika die Zeit der Einzelreisen beendete. Beide suchten das Abenteuer abseits einer deutschen Wirklichkeit, die wenig Raum bot, sich auszuleben. Wie Hornemann brach auch Rohlfs aus den vorgegebenen Mustern aus, um seinen eigenen Lebensweg zu finden, der 1831 in einem Haus an der Weser begonnen hatte.

Das Haus am Strom

Das zweigeschossige Haus an der Weser steht mit der Giebelfront zur Dorfstraße, die nur ein sandiger Weg ist. Verbunden mit einem lang gestreckten Nebengebäude, in dem ein größeres Kinderzimmer und ein Stall untergebracht sind, hat es Platz genug für dreizehn Menschen, ein Pferd, eine Ziege, zwei Schweine, das übliche Federvieh, Strohvorräte und Heu, den Torfabstich. Im Garten neben dem Haus wachsen Küchenkräuter, und ein Roggenfeld liefert Korn für wöchentlich zwei 25-Pfund-Brote.

Unsere Familie setzte sich zusammen aus meinen Eltern, einer Schwester meines Vaters, die den Haushalt führte, und sieben Kindern, einem Hauslehrer und zwei Dienstmädchen. Das Leben im Haus am Strom ist unentrinnbar einem Gleichmaß unterworfen, vom Tagesbeginn bis zur späten Nachtstunde, was für die Erwachsenen Sicherheit in unsicheren Zeiten, für die Kinder eher Langeweile bedeutet. Der Hausherr steht früh auf, im Sommer um fünf, im Winter um sieben Uhr, setzt sich an den Tisch, trinkt Bohnenkaffee, isst eine Semmel, Tag um Tag. Für die Hausfrau, deren Schwägerin, das Dienstpersonal und die Kinder wird Zichorienkaffee und Schwarzbrot mit Butter bereitet, gelegentlich Zwieback mit Mus.

Vom Haus sind es nur wenige Schritte zum Fluss, selbst wenn dieser kein Hochwasser führt. Wer über die Weser will, schlägt am Hafenhaus die Glocke oder macht sich durch ein Hornsignal bemerkbar. Oft, wenn der Fluss Niedrigwasser führt, versperrt eine Sandbank die Fährroute, auf die der Fährmann seine Fahrgäste absetzt, damit sie vom anderen Ufer abgeholt werden können. Bedeckt aufgebrochenes Eis den Fluss, ruht der Fährbetrieb. Das war immer so, seit den Anfängen des Ortes.

Die hier leben, leben vom Fluss, vom Hafen und der Werft. Schwedisch war Vegesack, dänisch, hannoveranisch, seit 1804 gehört es wieder zur Freien Hansestadt Bremen. Darüber hat sich der Alltag der Vegesacker kaum geändert. Man wird geboren und stirbt.

Die Frau im Haus am Fluss ist im dreißigsten Lebensjahr, als ihr dritter Sohn am 14. April 1831 geboren wird. Das Neugeborene ist schwächlich, und Maria Adelheid Rohlfs hat Mühe, das Kind durch die ersten Monate und Jahre zu bringen. Auch Gottfried Heinrich Rohlfs, der Vater, kann seine Sorge über die anfällige Konstitution des Sohnes nicht verbergen. Als Mediziner weiß er, wie hoch die Kindersterblichkeit in dieser Zeit ist. Oft wird er nach der Gesundheit seines Sohnes gefragt, wenn er, nachdem er in aller Frühe die Hühner versorgt hatte, von einem zum anderen seiner Patienten reitet.

Friedrich nennen die Eheleute ihren Sohn, nach dem Großvater, der sich in Vegesack vor einem halben Jahrhundert als Wundarzt niederließ, eine Praxis betrieb und sein Auskommen hatte. Friedrich und Gerhard. Ein altgermanisches Wort, Gerhart, der Speerstarke. Die Sorgen bleiben, hat Gerhard doch manche Kinderkrankheiten zu überstehen, wie die Eltern das stets herumnörgelnde Kind zu überstehen haben. Sieben Kinder ziehen die Eheleute auf, dieses ist das Sorgenkind, auch als es körperlich robuster wird.

Die Kinder werden erzogen und auf ihre Lebenswege vorbereitet, wie schon die Eltern auf ihr Leben vorbereitet wurden, gewissenhaft. Am Tisch müssen sie ihre Gebete aufsagen und akzeptieren, dass der Hausherr aus einer anderen Schüssel isst. Man isst reichlich und gut, mittags Fleischbrühe mit Reis und Suppenkraut, Fleisch, Kartoffeln, Gemüse und Kompotte. Für die Erwachsenen steht Rotwein auf dem Tisch, abends »Möschen«, eine Biersuppe, mit Milch und Mehl zubereitet, auf die der Hausherr zu Gunsten eines Kaffees und eines Butterbrotes verzichtet.

Erziehung bedeutet zuerst Einordnung in überlieferte Abläufe und in die soziale Hierarchie der Familie. Freiräume gibt es kaum, gelegentlich jedoch Augenblicke, in denen die Heranwachsenden sich selbst überlassen sind. Nur der stets kränkelnde Gerhard kennt solche Augenblicke nicht, immer ist jemand da, seinen Puls zu fühlen oder die Körpertemperatur zu messen. Wenn er schreit, bleibt er nicht lange allein. Von seinem Krankenlager her kann er die Spiele der Geschwister beobachten; Gerhard braucht Ruhe, sagt man. Wenn er mit den Brüdern herumtobt, besteht er darauf, schonend behandelt zu werden, auch dann noch, als solche Vorsicht nicht mehr nötig ist. Das kränkelnde Kind lernt, seinen Willen durchzusetzen. Später, als gesunder Erwachsener, wird Rohlfs oft eigensinnig auf seinem Willen beharren, Widerspruch nur schwer ertragen. So wächst er auf, als Einzelkind neben sechs Geschwistern.

Gerhard sei ein schwieriges Kind, sagen jene, die das Haus am Fluss kennen. Ich will meinen Weg gehen, sagt er sich selbst. Wohin, weiß er nicht. Was Großvater und Vater waren, was seine Brüder werden, will er nicht sein, Arzt auf dem flachen Lande. An anderer Leute Krankheiten herumdoktern ist nicht seine Sache, und auch die stets gleichen Gespräche am Stammtisch der Honoratioren sind es nicht.

Das Haus lockt die Kinder auf den großen Boden, der voll gerümpelt ist mit den Hinterlassenschaften vergangener Tage. In der »Polterkammer« liegen verkramt auch die Kriegserlebnisse des Vaters, als er im Rock eines »officiér de santé« einige Zeit mit den Franzosen ritt: ein alter Kavallerie-Karabiner und ein Säbel. Gerhard trägt mit Vorliebe den Karabiner durch den Garten, während sich die Brüder um den Säbel streiten. Vom Kriegshandwerk ist er auf spielerische Art besessen, als müsse er sich durch glorreiche Siege das Leben immer wieder neu erobern. Auch das wird bleiben. Furcht kennt er nicht; ist er darum mutig, wenn er keinem Kampf Mann gegen Mann ausweichen wird? Später, als er durch die Sahara zieht, hat er die Hand stets auf der Pistolentasche. Noch aber kennt er nicht die vielen Gesichter des Sandes, noch kennt er nur die feuchte Erdkrume am Weserufer. Da sitzt er dann und sieht die Segler stromabwärts ziehen, voll gestopft mit Männern, Frauen und Kindern, die ihr Glück, das sich in Deutschland nicht einstellen will, in Amerika, in New York oder Baltimore, zu finden hoffen. Aus Preußen wandern sie aus, aus Bayern, Hessen, Baden und Württemberg, über 1,4 Millionen Menschen in den Jahren zwischen 1830 und 1870. Alle zwei Tage zieht ein Emigrantenschiff aus Bremen den Fluss hinunter. Das seien arme Teufel, sagt der Vater, vaterlandslose Gesellen, in Amerika wüchsen die Bäume auch nicht in den Himmel, und wer in Deutschland sein Brot nicht säen wolle, werde es ebenso wenig in Amerika ernten. Vielleicht konnte das Kind solche Sprüche bald nicht mehr hören; vielleicht wäre Gerhard Rohlfs auf einem jener Schiffe dem Haus am Fluss gern davongefahren. Das Elternhaus macht ihn satt und nährt ihn trotzdem nicht, setzt seiner Lust am Abenteuer, der Sehnsucht nach einem ungebundenen Leben eng bemessene Grenzen.

Vegesack hat keine Schule, der Unterricht findet im Haus statt. Der Hauslehrer, stets ein Kandidat der Theologie, hat Kost und Logis frei, bewohnt im oberen Stockwerk zwei Räume. In seinem Wohnzimmer werden die Kinder unterrichtet, vier Stunden vormittags, zwei Stunden nachmittags.

Die älteren Brüder werden gelobt, Heinrich vor allem. Von Gerhard spricht der Hauslehrer eher mit zusammengezogenen Augenbrauen. Ihm fehle zum Lernen ebenso der notwendige Ernst wie die Konzentration, sagt er. Dann setzt sich der Gemaßregelte an den Tisch, schreibt in seiner schönsten Schrift, zu er der fähig ist, Glückwunschkärtchen an die Eltern, zu ihren Geburtstagen und zum Neujahr. Künftig wolle er die Eltern durch sein Betragen und seinen Fleiß erfreuen. Diese Versprechen kann er nicht halten. *So viel ich essen konnte, so faul war ich andererseits in der Schule; nur Geographie, Deutsch und Geschichte habe ich gut gelernt; auch für neuere Sprachen, als Englisch und Französisch, hatte ich Verständnis; Latein und Griechisch fand ich höchst langweilig, und in der Geometrie habe ich es auch später auf dem Gymnasium nur bis zum Pythagoras gebracht; Algebra blieb mir immer ein Buch mit sieben Siegeln.*

Fünfzehnjährig setzt er mit der Fähre über den Fluss und geht an das Gymnasium nach Oldenburg, in eine knochentrockene Bildungseinrichtung, die seinen Bewegungsdrang, seine Unternehmungslust nicht zügeln kann. Außerhalb des gewohnten Umfelds ist es nur eine Frage der Zeit, wann der Konflikt zwischen dem Zwang zur Einordnung und dem Willen zur Selbstbestimmung offen ausbricht. Der Gymnasiast gilt den Lehrern als renitenter Schüler, dem nicht anders beizukommen ist als mit der Härte autoritärer Erziehungsmaßnahmen. Als Rohlfs erfährt, dass ein so genannter Brandbrief nach Hause unterwegs ist, läuft er aus dem Regelwerk vorhersehbarer Abläufe davon. Dem offiziellen Schulschreiben schickt er eine knappe Mitteilung darüber nach Vegesack hinterher, dass er wenig Lust auf das Studieren habe. Er versetzt seine Uhr und schlägt sich nach Amsterdam durch.

Amsterdam ist im 19. Jahrhundert das Tor zur Welt, voll gestopft mit Ratten und Menschen aus allen vier Himmelsrichtungen, mit Kauffahrteischiffen, den Ostindienfahrern, Kriegsschiffen und festvertäut liegenden ausgedienten Frachtbooten. Hier beginnen die Träume vom Abenteuer. Für den Fünfzehnjährigen ist der Traum in Amsterdam schnell beendet. Seine Familie schickt eine Abordnung – Mutter und Schwester stehen auf dem Segler, auf welchem Rohlfs angeheuert hat, und holen ihn zurück auf den Boden der Tatsachen. Statt Ostindien doch nur wieder Vegesack. Der Ausreißer zeigt sich einsichtig, weil er seine Niederlage empfindet. Nach Oldenburg über den Fluss geht er nun nicht mehr, er besucht das Gymnasium in Celle. Wenig ist damit gewonnen. *Hier ist im Ganzen nur ein einförmiges Leben, kleinstädtisch, trocken,* schreibt er der Schwester, als wäre Vegesack die große Welt. Er hält durch und absolviert leidenschaftslos die Lehranstalt. Den Abschluss in der Tasche, sitzt er zum Weihnachtsbraten wieder im Kreis der Familie. Da führen die älteren Brüder das Wort. Die Rede ist vom Krieg zwischen dem dänischen König und dem Deutschen Bund. Hermann und Heinrich hatten an diesem Waffengang teilgenommen, Hermann als Ober-, Heinrich als Assistenzarzt.

Von ihren Erlebnisberichten ist Rohlfs derart fasziniert, dass er sich nach dem Jahreswechsel 1848/49 als Füsilier in die 1. Kompanie des bremischen Füselier-Bataillons, eine Art hanseatischer Bürgerwehr, einschreibt. Vater und Mutter würden es lieber sehen, wenn er, der Familientradition folgend, in die Front der Medizinstudenten einrückte. Der Sohn aber will Heldentaten vollbringen und erst später, wenn überhaupt, das Studium beginnen. So kommt er unter die Soldaten und vorerst doch nicht auf das Schlachtfeld. Eigenmächtig hat Preußen mit den Dänen einen Waffenstillstand vereinbart. Aber ein Waffenstillstand ist kein Frieden, zumal aus Frankreich eine revolutionäre Unruhe in die deutschen Länder hereinschwappt und Europas Königshäuser mit dem Schlachtruf »Schlagt die Revolutionäre!« diese und jene Landesgrenze zu verschieben hoffen.

Inzwischen hat Rohlfs die Handhabung eines Gewehres, die Bewegung im Felde und was zum Handwerk eines Kriegers sonst noch gehört, gründlich gelernt. Er reist nach Kiel und zieht den dunkelblauen Rock mit rotem, silberbordiertem Kragen an, setzt sich einen Helm mit Doppeladler auf und tritt als Unteroffizier in das schleswig-holsteinische Infanteriebataillon ein. Das Schlachtfeld findet er in Kiel auch nicht. Er wird zum Portepeefähnrich befördert. Das Etappenleben ist ihm langweilig, und er ist für jeden militärischen Auftrag seiner Vorgesetzten dankbar. So soll er einen Arrestanten von Neumünster nach Rendsburg in eine sechswöchige Haft überführen und nimmt, weil er in Rendsburg einen Freund wiederzusehen hofft, ein Fass Bier mit auf die Reise. In einer Bahnhofswirtschaft, Rohlfs sitzt vor einem Glas Bier, spricht ihn ein Hauptmann nach dem Woher und Wohin an und muss erfahren, dass der Fähnrich seinem Arrestanten einen Kurzurlaub zum Besuch der Eltern gewährt hat. Das bringt dem Fähnrich fünf Tage Arrest ein, eine vergleichsweise milde Strafe.

Im Juli 1850 ist es soweit, bei Idstedt schlagen 37 000 Dänen und 26 000 Schleswig-Holsteiner aufeinander ein. Preußen hält sich aus dem Geschehen heraus, hat nur einige Beobachter postiert. Der Ausgang der Schlacht ist vorhersehbar, die Dänen siegen. Wegen außerordentlicher Tapferkeit wird Rohlfs noch auf dem Schlachtfeld zum Leutnant befördert, doch das Ende seiner militärischen Karriere kündigt sich bereits in den Stubenwinkeln der Geheimdiplomatie an. Eine so genannte Pazifikationskommission wird ins Leben gerufen, österreichische Truppen marschieren in Holstein ein, dänische besetzen Schleswig, alle militärischen Handlungen mit den Dänen werden eingestellt, der Kieler Landtag wird aufgelöst, die schleswig-holsteinische Armee entwaffnet und nach Hause entlassen.

Am 31. März 1851 erhält Gerhard Rohlfs die Abschiedspapiere. Das Medizinstudium ist nicht mehr zu umgehen. *Freude ist hier nicht mehr, nur Verzweiflung und Schwermut findet man auf allen Gesichtern. Welche Hoffnung hatte man noch vor einem Jahr und jetzt ist alles aus,* schreibt er der Schwester Elisabeth. *Ich wollte, ich wäre nur erst bei Dir, dann kann ich Dir viel erzählen. Von alten Heldentaten die Mähr' gar viel erzählt.*

Kriegserfahren kommt er zurück an die Weser und kann sich den väterlichen Ermahnungen, endlich ein Mann zu werden, nicht mehr entziehen, dem Medizinstudium nicht mehr ausweichen. Heidelberg, einige Vorlesungen später Würzburg, dann Göttingen. Dort fällt er weniger als Medizin-, eher als Korpstudent auf. Für die Gleichmäßigkeit des Studiums besitzt er zu wenig Gelassenheit. *Seit vier Jahren bin ich immer allein, Umgang in Familien, ein paar Offiziersfamilien ausgenommen, habe ich nicht, hier wo das Kneipenleben, wie überall in Süddeutschland, so ausgebildet ist, kennt man auch nicht so das trauliche, nordische Familienleben.* Die Korpsmütze der »Hannoverana« setzt er kaum noch ab und verbringt viel Zeit auf dem Fechtboden. Während der Burschenabende hämmert er manchmal auf ein Klavier ein. Schnell sind die väterlichen Zuwendungen verbraucht, und Rohlfs macht »Ehrenschulden«. Alles läuft aus dem Ruder, die immer eindringlicheren Ermahnungen von zu Hause liest Rohlfs als belastende Nörgeleien.

Ein Gerücht schon genügt. Die Habsburger Monarchie ziehe in den Krieg, verspricht es, und stud. med. Gerhard Rohlfs läuft aus Göttingen, wo das Examen auf ihn wartet, nach Österreich davon, um in die k. u. k. Armee einzutreten. Gegen ein Handgeld von drei Florin verpflichtet er sich auf acht Jahre. Doch das 21. Feldjägerbataillon bleibt in den Veroneser Kasernen, und der stupide Dienst auf dem Exerzierplatz oder in den Waffenkammern schafft wenig Befriedigung. Der Gefreite Rohlfs desertiert, wird aufgegriffen und vom Militärgericht zum einfachen Soldaten degradiert. Im Dezember 1855 läuft er abermals aus der Kaserne davon, schlägt sich über Italien und die Schweiz nach Frankreich durch, um sich der Fremdenlegion anzuschließen, die, 1830 gegründet, einen Kolonialkrieg in Algerien führt. In Colmar, am Fuße der Vogesen, hat er sich im November 1856 anwerben lassen, für eine Dienstzeit von sieben Jahren.

In Vegesack kann diesen Schritt niemand verstehen. Später, wenn in Familienkreisen das Gespräch auf Rohlfs' Eintritt in die Fremdenlegion kommt, wird seine Entscheidung schon gelassener gesehen. In Nîmes, wohin Schwester Marie ihm einiges Geld geschickt hat, damit er über die Runden kommt, habe er den »Concours« absolviert, den Medizinkursus der Legion étrangère, die dringend Militärärzte und Feldapotheker brauch. Diesmal sei Gerhard über den Lehrbüchern sitzen geblieben und habe ein Examen abgelegt. Belegen lässt sich dies nicht, und Rohlfs hat über seine Zeit als Soldat Frankreichs konsequent einen Mantel des Schweigens gebreitet.

Hätte er tatsächlich den Medizinkurs abgeschlossen, wäre ein solcher Abschluss in Deutschland nichts wert gewesen. Doch nach Deutschland, in die Reichweite väterlicher Worte und Vegesacker Blicke, will er ohnehin nicht zurückkehren. So betritt Rohlfs als Mitglied der französischen Söldnertruppe, der modernen Ausgabe mittelalterlicher Landsknechte, zum ersten Mal afrikanischen Boden, mit der Waffe in der Hand und mit dem Rüstzeug eines Feldapothekers im Marschgepäck. Unter Marschall Randon nimmt er 1856 und 1857 an den Expansionskriegen gegen die große Kabylei, den östlichen Teil Algeriens, teil, schlägt sich für Frankreichs Interessen aber auch in Italien mit den Habsburgern herum.

Seit 1831 stehen Frankreichs Legionäre in Algerien, formal eine Provinz des Osmanischen Reiches. Die türkische Regierung, die Hohe Pforte, sitzt weit entfernt in Konstantinopel, und ihre Provinzgouverneure, die Beys, kümmern sich wenig um ihren obersten Dienstherrn. In den Städten entlang der nordafrikanischen Küste, in Constantine, Algier oder Oran, regieren sie ebenso selbstherrlich wie unerbittlich, nur auf den eigenen Vorteil bedacht. Im Landesinnern ist auch ihre Macht zerbrochen, herrschen, untereinander zerstritten, einheimische Stammesführer.

Algerien war schon Bourbonenkönig Karl X. einen Eroberungsfeldzug wert gewesen. Die Gelegenheit schien günstig: England war mit anderen Angelegenheiten beschäftigt, Russland, Österreich und Preußen zeigten kein Interesse an Afrika, und die Türken am fernen Bosporus waren militärisch kein gleichwertiger Gegner. Karls Feldzug fand dennoch nicht statt. 1830 wurde der Bourbone gestürzt, und die Julirevolution setzte die Dynastie der Orléans auf den Thron, dem »Bürgerkönig« Louis Philippe. Die Expansionspläne überlebten die Revolutionstage und den Thronwechsel, hatte doch Frankreich den Großteil seiner einstigen überseeischen Besitzungen in Indien und Amerika längst an England verloren. Der Rest, Martinique, Guadeloupe, einige Stützpunkte am Senegal und in Indien, konnte eine beschleunigt wachsende französische Industrie kaum befriedigen. Rohstoffe waren gefragt, Absatzmärkte; und alles lag den Franzosen gleichsam vor der Tür. Louis Philippe zog Karls Angriffspläne aus der Schublade – zu verlockend schien ihm dieses in sich zerrissene Machtgemenge jenseits des Meeres, als dass er nicht daraus hätte Kapital schlagen wollen. Es brauchte nur einen Anlass, den Frankreich vorzeigen konnte, ohne das Gesicht zu verlieren. Von »nationaler Würde« war also die Rede und davon, dass Frankreich sie wiederherstellen müsse. Frankreich hatte in Algerien über einen italienischen Zwischenhändler größere Mengen Getreide gekauft. Der bekam das Geld für die Ware, weigerte sich aber, das Getreide in Algerien zu bezahlen. Daraufhin klagte der Bey von Algier die ausstehende Zahlung beim ansässigen französischen Konsul ein, der sein Land zu Unrecht beschuldigt sah, denn schließlich habe man den Italiener bezahlt. Worte ergaben Widerworte, und ein leichter Schlag mit einem Fliegenwedel traf den Konsul. Drei Jahre später antworteten die Franken auf diesen »beleidigenden Fächerschlag« des Beys mit dem Einsatz der Legion étrangère. 37 000 Söldner landeten bei Sidi Ferrus, 23 Kilometer westlich von Algier.

Der Expansionsfeldzug wurde grausam geführt und die Kampfkraft der Fremdenlegion ständig erhöht. Als Rohlfs den afrikanischen Kontinent betrat, lebten 160 000 französische Zivilisten in Algerien, zwei Jahrzehnte zuvor waren es nur 8000 gewesen. Inzwischen hatte Frankreich 115 000 Hektar fruchtbaren Boden annektiert, den über 110 000 Legionäre gegen immer wieder aufflackernde Widerstände der Stämme sicherten. 1860 wird ganz Algerien schließlich der direkten Verwaltung eines französischen Generalgouvernements unterstellt und damit endgültig der Kolonialmacht Frankreich unterworfen. Zum Gouverneur seiner Kolonie setzte Napoleon III. Marschall Pélissier ein, der 400 aufständische Araber, nachdem diese seiner Aufforderung, sich zu ergeben, nicht nachkamen, in einer abzugslosen Berghöhle durch Rauch ersticken ließ.

Später resümiert Rohlfs seine im französischen Kolonialkrieg gewachsenen Ansichten: *Hätten die Franzosen von Anbeginn der*

Eroberung den Grundsatz befolgt: die Araber, vielleicht auch die Berber, in die Wüste zu drängen, wohin sie gehören, und so ein freies Terrain für europäische Cultur und Gesittung geschaffen! Unter diesen Umständen würde Algerien statt jetzt einige hunderttausende Europäer, einige Millionen haben.

Im September 1860, mit hohen Auszeichnungen dekoriert, nimmt er nach nur knapp vier Dienstjahren seinen Abschied aus der Legion, und seine Schritte verlieren sich vorerst im Gassengewirr der algerischen Küstenstädte. Im April 1861 taucht er wieder auf, kauft sich eine Schiffspassage und geht in Oran an Bord.

Wieder reist er einem Gerücht hinterher, diesmal nach Marokko.

Mit dem Esel durch Marokko

Seit alters her weckte der atlantische und der mediterrane Küstenstreifen des afrikanischen Kontinents die Begehrlichkeit der Eroberer. Phönizier, Karthager und Römer besetzten den Maghreb, die Region nordwestlich des Atlasgebirges, Marokko, das nördliche Algerien, Tunesien. Dann kamen die Araber, um von Marokkos Küste aus die Iberische Halbinsel zu unterwerfen. Mit den Arabern kam der Islam. Jahrhunderte hindurch haben die Bewohner des Maghreb, sesshafte und nomadisierende Berberstämme, siegestrunkene und geschlagene arabische und europäische Krieger gesehen, immer wieder spanische und portugiesische Seefahrer, die sich an der Atlanikküste festsetzten, und Seeräuber, die nach profitabler Kaperfahrt Marokkos Mittelmeerküste als Rückzugsgebiet nutzten.

Auch Frankreich unternahm mehrere Versuche, marokkanische Gebiete zu annektieren. 1844 wurde die marokkanische Armee von der waffentechnisch überlegenen Legion étrangère geschlagen und das Königreich im »Vertrag von Tanger« künftig zu einer Art stillschweigender Duldung französischer Interessen auf dem afrikanischen Kontinent verpflichtet. Im Februar 1860 nahm wiederum Spanien einen Piratenüberfall zum Anlass, eine Streitmacht nach Marokko zu entsenden. Sie eroberte die Stadt Tetuan und schlug die zum Entsatz anrückenden Krieger des Sultans entscheidend. Ein von den Spaniern diktierter Friedensvertrag verpflichtete die Marokkaner zur Zahlung von 20 Millionen Piaster, bis dahin bleibe Tetuan in spanischer Hand. Marokko musste daraufhin in Großbritannien eine erste Auslandsanleihe aufnehmen. Zwei, drei Monate später berichteten europäische Zeitungen über die Absicht des marokkanischen Sultans, nach den empfindlichen militärischen Niederlagen seine Armee zu reorganisieren. Rohlfs hält sich militärisch für erfahren genug, dem marokkanischen Sultan seine Hilfe anzubieten.

Nach einer dreitägigen Schiffsreise trifft Gerhard Rohlfs am 10.

April vor Tanger ein, einer Küstenstadt ohne brauchbaren Hafen. Segelboote übernehmen Passagiere und die Fracht des Dampfers, der auf dem offenen Meer vor Anker liegt. Die kleinen Segler liegen tief im Wasser, zu tief, als dass sie gefahrlos anlanden könnten, zu unberechenbar läuft die Brandung bei Niedrigwasser über den Küstensaum hinweg. Während andere Passagiere, Marokkaner, aus den kleinen Jollen in das flache Wasser springen, um nach einigen Metern mit nassen Kleidern das Land zu erreichen, mietet Rohlfs einen kräftigen Mann an, der ihn und sein Gepäck nach Tanger hinüberträgt. Nachdem er im Hôtel de France Quartier genommen hat, bittet er Sir Drummond Hay, den englischen Generalkonsul, um eine Unterredung. Damals wurden die Interessen Bremens und der anderen Hansestädte von Großbritannien wahrgenommen, während Preußen sich von Schweden vertreten ließ. Von einer Reform des marokkanischen Heeres, so der Konsul, könne keine Rede sein, da sei der Deutsche einer Zeitungsente aufgesessen. Abermals bricht seine Lebensplanung zusammen; Rohlfs ist enttäuscht. Gewiss, sagt Hay, beabsichtige der Sultan, Veränderungen in seiner Truppe durchzuführen, doch in Marokko laufen die Uhren ungenau, zudem sei der Hass der Muslime auf alles Christliche derart virulent, dass niemand den Ratschlag eines Europäers akzeptieren würde.

Rohlfs ist dreißig Jahre alt – andere haben in diesem Alter schon Familie und stehen längst in Lohn und Brot. Er dagegen hat fast nichts; manches Kriegserlebnis, einige praktische medizinische Erfahrungen, eine englische Fünf-Pfund-Note. Zu wenig Ruhm, zu wenig Ehr, um sich in Vegesack sehen zu lassen. Timbuktu fällt ihm ein, die legendenumwobene Goldstadt Afrikas, unermesslich reich, unermesslich schön. Natürlich hat er seinen Leo Africanus gelesen. Timbuktu also. Als Kind hatte Rohlfs von der abenteuerlichen Reise des Briten Mungo Park nigerabwärts und von dessen unrühmlichem Ende gehört. Mit 39 Mann zog Park 1805 los, den Niger erreichten nur acht. Ein Jahr später wurden er und seine Begleiter bei einem Gefecht an den Stromschnellen bei Bussa, im heutigen Nordnigeria, getötet. Zwischen dem 15. und 19. Jahrhundert wurden mindestens 42 Europäer, die nach Timbuktu unterwegs waren, ermordet. Rohlfs kennt diese Zahl nicht – und hätte er sie gekannt, wäre sein Entschluss umso entschiedener in die Tat umgesetzt worden.

Sir Drummond Hay rät rundheraus ab, ein derart gefährliches Wagnis in Angriff zu nehmen. In der Wüste sei kein Europäer vor Überfällen habgieriger Stammesfürsten sicher. Zudem reiche schon der leiseste Verdacht, der Reisende sei ein Spion, und der Hass der Mohammedaner auf die »Christenhunde« würde jeden Berber, jeden Tuareg zum Mörder werden lassen, sagt der Konsul. Da müsse man mit großem Tross reisen, wie Hugh Clapperton, der 1825 bis zum Tschadsee gekommen war und bewiesen hatte, dass der Niger nicht in den Tschad mündet. Auch an Livingstone solle Rohlfs denken, der als Erster Afrika von West nach Ost durchquert hatte und gegenwärtig mit einem trefflich bewaffneten Dampfschiff irgendwo auf dem Sambesi unterwegs sei. Den Konsul überraschen die Leichtfertigkeit und die Arroganz, die den Deutschen solche Mahnungen überhören ließen. Die Selbstsicherheit, die Energie des Jüngeren dagegen bewundert er. Er könne ihm die Barth'schen »Reisen und Entdeckungen in Nord- und Zentralafrika in den Jahren 1849–1855« zur Lektüre sehr empfehlen, falls er sie noch nicht gelesen habe. Barth sei in Timbuktu gewesen, und er wolle ihm die Ausgabe gerne besorgen. Doch so lange kann oder will Rohlfs nicht warten.

Noch immer hält die Pariser Geographische Gesellschaft achttausend Francs als Preis für denjenigen bereit, dem es gelingt, von Norden durch die Sahara in die legendäre Stadt am Niger vorzudringen. Das Abenteuer fürchtet er nicht, er sehnt es herbei. Seiner Haut wolle er sich schon erwehren, sagte er, zudem brauche es nicht viel, sich getarnt als gläubiger Muslim durchzuschlagen.

Mit Anstrengung lernt er einige Brocken Arabisch; er versteht manches, doch die Aussprache fällt ihm schwer. Immerhin, die Formel *Lah ilah il allah Mohammed rassul ul lah* – »Außer Gott kein Gott, Mohammed ist der Gesandte Gottes« – kommt ihm mühelos von der Zunge. Er lässt sich den Kopf kahl rasieren, greift zum Essen mit den Fingern in die Schüssel, legt sich zur Nacht auf den harten Boden. Das reicht nicht, wie es auch nicht reicht, die Kleider zu wechseln, um aus einem Christen einen gläubigen Muslim zu machen. Er weiß das und zieht trotzdem ins Landesinnere, bereits fünf Tage nachdem er in Tanger auf den Schultern eines Schwarzen Marokko betrat.

Unter dem schwarzen, weiten Überrock, der noch aus seiner Studentenzeit stammt, trägt er nach Landessitte eine Djelaba, das weiße, lange Baumwollhemd mit Kapuze. Die Hose ist knapp unter dem Knie abgeschnitten und die nackten Füße stecken in gelben Pantoffeln. Der so kostümierte Reisende wird oft nach dem Woher und Wohin gefragt; Rohlfs' Antwort kommt ebenso prompt wie stereotyp: Er sei unterwegs nach Ouezzane, um vom Groß-Scherif Sidi-el-Hadj-Abd-as-Salam, dem hohen geistlichen Würdenträger Marokkos, den Segen für seinen Konfessionswechsel zu erbitten. Das mag den Argwohn der Einheimischen für kurze Zeit zerstreuen, ausräumen kann es ihn nicht. Ein kaum kalkulierbares Wagnis bleibt. *Der Reiz des Neuen, das Lockende, völlig unbekannte Gegenden durchziehen zu können, fremde Völker und Sitten, ihre Sprache und Gebräuche kennenzulernen, ein Trieb zu Abenteuern, ein Hang, Gefahren zu trotzen: alles dies bewog mich, das Wagnis auszuführen* – ein Wagnis, dessen Ausmaß ihm nicht wirklich bewusst ist.

Mit einem Esel zieht er durch das Land, von Tanger südwärts in die Berge, und mit Si Embark, einem Marokkaner, der in Wahrheit Spanier ist, aus mysteriösen Gründen seine Heimat verließ und sich zum Islam hat »bekehren« lassen. Den Mann hatte er in irgendeiner heruntergekommenen Herberge gefunden und ihn für wenige Groschen als Diener, Eseltreiber und Dolmetscher in seine Dienste genommen. Doch Si Embark verschwindet bei der ersten Gelegenheit samt Esel und den Körben, die dem Tier aufgebunden waren. Auch Rohlfs' Mütze ist in einem der Körbe, ein schmerzlicher Verlust, hatte er doch seine Fünf-Pfund-Note zur Sicherheit in das Mützenfutter eingenäht. Rohlfs bleibt, was er am Leibe trägt und ein Notizbuch mit Bleistift, um seine Abenteuer zu notieren. Nicht eben viel, doch er ist nicht der Mann, der sich von einer Notlage demoralisieren ließe, und er hat ohnehin keine Wahl. Rohlfs schlägt sich nach Ouezzane durch, dem Mekka der Marokkaner, und wird tatsächlich vom Groß-Scherif empfangen.

Die tausendjährige Stadt ist voll von Pilgern, die aus allen Winkeln des Reiches kommen, um die Aufmerksamkeit des Geistlichen zu erregen und vielleicht zu einer Audienz vorgelassen zu werden. Sidi-el-Hadj-Abd-as-Salam, dessen Herkunft die Gläubigen in direkter Linie vom Propheten Mohammed ableiten, ist die graue Eminenz Marokkos, dessen Einfluss selbst der Sultan respektieren muss. Als Oberhaupt aller Scherifs, der Schüfra, ist er wie der Papst in Rom autark und besitzt wie dieser ausgedehnte Ländereien und Latifundien.

Abd-as-Salam zeigt sich als weltoffener Mann, der die wirtschaftlichen, kulturellen und politischen Verhältnisse Europas weit besser kennt als Rohlfs die marokkanischen. Er nimmt den Mittellosen als Gast in seinen Palast auf, der inmitten des heiligen Viertels, der Sauja, durch Mauern von den Wohngebieten der Stadt abgeriegelt ist. Diesseits und jenseits der Mauer lernt Rohlfs, der schnell zum Günstling des Groß-Scherifs avanciert, den Alltag der Stadt kennen, das Leben der Straßenhändler und der Handwerker. Er bleibt nicht lange. Nach Fès will er, in die marokkanische Hauptstadt, um dem Sultan seine Dienste anzubieten. Sidi-el-Hadj gibt Rohlfs ein entsprechendes Empfehlungsschreiben mit auf die Reise, ein Maultier und einen wegkundigen Führer.

Hunderttausend Einwohner leben in der zweigeteilten Stadt, in Alt-Fès, von Bergen umschlossen, und Neu-Fès. Einzig eine Straße verbindet beide Teile von Fès, das einst von Römern gegründet wurde und seither mit einem unterirdischen Kanalsystem für Trink- und Abwasser ausgerüstet ist. Aber auch die römische Ingenieurkunst konnte die Choleraepidemie, die 1859 in den pflasterlosen, schmutzigen Straßen der Sultansstadt mit ihren meist drei Stockwerke hohen, eng beieinander liegenden, düsteren Häusern über 5000 Menschen hinwegraffte, nicht verhindern. Zwei Jahre nach der Katastrophe ist die Epidemie unvergessen, noch immer werden gegen alle möglichen Epidemien, Pest und Cholera, allerlei billige Rezepturen für teures Geld feilgeboten.

Fès nährt viele Ärzte und noch mehr Scharlatane; sie alle begegnen dem Fremden, der auch am Sultanshof Karriere macht, mit Misstrauen. Das Empfehlungsschreiben des Groß-Scherifs zeigt Wirkung; Rohlfs wird zum Chefarzt der marokkanischen Armee ernannt und erhält drei, vier Groschen Gehalt, damit lässt es sich leben. Schließlich avanciert er zum Leibarzt des Sultans von

Marokko, Sidi-Mohammed-ben-Abd-er-Rahman, und wird selbst von den Haremsfrauen konsultiert. *Meistens waren es sehr junge Geschöpfe mit recht vollen Formen. Die oft kostbaren Anzüge und die vielen Schmucksachen waren mit Schmutz überladen, und in der Regel an den Kleidern irgend etwas zerrissen. Sie schienen das Krankmelden als einen angenehmen Zeitvertreib zu betrachten, eine ernstlich Kranke habe ich in der ganzen Zeit meines Aufenthaltes nicht gesehen. Ich hütete mich denn auch sehr, irgend wie selbst Medicin zu geben, obschon mir die dem Sultan von der Königin Victoria geschenkte Arzneikiste zur Verfügung stand. Ich beschränkte mich auf diätetische Anordnungen und culinarische Recepte.*

Solcherart Beschränkung auf eher unverfängliche Rezepturen war die aus der Not gewachsene Tugend eines Mannes, der das Studium abgebrochen hatte, um dessen medizinische Reputation sich jedoch niemand kümmerte. Er hängt zwei große Bögen Papier über seine Praxis, und die Kundschaft gibt sich die Klinke in die Hand: *Mustafa der Deutsche, Arzt und Wundarzt.* Ganz Fès scheint begierig, dem Fremden zu begegnen. *Meine Medikamente bestanden wie die der marokkanischen Ärzte aus einem großen Kohlenbekken, mit Eisenstäben zum Weißglühen, aus großen Töpfen mit Salben, Kampferöl, Brechpulver, Abführmitteln und verschiedenen unschädlichen, gefärbten Mehlpulversorten für Hypochonder und hysterische Kranke.*

Befriedigen kann Rohlfs solches Handwerk nicht. Er ist nun doch, was sein Vater und seine Brüder sind. Schließlich ist er nicht nach Afrika gekommen, um in Marokko als Arzt zu überdauern und Timbuktu zu vergessen. Er sucht das Abenteuer seines Lebens, was auch immer er darunter versteht.

Als ihm Fès zu langweilig wird, verlässt er den goldenen Käfig, in welchem er einen Tag wie den anderen verlebt, und kehrt nach Ouezzane zurück, wo ihn der Groß-Scherif abermals gastfreundlich aufnimmt. Seine Bewegungsfreiheit wird dadurch nicht größer, wie in Fès hat er auch in Ouezzane jene Wege zu gehen, die sein Gastgeber geht. *Ich durfte nicht daran denken, dem Grossscherif zu sagen, dass ich ihn für immer verlassen wollte, da er sich einmal vollkommen mit dem Gedanken vertraut gemacht hatte, ich würde immer bei ihm bleiben.* Endlich erhält er die Erlaubnis, eine kleinere Reise zu unternehmen, und ein Papier, das ihn als Schutzbefohlenen von Sidi-el-Hadsch-Abd-es-Salam' ausweist. Er bricht zu seiner ersten Reise auf, um sein Abenteuer zu finden.

Wieder bricht er mit einem Esel auf und wieder mit einem Spanier; in die heilige Stadt will er nicht mehr zurückkehren. Dem Esel hat er die Schuari aufgebunden, Seitenkörbe, in denen seine Habseligkeiten stecken; den Spanier hat er als Dolmetscher, Diener und Gehilfen angestellt, der ihm in seiner »Wanderpraxis« zur Hand gehen soll. Zunächst geht es nach Tanger, wo er Sir Drummond Hay von seinen Erfahrungen am Sultanshof berichtet, dann weiter die Atlantikküste entlang, über L'Araisch, Rabat und Casablanca nach Azemmour. Mit einer Karawane zieht er nach Marrakesch und zurück an den Atlantik. Und wieder verliert er fast alles Hab und Gut. Auch dieser Spanier macht sich, während Rohlfs schläft, mit dem Esel aus dem Staub; nur ein Ledertäschchen mit einigen Münzen, das er als Kissen unter seinen Kopf gelegt hatte, bleibt dem Bestohlenen. Er schlägt sich weiter durch Richtung Süden, von Ortschaft zu Ortschaft, nach Agadir, wo er eine fieberhafte Infektion, die er sich zugezogen hat, behandeln muss, hat doch der Spanier auch alles Chinin mitgenommen. Längst nicht auskuriert, schließt er sich abermals einer Karawane an und verdingt sich als Kameltreiber, um das tägliche Brot zu verdienen. Die Karawane zieht von der Küste weg ostwärts in die Oase Taroudant. Dort hofft er, sich einer anderen Karawane anschließen zu können, die ihm den Weg nach Timbuktu eröffnen soll. Doch es kommt anders. Die Infektion meldet sich mit heftigen Fieberschüben zurück, so dass er sich nur mit großer Anstrengung aufrecht halten kann. Zudem haben die Oasenbewohner schlechte Nachrichten für ihn, sie sprechen von kriegerischen Auseinandersetzungen im Süden und sagen, dass es unmöglich sei, eine Karawane nach Timbuktu zu finden. In einigen Tagen gehe jedoch eine größere Karawane ostwärts in das Gebiet der Draa-Oasen ab. Mit dieser zieht er weiter, aus einer fruchtbaren, hügeligen Landschaft in eine Bergwelt hinein. Erst führt der Weg durch tiefe Schluchten, deren hohe Wände wie Marmor schimmern, dann windet er sich in schmalen Serpentinen aufwärts. Rohlfs kann die Nahrung nicht mehr bei sich behalten, immer wieder gestampfte Datteln und

Mehl mit Öl übergossen. Das Fieber steigt wieder, er spürt alle Symptome einer ruhrartigen Darminfektion, und seine Füße sind zerschunden. Wie er aus dem Gebirge heraus und in den ersten Oasenort Tanzetta gekommen ist, weiß er ebenso wenig, wie ihm bewusst ist, dass er einen bislang unbekannten Gebirgszug entdeckt hat. Erst die wissenschaftliche Auswertung der Rohlfs'schen Reisenotizen durch den Geographen August Petermann ergab 1863, dass Rohlfs einen etwa 350 km langen Gebirgszug südlich des Hohen Atlas überschritten hatte, dem fünfzehn Jahre später der englische Geograph Hooker die Bezeichnung Anti-Atlas gab.

Über tausend Kilometer war er bislang unterwegs und Timbuktu doch um nichts näher gekommen. Das erhoffte Abenteuer hatte sich als extreme Strapaze erwiesen – hohes Fieber, Durchfall, die Knochenarbeit eines Kameltreibers und die Fleißarbeit eines Mannes, der seine Erlebnisse und Eindrücke schriftlich fixierte, Tag um Tag. Er hatte den Alltag einer Karawanentour kennen gelernt und sich selbst, die Grenze der eigenen Leistungsfähigkeit, Timbuktu aber gab er darum nicht auf. Er würde an die mediterrane Küste zurückkehren, einige Zeit als Arzt praktizieren, um eine eigene Karawane ausrüsten zu können, deren Weg südwärts einzig von seinem Willen und nicht mehr von »marokkanischen Zufällen« abhinge. So schlägt sich der Deutsche nordwärts durch und findet zunächst wiederum als Kameltreiber sein Auskommen. In Buanan wird er vom Scheich der Oase gastfreundlich aufgenommen und Tag für Tag an der Weiterreise gehindert. Doch als er beim Geldwechsel seine Barschaft zeigt, sechzig französische Taler und einige marokkanische Münzen, drängt ihn der Scheich zur eiligen Fortsetzung der Reise und gibt ihm zudem gegen ein Handgeld von acht Francs einen wegkundigen Führer mit.

Unerfahren genug, verspürt Rohlfs nur wohl tuende Wärme und Müdigkeit, nicht die Gefahr, als der Diener des Scheichs nach einem anstrengenden vierstündigen Marsch durch tiefen Wüstensand zur Nacht auf einem Dünenkamm aus trockenen Tamariskenzweigen ein weithin sichtbares Feuer entzündet. *Als ich erwachte, stand der Scheich der Oase dicht über mich gebeugt vor mir, die rauchende Mündung seiner langen Flinte war noch auf meine Brust gerichtet. Er hatte aber nicht, wie er wohl beabsichtigt hatte, mein*

Herz getroffen, sondern nur meinen linken Oberarm zerschmettert; im Begriff mit der Rechten meine Pistole zu ergreifen, hieb nun der Scheich mit seinem Säbel meine rechte Hand auseinander. Von dem Augenblick sank ich auch schon durch das aus dem linken Arm in Strömen entquellende Blut, wie todt zusammen. Den Ohnmächtigen für tot haltend, durchwühlt der Scheich die Kleidung des Deutschen, nimmt alle Habseligkeiten des Überfallenen an sich und verschwindet, nicht ohne nochmals auf den blutüberströmten Körper zu feuern. Eine der Kugeln bohrt sich tief in den Oberschenkel des Bewusstlosen.

Zwei Tage und zwei Nächte dämmert Rohlfs zwischen Tod und Leben dahin. *Ich litt entsetzlich vom brennenden Durste. Ich hatte die schrecklichsten Visionen. Manchmal glaubte ich Leute zu sehen, und strengte nun alle Kräfte an, um sie herbeizurufen, aber immer war es Täuschung. Hauptsächlich quälte mich die fürchterlichste Angst von Hyänen oder Schakalen angefallen und lebendig verzehrt zu werden.*

Am dritten Tag finden ihn zwei Männer, die ihn auf ihrem Kamel in die Oase Hudjui transportieren, wo man sich des schwer Verletzten, einen Wimpernschlag vor dem Verdursten gerettet, fürsorglich annimmt. Den linken Arm, der nur an etwas Muskelfleisch und Hautfetzen hängt, will Rohlfs amputieren lassen, doch die Oasenbewohner legen ihm einen festen Tonverband an. Der zersplitterte Oberarmknochen wächst zusammen, wenngleich um den Preis einer leichten Verkürzung, und auch die Oberschenkelschusswunde und die rechte Hand heilen aus, bis auf drei Finger, die steif blieben. Es spricht für die Energie des Mannes, dass er noch in Hudjui, durch Vermittlung des Scheichs der Oase, vom Attentäter wenigstens die geraubten Papiere und sein Notizbuch zurückerhält.

Rohlfs schlägt sich nach Algier durch, um seine Wunden unter der mediterranen Sonne zu pflegen. Hier findet ihn sein Bruder Hermann, der gekommen ist, ihn zurückzuholen.

Hermann mochte reden, wie er konnte, als verlorener Sohn will Gerhard Rohlfs nicht zum Gegenstand Vegesacker Dorfgespräche werden. Er muss Hermann überzeugt haben; wenig später trifft bei den Eltern ein Brief ein. »So leid es mir tut, ich kann ihn nicht mitbringen. Der plötzliche Klimawechsel, zumal jetzt der Winter anbricht, wäre kaum zu verantworten. Gerhard braucht Sonne, Wärme und Ruhe.«

Rohlfs bleibt in Algier und plant einen zweiten Versuch, nach Timbuktu durchzukommen, wenn erst die Oberarmwunde, die sich immer wieder entzündet und aus der Knochensplitter herauseitern, Ruhe gibt. Sonne und Wärme hat Nordafrika mehr als genug; Ruhe macht unruhig, jedenfalls ihn. Dem Bruder übergibt er das Reisetagebuch seiner ersten Marokkoreise, und Hermann kann bald telegrafieren, dass Petermann in Gotha die Notizen veröffentlichen wird, auszugsweise und redigiert. Petermanns »Mitteilungen aus Justus Perthes' geographischer Anstalt« werden viel gelesen und werten die Rohlfs'schen Abenteuer zu Forschungsreisen auf, in ganz Europa, nicht nur in Vegesack. Die Reisenotizen, so hatte es in Gotha Petermann gesagt, zeigten »trotz der geringen Ausführlichkeit einen nicht unerheblichen Werth« und die Fähigkeit des Mannes, »unter der Maske eines gläubigen Arabers in noch unbekannte Gebiete Nordafrikas vorzudringen, so daß sein Plan, von Algier nach Timbuktu zu reisen, Aussicht auf Erfolg zu haben scheint.« Petermanns Urteil zählt.

Das zerfaserte Leben scheint sich zu glätten. Der Reisende ist der *eigentliche Pionier der Erforschung*, sagt Rohlfs, und so fügt sich vielleicht zum ersten Mal das Puzzle seiner Biografie, die wiederholten Abbrüche und die Weigerung, sich in vorgeprägte Muster einzufügen, zu einem geschlossenen Bild.

Timbuktu. Sich den Preis der Pariser Geographischen Gesellschaft zu verdienen traut August Petermann diesem Rohlfs zu. Dafür treibt der Kartograph das nötige Geld auf; je 300 Taler vom Bremer Senat und der Londoner Königlich-Geographischen Gesellschaft; 500 Taler spendet Bruder Hermann. Das reicht für zwei Pferde und einen Esel. Weitere 275 Taler, von der Berliner Gesellschaft für Erdkunde gespendet, treffen ein, als Rohlfs schon unterwegs ist. Für seine zweite Reise hat er sich einen wegkundigen Führer gemietet und einen Diener, Hammed Tandjani, den er auch später in seine Dienste nehmen wird.

Am 14. März 1864 um 8 Uhr Morgens reiste ich mit meinem Diener Hammed und einem Führer von Tanger ab, wieder als Moslem verkleidet. Es ist diess für die Christen in der That das einzige Mittel, diese Länder kennen zu lernen. Wie wenige werden sich aber daran gewöhnen können, die Arabischen Sitten ganz anzunehmen! Ich rede nicht von den Läusen, denn diese sind schon für Einen, der Fés oder eine andere Stadt besucht, unvermeidlich, indem jeder Eingeborene vom Sultan an bis zu dem Niedrigsten damit behaftet ist, und wenn man sie auch nicht wieder ganz los wird, so kann man doch wenigstens ihr Überhandnehmen verhüten, wenn man jeden Tag seine Kleider visitirt. Dann aber das Essen. Abgesehen davon, dass es einförmig ist und meist nur aus Mehlspeise ohne Fleisch und Fett besteht, wird es auf schmutzige Art zubereitet. Ich habe in den vornehmsten Küchen gespeist und dennoch keine Schüssel gesehen, in der sich nicht Haare befunden hätten … ferner essen alle mit den Fingern.

Der kleine Trupp läuft in einen Regen hinein, wie ihn lange keiner mehr erlebt hat. Die Wege weichen morastig auf, und die Rinnsale aus dem Atlas schwellen zu unpassierbaren Strömen an; am Ued Sus müssen sie warten, bis die Überschwemmung zurückweicht und die Furt durch ihn passierbar ist. Einige Tage später trifft Rohlfs abermals in Ouezzane ein. Groß-Scherif Sidi-el-Hadsch-Abd-es-Salam ist überrascht, hatte man ihm doch berichtet, dass der Deutsche im Vorjahr getötet worden sei. Nun steht der Totgesagte vor ihm und präsentiert seine Geschenke, eine Doppelflinte, einen Revolver, ein Barometer, eine Kaffeemühle und mehrere Jahrgänge der »Monde illustré«. Sidi-el-Hadsch ist beeindruckt.

Es gehört zur Strategie aller Afrikareisenden des 19. Jahrhunderts, in Zentralafrika mehr noch als in den nördlichen Wüstenregionen des Kontinents, sich das Wohlwollen ihrer Gastgeber durch Geschenke zu sichern. Gewaltige Mengen Nähnadeln, einfache Messer, Stoffe, Glasperlen, Beile, Schreibpapier, bunte Taschentücher, Werkzeuge, Seide und Samt wurden mitgeführt, um sie mit großer Geste zu verteilen, dabei stets sorgsam auf die Machtposition des Beschenkten achtend. Geschenke jedoch reichen nicht aus, Zölle müssen für die ungehinderte Durchreise entrichtet werden, Tribute, um sich über einen Strom übersetzen zu lassen, Kamele oder andere Lasttiere angemietet, Handgelder für die vor Ort angeworbene Mannschaft ausgezahlt werden. Die Reiseliteratur ist voller Klagen, dass die Reisekosten über das vorgegebene Budget schnell hinauswachsen, Afrikareisen sind teuer. Auch Rohlfs berichtet, dass er für einfache Nahrungsmittel oder Mietkamele tief in die Tasche greifen musste und sich trotz eines Vergnügens am üblichen Feilschen ausgenommen fühlte. Eine wirkliche Entscheidungsfreiheit hatte er dabei nie, entweder zahlte er für ein Kamel den geforderten Preis, oder seine Reise war beendet. Dass die Europäer sich auf einem Markt bewegten, den sie nicht kontrollierten, konnten sie nicht ändern, jedenfalls vorerst nicht. Umso bedeutsamer waren jene obligatorischen Geschenke, die sie in ihrem Reisegepäck mitführten, wurden ihnen doch von regionalen Herrschern, Stammeshäuptlingen, Königen, Sultanen oder Scherifs, als Ausdruck der herrschenden Gastlichkeit und der Macht des jeweiligen Potentaten Quartiere zugewiesen. Gastfreundlichkeit aber hatte ihren Preis; ein kleines Gastgeschenk reichte für eine marode Hütte, ein Pferd oder ein Harmonium dagegen wurde mit einem festen Gebäude belohnt. Da Europas Reisende in der Annahme nach Afrika kamen, der Kontinent sei von Wilden, von Menschen ohne Zivilisation bevölkert, reisten sie gleichsam in ein politisches Vakuum und mussten zu ihrer Verblüffung feststellen, dass all ihre Unternehmungen von Autoritäten abhingen, vom Dorfhäuptling bis zu mächtigen Herrschern. Als Fremdenlegionär hatte Rohlfs gelernt, dass es stets besser sei, sich die Gunst der Mächtigen durch kleine Präsente zu erwerben, als deren Argwohn, gar deren Feindschaft fürchten zu müssen. Anders als andere Europäer hatte er zudem ein Gespür für Macht, und während sich viele über die mangelnde Erfahrung der Afrikaner mit den Konventionen internationaler Diplomatie beklagten, besaß er die Fähigkeit, sich im Glanze der Macht gleichsam zu wärmen.

Vom Groß-Scherif-Sidi-el-Hadsch sollte er bekommen, was er zu bekommen hoffte: den Schutzbrief. Das geistliche Oberhaupt Marokkos hatte in jeder wichtigen Oase des Landes einen Stellvertreter inthronisiert, einen Emkaden, der die Pilgerreisen nach Ouezzane zu organisieren und durchziehende Pilger zu versorgen hatte. Der Emkade durfte Geschenke für den Groß-Scherif entgegennehmen und dafür dessen Segen aussprechen. Dass die Stellvertreter den Groß-Scherif darüber hinaus über alle Vorkommnisse im Landesinnern informieren, ein weit verzweigtes Nachrichtennetz aufrechterhalten, erstaunt Rohlfs nicht.

Am 7. Mai 1864, eben von einer mehrtägigen gemeinsamen Jagdreise an die Westküste zurückgekehrt, schließt Rohlfs sich einer Schar Pilger an, die südwärts in ihre Oasen zurückkehren. Der Weg führt mitten in das Atlasgebirge hinein und wird abermals von wolkenbruchartigen Regenfällen aufgeweicht. Manchmal verkriechen sich die Männer in ein Zelt, dann liegen sie mit nassen Kleider eng aneinander, und der Anführer der Pilgergruppe singt eintönige Lieder, die der Deutsche nicht versteht. Auf glitschigen Pfaden erreicht der Trupp immer höhere, unwegsamere Gebirgsregionen, in denen es empfindlich kalt ist. Gelegentlich muss Rohlfs seinen Revolver aus dem Halfter ziehen, um Wegelagerer abzuschrecken. Am dreizehnten Tag stehen sie am Dschebel Ayachi, dem Pass der ersten Atlaskette, steigen abwärts, nur um die zweite Gebirgskette wieder hinaufzusteigen, auf 2589 Meter Höhe, zum Pass Tisint el Rint, dem höchsten Punkt der Atlasüberquerung. Endlich führt der Gebirgspfad in die Ebene hinunter und in die Hitze.

Am 26. Mai nähern sich die Männer Iflis, dem nördlichsten Ort der Tafilelt-Oasen, und die Zweckgemeinschaft auf Zeit geht auseinander. Rohlfs ist erleichtert, Mittlerer und Hoher Atlas liegen hinter ihm. Stolz wird er später seinen Lesern mitteilen, dass er als erster Europäer das mythische Gebirge in seiner ganzen Breite überschritten habe.

Auf einem Areal von über 500 Quadratkilometern gehören rund hundert Dörfer zu den Tafilelt-Oasen, deren Einwohnerzahl Rohlfs auf hunderttausend schätzt, zumeist Berberstämme, deren Sprache er nicht versteht. Er zeigt seine Papiere vor, den Schutzbrief, und rasch verbreitet sich die Nachricht, dass ein Tabib, ein Arzt, aus dem heiligen Ouezzane gekommen sei, alle Krankheiten zu heilen. In Tafilelt, der größten Oase der Region, findet er Unterkunft im Hause des Prinzen Mulai, der mit anderen Familienmitgliedern des Sultans in diese Oase verbannt worden war, weil der marokkanische Herrscher fürchtete, der Prinz würde Ansprüche auf den Thron geltend machen. Prinz Mulai, der Rohlfs auf dessen erster Marokkoreise vor den Fußtritten empörter Moscheebesucher rettete, die den Deutschen für einen französischen Spion gehalten hatten, erteilt dem Bremer Arztsohn den Auftrag, sich um den Harem von Tafilelt zu kümmern. In der Oase leben dreihundert Frauen, von der Welt abgeschieden und streng bewacht. Viele von ihnen sind blind, Folge einer zu einseitigen und zu geringen Ernährung. Tafilelt ist eine Art Alterssitz marokkanischer Haremsfrauen; immer wenn ein Sultan starb, wurde dessen Harem aus Fès in ein Exil nach Tafilelt ausgewiesen. Kein neu inthronisierter Landesherr übernahm die Frauen seines Vorgängers. Rohlfs ist über den Gesundheitszustand der Haremsdamen erschüttert, wie er sich andererseits darüber beklagt, dass die Bewohner der Oasen ihn für das nehmen, was er nie sein wollte, für einen Landarzt. *Der Zulauf der Kranken vergrößert sich von Tag zu Tag, seit ich die Frauen im Harem behandeln durfte, oder vielmehr behandeln mußte, ist mein ärztliches Ansehen über alle Maßen gestiegen. Sogar auf den Straßen läuft man mir nach und läßt mir auch bei Nacht keine Ruhe. Aber wie wenig kann ich tun, ohne zentnerweise Medikamente zu verteilen. Zwei Drittel der Bevölkerung leidet an verschiedenen Krankheiten der Augen. Viele werden erblinden oder sind es schon, weil sie niemand nach unseren Methoden zu behandeln versteht. Aber von mir erwartet man, dass schon das Auflegen der Hand genügt, und ich soll sogar böse Geister vertreiben.*

Der deutsche »Wunderheiler« gehört zu den wenigen, die Europas Medizin mit der traditionellen afrikanischen Volksmedizin zu verbinden suchen, notgedrungen. Was immer er den Patienten verordnet, muss er vor deren Augen selbst einnehmen, damit diese sicher sein können, dass die Mittel kein Gift oder andere schädliche Stoffe enthalten. Eine eher ungesunde Praxis, der sich Rohlfs aussetzen muss, gehört doch die Einnahme starker Abführmittel, das Purgieren, ebenso zu den häufigsten Behandlungsmethoden europäischer Medizin wie die Inhalation von Quecksilberdämpfen gegen die weit verbreitete Syphilis. Traditionelle afrikanische Heilmethoden sind mit religiösen und abergläubischen Vorstellungen verbunden, und obwohl er den »medizinischen Aberglauben«

der Marokkaner belächelt, kommt er nicht umhin, nach alten, paramedizinischen Methoden zu arbeiten, will er als Tabib sein Geld verdienen. Also behandelt er seine Patienten, wie sie die marokkanischen Kollegen behandeln, mit Feuerkuren zumeist und mit Amuletten. Eine Feuertherapie, das Brennen der Körperteile mit einem glühenden Eisen, hatte zudem den Vorteil, dass das Arzthonorar im Voraus zu entrichten war. Eine Amulett-Therapie dagegen war langwierig und teuer. Ein mehrfach gefaltetes Stück Papier, eng mit Koransuren beschrieben, wurde der erkrankten Körperpartie aufgelegt oder in einem kleinen Ledersäckchen um den Hals getragen. Rohlfs notierte das Datum, den Namen des Behandlungsortes, meist noch einiges medizinisches Vokabular auf die Papierstreifen; ein Verfahren, das den Kranken ebenso wenig half, wie es ihnen schadete. Einmal konnte seine Behandlungsmethode gar den Teufel aus einem Haus austreiben, der alle Ziegen und Schafe des Hausherrn getötet hatte. Rohlfs ließ den verfaulten, schimmligen, von Speckmaden wimmelnden alten Fußboden durch einen neuen ersetzen, schrieb einigen Hokuspokus über die Haustür und galt fortan als weiser Marabout, als »Wunderdoktor«, der aus dem heiligen Ouezzane kam. *Der Krankenzulauf nimmt immer noch zu, ich habe keinen Augenblick Ruhe, selbst auf der Straße verfolgt man mich.* Er ist nicht mehr er selbst, er ist Landarzt in den Tafilelt-Oasen, wie sein Vater Landarzt in Vegesack ist. Immer wieder läuft er aus seiner Praxis davon, nach Abuam auf den Markt, doch die eingebildeten und die tatsächlich Kranken laufen ihm hinterher.

Abuam liegt eine knappe Wegstunde von Tafilelt entfernt und gleicht dreimal in der Woche, zu den Markttagen, einem Ameisenhaufen. Aus allen Himmelsrichtungen kommen Händler, ihre Waren feilzubieten, um das große Geschäft zu machen. Ihre Buden sind wie die Häuser in den Dörfern aus Lehm und Ton gebaut, *in der Form eines Maulwurfhaufens*, und stehen eng aneinander gereiht, zu Straßenzügen aufgefädelt. Rohlfs ist von der pittoresken Vielfalt des Marktes fasziniert und lässt sich durch die Buden der Kiftaverkäufer treiben, um im Gedränge der großen Plätze unterzutauchen. Auf dem Viehmarkt wird er von mehreren Männern angesprochen. Er kann ihre Sprache nicht verstehen und versteht doch auch ohne Dolmetscher so viel, dass sie von ihm behandelt werden wollen. Er muss hier verschwinden, möglichst rasch; er will dieses Leben nicht, die steten Klagen über dieses oder jenes Gebrechen, über das Altern oder über die Ungerechtigkeit in der Welt.

Mit einem Berber vom Stamm der Duemini, der südlich von Tafilelt siedelt, schließt er einen Vertrag. Der Kaufmann wird ihm zwei Kamele vermieten, ihn und den Diener in seine Karawane aufnehmen, die von Abuam in die 500 Kilometer entfernt liegende Tuat-Oase abgeht, wenn die Markttage vorbei sind. Rohlfs verkauft Pferd und Esel, kauft Proviant für zehn Tage und steht am Ende wieder mit leeren Händen da. Er habe, sagt der Kaufmann, auf dem Markt zu viele Waren erworben, als dass er die beiden Kamele entbehren könnte, Vertrag hin oder her. Sonst jedoch, fügt er noch hinzu, stehe er nach wie vor zu seinem Wort.

Am 7. Juli 1864 schließen sich Rohlfs und Hammed Tandjani der Karawane an, zu Fuß, ein abenteuerliches Unterfangen, ebenso schweißtreibend wie ermüdend. *Die Einförmigkeit der Gegend ist durch nichts unterbrochen, so weit das Auge reicht, auch nicht der geringste Höhenzug, auch nicht der geringste Baum oder Strauch ist wahrzunehmen. Der harte feste Boden ist mit scharfen kleinen Steinen bedeckt, die das Gehen unerträglich machen und unser Schuhwerk, das ohnedies nicht vom besten war, bald abnutzten. Dabei die große Hitze, die Mittags im Schatten nie unter 40° betrug und der unersättliche Durst.* Es gibt Tage, an denen die Quecksilbersäule des Thermometers auf 50 Grad hochschnellt.

Die Karawane folgt der alten Route durch die Hamada el Kebir, und die Tage fließen zu einem zeitlosen Gleichmaß zusammen, einzig von einer wachsenden Spannung zwischen dem Berber und Rohlfs unterbrochen. Der Kaufmann verlangt für seine Dienste einen höheren als den zuvor ausgehandelten Preis, den Rohlfs nicht zahlen will und doch zahlen muss, anderenfalls wäre er in der Serir, der Kieswüste, auf sich allein gestellt gewesen. Er muss irgendwo Kamele mieten. Seine Kräfte sind vom Fußmarsch erschöpft, von der ihm ungewohnten Kost, vor Hunger und Durst. In Igli endlich kann er einen Mann auftreiben, der ihm zwei Tiere vermietet, bis in die Oase Kerzaz, was ihn von dem Berber unabhängiger macht. Nach Kerzaz reitet er durch den kilometerbreiten Wadi Saura, tagelang durch Dünenfelder und Kiesebenen, um schließlich die Tuat-Oasen zu erreichen.

Nein, er fragt sich nicht wirklich, warum er sich diesen Anstrengungen unterzieht, als Muslim verkleidet mit Berbern aus einer Schüssel isst, den Kopf sich hat rasieren lassen, unter einer unerträglich heißen Sonne schwitzt, statt im milden Klima Norddeutschlands an einer mit weißem Damast eingedeckten Tafel zu sitzen, mit Messer und Gabel zu essen und Rheinwein zu trinken. Die Abenteuer, die er zu finden hoffte, hatte er sich anders gedacht. Irgendwann muss es ihm bewusst geworden sein, vielleicht auch, dass das Abenteuer Sahara einzig ein Durchhalten ist, einzig der Weg und nicht das Ziel.

Die Tagebucheintragungen werden ihm immer wichtiger, seine Notizen über die Wege, die er geht, die Landschaft, in der sie liegen, über jene, die mit ihm gehen oder in deren Behausungen er kommt. Erreichte er Timbuktu, würde sein Bericht über die Reise mehr als nur das von der Pariser Geographischen Gesellschaft ausgesetzte Preisgeld einbringen. Über die Grenzen des Deutschen Bundes hinaus würde er als Afrikareisender bekannt werden, niemand mehr über den verlorenen Sohn sprechen, und seine Ehre wäre wiederhergestellt.

Also auf nach Timbuktu, durch die Sahara, deren Gesicht er notiert und doch nicht versteht. Später wird Petermann seine Berichte redigieren müssen, zu ungenau sind die von den Instrumenten eher flüchtig abgelesenen geographischen und meteorologischen Messwerte. Die exakte Routenzeichnung ist Rohlfs auf all seinen Wegen kreuz und quer durch die Sahara ein Rätsel geblieben. Eine zu korrigierende Tourenbeschreibung aber ist immer noch brauchbarer als gar keine, sie mildert die Unkenntnis der Europäer. Es sind Rohlfs' ethnographische Notizen, die er aus dem Norden des afrikanischen Kontinents mitbringt und die ihn in die erste Reihe der deutschen Einzelreisenden katapultieren, deren große Epoche mit ihm ausklingt. Seine Reisejournale bleiben dabei unberührt von den Geburtswehen einer neuen Wissenschaft, die sich eben anschickt, als etabliertes akademisches Fach in Deutschland Fuß zu fassen: der Völkerkunde.

1869 wurde die »Berliner Gesellschaft für Anthropologie, Ethnologie und Urgeschichte« gegründet und die Ethnologie mit der Berufung des Mediziners Adolf Bastian zum Dozenten für Völkerkunde an der Humboldt-Universität in den universitären Betrieb eingegliedert. Rohlfs zieht ohne entsprechende Kenntnisse, ohne wissenschaftliche Ausbildung durch die Wüste, ohne theoretisches Konzept, das aus dem vorgefundenen Material eine übergeordnete Fragestellung, eine wissenschaftliche Methode hätte herausfiltern können. Er lieferte das Rohmaterial, andere mochten eine systematische Ordnung in das Chaos seiner Mitteilungen bringen; er wollte entdecken und erobern, taugte nicht zum Klassifizieren und Archivieren. Das machte seine Reisebücher einem breiten Publikum interessant und lesbar. *Was sieht man in einer Wüste außer Steinen, Sand und stellenweise ganz geringer Vegetation. Es gibt keine Abwechslung vom ewigen Einerlei. Da ist es doch selbstverständlich, dass diese Menschen ihre Sinne und ihren Verstand auf jede noch so winzigen Kleinigkeiten konzentrieren. Die sind ja für sie lebenswichtig. So weiß jeder Wüstenbewohner die Fußstapfen eines männlichen von denen eines weiblichen Kamels zu unterscheiden. Die meisten Bewohner eines Ksor oder Duar kennen die Fußstapfen ihrer Mitbewohner, sie unterscheiden, ob ein Araber oder Berber vor ihnen her marschiert ist, indem die Sandalen der einen anders sind als die der anderen. Sie wissen ferner an gewissen Kräutern und Stauden, ob man sich einem Flußbette nähert, weil sie eben nur in einem solchen vorkommen; ja sie können nachts unterscheiden, ob ein Kamel dicht vorher marschiert ist, indem sie die Fußstapfen beriechen, da das Kamel einen sehr stark ausdünstenden widerlichen Geruch hat, der für einige Zeit den Fußstapfen eigen bleibt.*

Am 13. August 1864 erreicht Rohlfs das Areal der Tuat-Oasen, Herrschaftsgebiet eines Scheichs, der sich sowohl dem religiösen Einfluss des Groß-Scherifs als auch der staatlichen Oberhoheit des Sultans von Marokko entzogen hat. Für Muhammad ben Mikki ist das Ouezzaner Empfehlungsschreiben ohne Wert und der Mann, der es vorzeigt, uninteressant. Rohlfs bleibt ohne größere Gastfreundschaft auf sich allein gestellt und schließt sich einer Getreidekarawane an, die ostwärts zu den Tidikelt-Oasen aufbricht. Drei Wochen später erreicht er deren Zentrum, In Salah. Wer vom Niger, aus Timbuktu oder Mabruk nach Tunis, Algier oder Tripolis will, kommt an In Salah nicht vorbei.

Scheich Hadsch Abd el-Kader uld Bu Guda empfängt den Deutschen gastfreundlich; ein Freund des Groß-Scherifs sei auch sein Freund, sagt er. Darum könne er ihn nicht nach Timbuktu weiterziehen lassen, weil Sicherheit nur unter dem Schutz einer großen Gofla gegeben sei; eine solche zusammenzustellen sei ihm erst in einem halben Jahr möglich.

Abermals soll sich Rohlfs gedulden und hat die Geduld noch immer nicht gelernt, zudem ist In Salah ein teures Pflaster, und als die Nachricht eintrifft, dass sich in Timbuktu Scheich el Bakay mit den Tuareg herumschlägt, packt ihn Ungeduld. Seine finanziellen Mittel, um Kamele und Führer zu kaufen, sind erschöpft. Gefährlicher aber ist ein Gerücht, das offene Ohren findet – er sei Spion der Franzosen, heißt es. Irgendjemand musste seine Sachen durchwühlt und den französischen Pass gefunden haben, den er seit seiner Zeit als Fremdenlegionär mit sich herumträgt. Inzwischen weiß er, wann er den Rückzug antreten muss; in Tidikelt ist der Weg nach Timbuktu zu Ende. Selbst die besten Empfehlungsschreiben können den Weg nach Timbuktu nicht mehr ebnen. Rohlfs resigniert. Er fühlt sich ausgebrannt und will Afrika verlassen, in das Haus am Fluss zurückkehren, seine Erlebnisse in Marokko niederschreiben. Zwischen In Salah und Vegesack liegt die halbe Erde.

Ich habe jetzt auch angefangen, meine Einkäufe zu machen, und zwar für 30 Tage Lebensmittel, … auch habe ich meine Wasserschläuche noch vermehrt, so dass sich jetzt auf 10 Tage Wasservorrat mitnehmen kann. Übermorgen werden wir wahrscheinlich aufbrechen. Zwei Zentner Datteln, einen Zentner Gerstenmehl, einen halben Zentner getrocknetes Ziegenfleisch hat er gekauft, das muss für ihn und seinen Diener Hammed Tandjani reichen.

Am 29. Oktober 1864 stehen hundertzwanzig Kamele eines Kaufmanns aus Ghadames, bepackt mit Körben voller Straußenfedern und Elfenbein, abmarschbereit. Der Ghadameser hatte die Führung seiner Karawane einer jungen Sklavin überlassen, die auf einem Kamelrücken in einem Tachtirwan reist, einem käfigartigen

Gehäuse unter einem Baldachin. Die eigentlichen Herren aber sind Männer vom Stamm der Tuareg, denen der Schutz der Karawane anvertraut ist.

Nordostwärts bewegt sich der endlos lange Zug durch eine eintönige Kieswüste, und das Wasser, das die Männer aus den wenigen Brunnen schöpfen, schmeckt bitter. Noch ehe sie eines der größten Trockentäler der Sahara erreichen, den tausend Kilometer langen und zwanzig Kilometer breiten Wadi Igharghar, erlebt Rohlfs eine der sieben ägyptischen Plagen: Heuschrecken. Sie sind ein willkommene Bereicherung der eintönigen Marschverpflegung. *Man ißt sie auf Kohlen geröstet, mit etwas Pfeffer und Salz bestreut, nachdem Kopf, Eingeweide und Flügel entfernt wurden. So zugerichtet geben sie ein schmackhaftes Essen, man kann sich jedoch denken, dass Tausende von Heuschrecken dazu gehören, um einen hungrigen Magen zu füllen. Die Tuareg pflegen deshalb auch eine andere Prozedur anzuwenden, sie rösten sie, stoßen sie zu Pulver und mischen dieses Pulver mit Dattelmehl.*

Vielleicht erinnert sich der als Muslim verkleidete Christ seiner Bibelexerzitien. »Und Moses streckte seinen Stab über das Land Ägypten aus. Der Herr aber ließ seinen Ostwind ins Land wehen jenen ganzen Tag und die ganze Nacht; und als es Morgen wurde, hatte der Ostwind die Heuschrecken gebracht. Nie zuvor waren so viele Heuschrecken gekommen, und nie wieder werden so viele kommen. Und sie bedeckten den ganzen Boden, dass man die Erde nicht mehr sah.« So groß ist der Schwarm nicht, den die Kinder der Sklavin des Ghadameser Kaufmanns in aller Frühe pflücken, wenn die Heuschrecken noch nachtstarr in einigen verdorrten Dornenbüschen hängen, doch groß genug, um für diesen Tag das Gesprächsthema zu liefern.

Wenn du ohne Wasser bist und Durst hast, ziehe den Heuschrecken nach, sagen die Tuareg. Wo die Heuschreckenschwärme hinziehen, wird es regnen, und die Wüste wird blühen, wo sie wegziehen, hinterlassen sie die tote Wüste. Es ist eine jahrtausendealte Erfahrung, die Rohlfs hört, ein Wechselspiel zwischen den klimatischen Gegebenheiten der Wüste und der Tierpopulation.

Die trockene, nahrungsarme Jahreszeit überlebt die afrikanische Wüstenheuschrecke als einzelnes, gelblich-grün gefärbtes, ortsgebundenes Insekt. Kündigt sich ein Tiefdrucksystem an, das der Region Regen bringt, beginnen die Eierstöcke der weiblichen Tiere zu reifen, die von den Männchen eilig besamt werden. Bis zu hundert befruchtete Eier legt das Weibchen mit einem Legebohrer tief im Boden ab, die sich schnell entwickeln. Wie auf ein verabredetes Signal hin schlüpfen alle Neugeborenen gleichzeitig und graben sich zur Oberfläche aufwärts, richtige »Fressmaschinen«, die sich sofort über ein keimendes, blühendes Stück Wüste hermachen. Fünfzehn-, sechzehntausend hungrige Heuschrecken werden aus einem Quadratmeter Erde geboren, Milliarden aus einem kleineren Wüstenareal, das rasch kahl gefressen ist. Während ihrer Suche nach den letzten Resten pflanzlicher Nährstoffe geraten die Tiere eng aneinander, betasten sich mit ihren Fühlern, färben sich dunkel. Immer aufgeregter agiert der Schwarm, als wüsste er, dass sein Schicksal vom nächsten Tiefdrucksystem abhängt. Manche Heuschrecken springen in die Höhe, unruhig mit ihren Flügeln schlagend, um doch nur wieder auf ihre Artgenossen hinabzufallen. Bleibt das erwartete Tiefdrucksystem aus, schrumpft die Überlebenschance der Population gegen null, stellt es sich dagegen ein, steigen die Heuschrecken auf und fliegen mit dem Wind davon. Irgendwo wird aus den Wolken Regen fallen, und ein Stück Wüste wird wieder in ein Pflanzenmeer verwandelt werden, das die Heuschrecken in einer neuerlichen Fressorgie vernichten. Manche Region Nordostafrikas ist nicht nur einmal von einem über 60 Milliarden Tiere zählenden, 150 Quadratkilometer großen Heuschreckenschwarm heimgesucht worden, der 120 000 Tonnen Pflanzen auffraß: pro Tag. Mehr pflanzliche Nahrung zum täglichen Leben brauchen selbst zehn Millionen Menschen nicht. Wo die Heuschrecken gierig nach Nahrung einfallen, hängt von den Winden ab, mit denen sie ziehen, manche Populationen haben gar den Sprung über das Mittelmeer nach Europa geschafft.

Tiefdrucksysteme sind in Ostafrika, den eigentlichen Brutstätten der Heuschreckenschwärme, keine Seltenheit, doch nicht mit jedem Regen graben sich die gelblich-grünen Insekten an die Oberfläche. Es gibt Jahre ohne Heuschreckenplage, in denen die gefallene Regenmenge für die Entwicklung der abgelegten und befruchteten Eier nicht ausreicht. Die Eier dieser Population warten einfach den nächsten, ausreichenden Regen ab und schlüpfen gemeinsam mit der neuen Generation. Eine Katastrophe für weite Gebiete der afrikanischen Landwirtschaft ist nicht mehr aufzuhalten.

Die zeitweilige Reduktion der Lebensfunktionen, diese erstaunliche Gratwanderung zwischen Leben und Tod, gehört zu den Überlebensstrategien vieler Tierarten der Wüste, auch der Amphibien, der Frösche und Kröten.

Viel ist es nicht, was der aride Lebensraum zu bieten hat, einige Pfützen, die nach sporadischen Regenfällen in kleineren Bodensenken stehen bleiben, als Teiche auf Zeit. Zum Leben zu wenig, zum Sterben zu viel, doch zur Arterhaltung allemal ausreichend, in allen Wüsten der Erde. Bricht im Spätsommer über die nordamerikanische Sonora-Wüste ein Gewitter herein, sind die Bodensenken schnell mit Wasser gefüllt und mit Spatenfußkröten, als wären sie mit dem Regen aus den Wolken gefallen. Sofort beginnt die Paarung und Eiablage, denn das bisschen Wasser verdunstet nur allzu schnell, und der Wasserspiegel der Pfützen sinkt unaufhaltsam. In den mittleren Breiten lassen sich die Kröteneier zur Reifung Zeit, in Mitteleuropa wenigstens zwei Wochen; die Kaulquappen der Sonora-Kröte schlüpfen nach zwei Tagen, sie müssen sich beeilen, ihre Metamorphose aus dem Wasser an Land zu beenden. Immer mehr Kaulquappen schlüpfen, immer schneller reduziert sich der Wasserstand; aufgeregt schlagen die Tiere mit ihren Schwanzflossen, peitschen sich in den noch schlammigen Grund, arbeiten kleine Vertiefungen heraus, in die das Restwasser hineinläuft. Wer die Feuchtigkeit nicht auf sich konzentrieren kann, ist ohne Chance. Diesen dramatischen Daseinskampf überleben nur die kräftigsten Tiere, die zu Mördern ihrer Artgenossen werden. Den kräftigsten Kaulquappen wächst bei mancher Spatenfußkrötenart ein Gebiss, damit sie die gebisslosen Artgenossen fressen können. Solcherart Kannibalismus dezimiert die Nachkommenschaft auf ein noch eben verträgliches Maß, das einzig von der vorhandenen Wassermenge in den Pfützen bestimmt ist.

Sind aus den Kaulquappen Kröten geworden, aus den Wassertieren Wüstentiere, ist ihr Dasein um nichts leichter; die Krötenhaut ist extrem wasserdurchlässig, die Sonne braucht nur wenige

Augenblicke, die Tiere auszutrocknen. Mit den beiden kleinen Hornspaten an den Hinterbeinen graben sich die Kröten einige Zentimeter tief in den noch feuchten Untergrund der schon ausgetrockneten Bodensenke ein, um auf den nächsten Regen zu warten, der ihre Geburtspfütze wieder füllen würde. Bleibt er aus, ändert sich das Klima, graben die Kröten tiefer, sechzig bis neunzig Zentimeter tief, richten sich eine Erdkammer her, scheiden ein Drüsensekret aus, um sich darin wie in eine zweite Haut einzuhüllen. Dann, bei minimalstem Stoffwechsel, fallen sie in einen Todesschlaf. Zehn Monate, vielleicht elf, so lange reichen die eingelagerten Fettreserven und die in der Krötenblase gespeicherten Wasservorräte, dann muss es regnen, wenigstens so viel, dass es für die Entwicklung einer neuen Krötengeneration auch ausreicht. Wie das Heuschreckenweibchen seine Eier in eine immer gleiche Bodentiefe ablegt, graben sich auch Spatenfußkröten genau so tief in das Erdreich ein, dass sie nur durch eine für ihre Ernährung und Fortpflanzung ausreichende Regenmenge erlöst werden. Regentropfen, die auf den Boden prasseln, das Erdreich bis in die Krötenkammern erschüttern, geben das Startzeichen, dann brechen alle zur Oberfläche auf und durchleben erneut den Entwicklungszyklus der Amphibien, gehetzt, wie im Zeitraffer.

Meister eines auf das Prinzip der Arterhaltung reduzierten Daseins sind die knapp drei Zentimeter großen Wüstenkrebse. In gelegentlichen Wasserlachen oder in feuchten Felsaushöhlungen finden sie ihre Nahrung, vom Wind auf die Wasseroberfläche gewehte Pflanzenreste. Verdunstet das Wasser, sterben sie, einzig ihre Eier überdauern, jahrzehntelang, fast ein Jahrhundert, bis vielleicht ein erneuter Regen die Art zu neuem Leben erweckt. Alles Überleben ist abhängig vom Wasser, selbst im Wadi Igharghar.

Mitte November durchquert die Karawane das staubtrockene, breite Flusstal, und die Tuareg drängen zur Eile, denn sie fürchten eine Sturzflut. Dass der Wadi je Wasser führte, hat niemand von ihnen gesehen, doch die Regenfälle an seinem Oberlauf könnten das Sandbett in wenigen Augenblicken in einen reißenden Strom verwandeln, aus dem selbst eine große Karawane nur schwer herauskommen würde. Die Sahara ist für manche Überraschung gut, sagen die Tuaregführer und erzählen Geschichten von Nomaden, die in den Wadis ertrunken sein sollen. Rohlfs, obwohl er sintflutgleiche Regenfälle im Atlas erlebt hat, will solche Geschichten nicht glauben, zu ausgetrocknet ist das Wadi, eine Trockenheit, die er schmecken kann.

Als sie aus dem Wadi heraus sind, erreichen sie am Rande des westlichen Großen Erg die steinübersäte Hamada von Tin Gher. *Wann wird die Zeit kommen, wo die Chemie die Mittel an die Hand geben wird, Steine, Felsen im Großen in fruchtbare Erde zu verwandeln, damit auch diese Teile der Erde, die dann eine Bevölkerung von Millionen ernähren könnten, bevölkert werden?*

Er hat Durst, sieht mehrmals zu den mitgeführten Wasserschläuchen hinüber und muss sich doch den Anweisungen der Führer fügen, die den schwindenden Wasservorrat einteilen. Es ist ein ungeschriebenes Gesetz, dass in extremen Trockenzeiten alles Wasser zum Gemeingut der Karawane wird und jeder, der es nur für sich nutzen wollte, sich eines schweren Verbrechens schuldig macht. In der kleinen Oase Temassinin, einer Palmeninsel inmitten der Steinwüste, machen sie einen Tag lang Rast, um in nordöstlicher Richtung weiterzuziehen und auf der alten Karawanenstraße vom Sudan nach Tripolis ihr Ziel zu erreichen.

Am 28. November endlich, also 30 Tage nachdem wir von In-Salah abgereist waren, durften wir hoffen, Rhadames zu erreichen und von dem einmonatlichen Kamelritt ausruhen zu können. Ohne jegliche Bekanntschaft in Rhadames, ohne einen Empfehlungsbrief (denn mein Plan war, von In-Salah aus nach Timbuktu und nicht nach Tripolis zu gehen) mußte ich darauf bedacht sein, mir Quartier zu verschaffen.

In Ghadames gelangt die Karawane an ihr Ziel, und Rohlfs findet keine andere, in deren Schutz er nach Tripolis hätte weiterreisen können. Zwei Wochen hört er sich vergebens um, ehe er mit dem Kurier des osmanischen Gouverneurs, der monatlich einmal in die ummauerte Wüstenstadt kommt, handelseinig wird und seinen Weg an die mediterrane Küste im sicheren Schutz einer Reiterschwadron des Kuriers fortsetzt. Dass er Ghadames bald wiedersehen wird, ahnt er nicht.

Am 28. Dezember 1864 steht Rohlfs am Mittelmeer und

erreicht am folgenden Tag Tripolis. Er sucht den österreichischen Konsul Luigi Rossi auf, um im Konsulat dem Bruder nach Vegesack seine glückliche Heimkehr zu telegrafieren und jene 275 Taler der Berliner Geographischen Gesellschaft entgegenzunehmen, die nach Antritt seiner zweiten Reise eintrafen. Das Geld kann er gut gebrauchen, jeder Taler, jeder Groschen war ausgegeben.

Fünftausend Kilometer war er unterwegs gewesen, kreuz und quer durch die nordwestliche Sahara; er hatte die Gastfreundschaft der Muslime erfahren, nun erfährt er deren Zorn. Es ist das Freudengeschrei in den Konsulatsstuben, das den »Wüstenwanderer« als Entdecker der Oasen von Touat und Tidikelt feierte, als ersten Europäer, der den Wadi Igharghar durchschritten und das Atlasgebirge überquert hatte, das die Muslime empört. Die Europäer feierten einen Europäer, der clever genug war, sich als Muslim durch ein Land zu bewegen, in welchem den Ungläubigen Hass und Feindschaft entgegenschlug. Dass Mustafa el Nemsi, Mustafa der Deutsche, als falscher Muslim unterwegs war, spricht sich wie ein Lauffeuer bis in die südlichsten Oasen herum, und viele schwören Rache für solchen Betrug. Nachdem Konsul Rossi vom türkischen Pascha in einer Sonderaudienz empfangen wurde, wird auch Rohlfs zu einem Meinungsaustausch mit Mahmud Pascha gebeten. Der türkische Gouverneur macht ihm unmissverständlich deutlich, dass etwaige Reisen nach Timbuktu durch das Tuareg-Gebiet besser unterlassen werden sollten, würde doch Rohlfs nicht nur als Verräter des Glaubens, sondern als Spion der Franzosen verfolgt werden.

Von Timbuktu hat Gerhard Rohlfs vorerst genug.

Ein knappes Zwischenspiel

Zehn Jahre ist es her, seit er aus Vegesack davonlief. Im Januar 1865 kehrt er zurück und bleibt doch nicht lange. Es ist nicht die Heimkehr eines verlorenen Sohns, es ist die Ankunft eines Mannes, der in der Fachwelt und beim interessierten Publikum einen guten Namen hat. Gerhard Rohlfs: Afrikareisender.

Einige der aus Marokko nach Gotha adressierten Reiseberichte hat August Petermann in seiner Zeitschrift bereits veröffentlicht, jetzt drängt dieser ihn, eine umfangreichere Darstellung zu schreiben. Doch erst vier Jahre später erscheint sein Buch über die zweite Marokkoreise, als erste Edition aus seiner Feder, *Reise durch Marokko, Obersteigung des Großen Atlas.* Eine Publikation, die den interessierten Laien ebenso wie den Afrikaexperten Staunenswertes berichtet. Rohlfs hat die westliche Sahara durchquert, von Agadir nach Ghadames, hat den Hohen und den Mittleren Atlas überschritten, den Anti-Atlas entdeckt, die Hammada el-Kebir zwischen Tafilet und Wadi Rir durchwandert, bislang unbekannte Oasen von Tafilet und Touat beschrieben und hat, so gut es eben ging, seine Routen skizziert, Thermometer und Barometer abgelesen. August Petermann blieb in Gotha Arbeit genug, nach Rohlfs' Notizen die Geographie der Westsahara neu zu kartographieren. Mit den Wadis Rir und Saura, vor allem mit den Oasen von Tuat und Tidikelt, wurden die weißen Flecke kleiner.

Die Reisebeschreibung bringt Rohlfs viel Ehre und manche Ehrung ein, die Goldmedaille der Pariser Geographischen Gesellschaft, einiges Geld. Und Rohlfs hält, was er sich und seinen Rettern in der Oase Hudjui versprach. Im Vorwort teilt er den Lesern seiner Reisebeschreibung mit, dass *die Hälfte des Ertrages für die Bewohner der kleinen Oase in der Sahara bestimmt ist, welche den Verfasser auf seiner ersten Reise, als er meuchlings im Schlafe überfallen und fast zu Tode verwundet wurde, vom Tode des Verschmachtens retteten, und in der Folge so gut heilten und pflegten, dass der-*

selbe schon nach Verlauf einiger Monate die hier beschriebene Reise ausführen konnte.

Dem Vater sind zwei Reisen des Sohnes genug, er wünscht sich eine endgültige Heimkehr. Rohlfs muss ihn enttäuschen, wie er die Geschwister enttäuschen muss. Der Arm schmerzt, und er spürt das gemäßigte Klima in allen Knochen. Er braucht Afrikas Sonne. Deutschland habe Sonne genug, sagt der Vater, soll er doch seine Ausbildung zum Mediziner beenden, dann könne er der Sonne nachziehen, auch Italien brauche tüchtige Ärzte. Doch die »Königin der Wüste« lockt. Darüber kann Rohlfs mit dem Vater nicht reden. Timbuktu, hätte der gefragt und eher abfällig geantwortet, Heinrich Barth habe Timbuktu als einen heruntergekommenen Ort beschrieben.

Gerhard Rohlfs reist nach Gotha zu August Petermann, der viel Lobendes über sein Talent zum Reisen sagt und der Meinung ist, dass Timbuktu sich nach Barth eigentlich nicht mehr lohne. Er wolle ihm gern eine andere Reiseroute vorschlagen und das dafür nötige Geld auftreiben. Rohlfs weiß sich geehrt, doch nach wie vor fühlt er sich von der Stadt am Niger angezogen; also besteht er auf Timbuktu. Petermann legt diese und jene Afrikakarte auf den Tisch, spricht von weißen Landstrichen, während Rohlfs seinen Zeigefinger über die Nigerregion hält. Der Spaziergang über mehrere Landkarten endet in einer Kompromissroute. Von Tripolis aus soll Rohlfs über Ghadames durch das Gebirgsland Ahaggar in der zentralen Sahara zum Tschadsee gehen. Das setze die von Barth eingeleiteten Forschungen fort, sichere damit notwendiges Kapital und schließe Timbuktu nicht aus, sagt Petermann.

Es ist Barths Weg, den er nachlaufen soll, bis auf gelegentliche Schlenker. Das stört ihn wenig, stets war er ausgetretene Wege gegangen, wo immer er in Nordafrika hinkam, Karawanenstraßen, den Europäern nur schemenhaft bekannt, den Einheimischen seit Jahrhunderten vertraut. Über eine solche »Straße« reiste einst auch Barth unter dem Schutz verschiedener Karawanen, von Tripolis über Murzuk zum Tschadsee und weiter nach Timbuktu.

Rohlfs unterrichtet Barth über die Kompromissroute und erhält eine Einladung nach Berlin, bei diesem »Gast auf einige Tage zu sein. Sie können bei mir wohnen und ich habe ein Zimmer für Sie bereit. Dann werde ich einige Herren einladen, deren Bekanntschaft Ihnen immerhin nützen kann.« Er nimmt die Einladung an und lernt in Barth einen ebenso freundlichen wie hilfsbereiten Mann kennen, nach seinem Geschmack allenfalls eine Nuance zu tief in Gelehrsamkeit vergraben, der Sprachwissenschaft insbesondere.

Er begegnet einem Mann, der viel von der Sahara weiß, noch mehr veröffentlicht hat, und sein Glück doch nicht findet. Nicht im Tschad, nicht in Timbuktu, nicht in Deutschland, in Preußen hat er nicht einmal eine feste Anstellung. So schrieb Barth am 5. Januar 1863 an den Preußischen Kultusminister: »Das alte Jahr ist verflossen und das Neue Jahr hat seinen Anfang genommen. So lange habe ich in Geduld gewartet, dass die mir schriftlich gegebenen Versprechungen sich erfüllen möchten. Nun aber kann ich nicht länger warten und bereite einen Artikel für die Zeitungen vor, um mir eine feste Stellung anderswo zu erbitten, und ich hege die feste Zuversicht, dass man anderswo meine Leistungen zu schätzen weiß, die man hier auf alle erdenkliche Weise zurückgestellt hat. Man hat mich preußischerseits, von wo allein meine Teilnahme an der fast sechsjährigen gefahrvollen und über alle Maßen schwierigen Erforschung des zentralafrikanischen Binnenlandes ausgegangen und vermittelt worden ist, ganz fremdartigen Interessen in England zum Opfer gebracht und so scheint es auch hier der Fall zu sein, indem man mich von einem Tage zum anderen hinhält. Eine solche unsichere Stellung ohne jedweden Rückhalt kann ich nicht länger ertragen und bitte dringend, ohne längeren Verzug ihr auf die eine oder andere Weise ein Ende zu machen.« Schließlich wurde er zum Professor an die Berliner Universität berufen, doch eine feste Anstellung hatte Preußens Minister von Bodelschwingh für ihn nicht und auch kein festes Gehalt. »Trübes muß der Mensch hinnehmen«, schrieb Barth, »und tut es mit Ruhe, aber ganz gegen den Strom zu schwimmen bricht die beste Kraft. Anstatt entgegenkommende Hilfe zu finden, habe ich bisher nur Widerstand überwinden müssen, um überhaupt etwas zu Stand zu bringen.«

Die Verbitterung über seine desaströse finanzielle Situation lässt er sich nicht anmerken, dafür hat Rohlfs ohnehin wenig

Gespür, ihn interessieren die Taten des Mannes, nicht dessen sozialen Verhältnisse.

Gemeinsam mit Adolf Overweg hatte Heinrich Barth an der vom englischen Missionar James Richardson geführten, von der englischen Regierung finanzierten dreiköpfigen Expedition teilgenommen, die die Sahara querend Zentralafrika erforschen sollte. 1850 brach die wohl ausgerüstete kleine Reisegesellschaft in Tripolis auf, querte die Hamada el Hamra, erreichte Murzuk und Ghat, Agades und das den Europäern unbekannte Tuareg-Hochland Air, schließlich das Gebiet um den Tschadsee, das Sultanat Bornu, dessen Herrscher die beiden Deutschen großzügig in seiner Residenzstadt Kukawa (Kuka) empfing, wie er später auch Rohlfs gastfreundlich empfangen sollte. Vier Tagesmärsche vor Kukawa war Richardson an völliger Entkräftung gestorben, und Heinrich Barth hatte die Leitung der Expedition übernommen, kurze Zeit später wurde Overweg in der östlichen Tschadregion ermordet. So zog Barth allein weiter, stand als erster Europäer am Benue, einem Nebenfluss des Niger, kam bis nach Timbuktu, um nach acht Monaten Aufenthalt in der Stadt die Rückreise anzutreten. Fünf Jahre war Heinrich Barth unterwegs, und seine von August Petermann sorgsam redigierte Beschreibung der Afrikareise wurde zu einem Bestseller auf dem deutschen Buchmarkt. Rohlfs hatte inzwischen die beiden Bände gelesen und war vielleicht darum von Barth eher enttäuscht, stellte er sich doch einen Mann, der solche Abenteuer erlebt hatte, anders vor.

Heinrich Barth dagegen ist von der Energie und Zielstrebigkeit des jungen Kollegen angetan. Nach Gotha schreibt er dem Verleger Perthes: »Zu großer Freude habe ich Bekanntschaft des Herrn Rohlfs gemacht, der in seiner Festigkeit und Bestimmtheit einen entschieden günstigeren Eindruck macht (…). Hoffen wir, dass es ihm gelingt, recht schöne Resultate zu erreichen. Er hat mit mir viel über die beiden verschiedenen Punkte gesprochen, die Herr Prof. Petermann in den Mittheilungen über Rohlfs' Reise im letzten Hefte der Mittheilungen bespricht und ich habe ihm meine Ansicht kund getan, dass er in der östlichen Hälfte der Wüste im Gebiet der Tedä mehr und reicheres Feld habe als im Westen, ganz abgesehen davon, dass er von dem günstigsten Punkte, Letzteren zu erforschen, nun einmal verdrängt ist, für ihn sich durch seine Erkennung als Christ nach verständiger Berechnung fast unmöglich gemacht hat. Im Gebiet der Tedä, selbst wenn er nicht über dasselbe hinauskommen sollte, hat er mit meinem Material an der Hand ein ungeheures Feld der Forschung von der allergrößten Bedeutung und fast traue ich ihm zu, dass es ihm bei leidlich günstigen Umständen gelingen möge, über jenes Wüstengebiet hinaus (...) in das Gebiet des Nils vorzudringen.« Acht Monate später, Rohlfs wird einen anderen, seinen Weg gehen, vom Tschadsee westwärts, stirbt Heinrich Barth im Alter von 44 Jahren.

Am 23. Februar 1865 reist Rohlfs nach Paris. Er hat 2875 Taler in der Tasche, nicht eben viel. *Zwar hat die elegant und aufs reichste ausgestattete Barthsche Expedition, die im Verein mit denen Vogels, Richardsons und Overwegs mindestens hunderttausend Taler kostete – ich erinnere nur an die Kutsche, an das Schiff, welches mitgeführt wurde, und an die kostbaren Geschenke – im ganzen sehr gute Resultate ergeben; aber diese Expedition zerlegte sich in verschiedene Reisen, die unabhängig voneinander ausgeführt wurden. Mir bangte deshalb auch keinen Augenblick davor, im Besitz einer verhältnismäßig so geringen Geldsumme die weite Reise anzutreten.*

Paris. Malta. Am 19. März 1865 Tripolis. Endlich wieder Afrikas Sonne und die Hoffnung, dass die Schmerzen im Arm abklingen werden. *Mit wie frohen Gefühlen landet der Afrikareisende, nachdem er die Fluten des Mittelmeeres durchfurcht, auf dem afrikanischen Kontinent, den er während der Dauer seiner Reisen gewissermaßen als seine Heimat betrachtet!* Zwei Monate braucht er, bis seine Reisekarawane vor den Toren von Tripolis abmarschbereit steht. *Eine innere Stimme sagt mir, dass ich mein Ziel erreichen werde, zumal da keine Anstrengung, kein Hindernis für mich zu groß ist, und an meinem Mute und meiner Hingebung kann wohl kein Zweifel sein ... nach ein paar Jahren wird hoffentlich mein Name mit Ehre an der Seite Heinrich Barths, Mungo Parks, Leo Afrikanus' und andere genannt werden.*

Wieder legt er seine europäische Kleidung ab, um die ohnehin bequemere muslimische anzuziehen, bereit zur abermaligen Täuschung jener, auf deren gastfreundliche Hilfe er angewiesen sein wird. Er will nicht glauben, dass Tuareg und Berber sich seiner Maskerade erinnern und ihn als Spion des Abendlands verfolgen werden. Spätestens in Ghadames, als er vergebens auf Tuareg-Scheich Si-Otman wartet, weiß er, dass mancher Tuareg, mancher Berber nicht vergisst.

Aus dem Tagebuch der Erde

Das tragische Schicksal der Sahara macht nachdenklich und beunruhigt. Es stört die Sicherheit, die eine immer fruchtbare, beständige Landschaft dem Europäer gegeben hat. Könnte dieses Schicksal eines Tages auch seiner Heimat zustoßen?

Henri J. Hugot

Das Mysterium der Selbsterfahrung

»Oh, Sihdi, du Sohn des kalten und dunklen Nordens, kann es ein schöneres Land geben als die Wüste? Die Wüste, das ist Allahs Garten, aus dem der Allgerechte alles Störende entfernt hat, damit es einen Ort gebe, darin man in Frieden leben und seinen Gedanken nachhängen kann.«

»Die Wüste ist meine Freundin«, sagt der Tuareg, »ihren Gefährten verschlingt sie nicht«, und nennt das Land jenseits der Weidegebiete, »Land ohne Wasser und Vegetation«, »Tenere«.

Den Männern und Frauen, die im 19. Jahrhundert aus Europa kamen, das Abenteuer in der Wüste zu suchen, war die Sahara ein *horror vacui*, eine grenzenlose Leere erbarmungsloser Lichtfülle über den Horizont hinaus, die sie im Überschwang der Gefühle eine Todeszone nannten, der es zu widerstehen galt. Für die Mehrheit der Europäer ist die Wüste geblieben, was sie von jeher war: Inbegriff extremer Lebensfeindlichkeit, der Verlassenheit und Unfruchtbarkeit. Es sind noch immer nur wenige, die aus ihrer gewohnten, geordneten Urbanität herausgehen, um im »Land ohne Wasser und Vegetation« sich selbst zu erfahren, in der Sahara den Rausch der Freiheit zu erleben. »Der Zug nach der Wüste«, sagt der Geologe A. Gabriel, »ist ein Teil unserer tiefsten Innerlichkeit; man kann gegen ihn ankämpfen, aber ihn nie besiegen. Man kommt immer wieder zurück in die Wüste, weil das Andenken an sie unauslöschlich eingeprägt ist und weil die Zeit in der Wüste die erfüllteste und glücklichste bleibt.«

Wir müssen uns Rohlfs' »Zeit in der Wüste« als eine erfüllte und glückliche denken, nicht weil er die Wüste als Ort der Meditation, gar der Askese verstanden hätte, sondern als einen Raum, in dem er alle Freiheit besaß, zu tun und zu lassen, was er wollte. In ihm konnte er ebenso seine Herrschsucht ausleben wie seine Kampflust, sein Geltungsbewusstsein. Im fernen Europa nur ein Rädchen im Getriebe, agierte Rohlfs auf seinen Wegen durch die Sahara als selbst ernannter Vertreter abendländischer Zivilisation.

Die Wüste war ihm einzig Kulisse einer Lebensinszenierung, nicht Schauplatz eines uralten Menschheitsthemas, das bis in unsere Tage immer wieder Gestalt und Worte annimmt.

Der französische Schriftsteller Albert Camus lässt seine »Ehebrecherin« Janine beim Anblick eines Beduinenlagers in der Wüste nicht nur Selbsterkenntnis und innere Ruhe finden, sondern jene Magie menschlichen Daseins, die uns immer mehr verloren gegangen scheint. »Sie aber vermochte ihren Blick nicht vom Horizont zu lösen. Dort drüben, noch weiter südlich, wo Himmel und Erde in einer reinen Linie ineinander übergingen, dort drüben, so schien ihr einmal, wartete etwas auf sie, das sie bis zu jenen Tag nicht gekannt und das ihr doch seit jeher gefehlt hatte … Über die trockene, bis auf den Knochen aufgekratzte Erde zog seit jeher ruhelos eine Handvoll Menschen, die nichts besaßen, aber niemandem hörig waren, elende und freie Herren eines fremdartigen Reiches – Janine wußte nicht, warum diese Vorstellung sie mit einer so sanften und umfassenden Traurigkeit erfüllte, dass sie die Augen schließen mußte. Sie wußte nur, dass dieses Reich seit Anbeginn der Zeiten war und dass sie es dennoch nie besitzen würde, nie mehr, außer vielleicht in diesem flüchtigen Augenblick … Da schien ihr, dass der Lauf der Welt eben zum Stillstand gekommen sei und dass von dieser Sekunde an niemand mehr altern, niemand mehr sterben werde. Allüberall war von nun an das Leben angehalten, außer in ihrem Herzen.«

Die Große Wüste wird als ein Ort der Bewährung oder des Scheiterns apostrophiert, auch als Geburtsstätte der Religionsstifter und mancher Philosophie; ihre Konturen werden dadurch um keine Nuance deutlicher. Für Rohlfs lag die Sahara außerhalb jeglicher Reflexionen, ihm war sie erlebte geographische Realität, die er darum doch nicht verstanden hatte, vielleicht, weil er sich deren psychologischen Dimensionen stets entzog, anders als manch anderer, als der 1888 geborene Thomas Edward Lawrence, der sich bald als »Lawrence von Arabien« einen Namen machte. »In meinem Falle brachten mich die Mühen der Jahre, die Kleidung der Araber zu tragen und ihre Geistesart nachzuahmen, um mein englisches Ich und ließ mich den Westen und seine Welt mit neuen Augen betrachten – sie zerstörten sie mir gänzlich. Andererseits konnte ich ehrlicherweise nicht in die arabische Haut hinein – ich tat nur so. Leicht kann ein Mensch zum Ungläubigen gemacht werden, aber schwer ist es, ihn zu einem anderen Glauben zu bekehren. Ich hatte eine Form abgestreift, ohne eine andere anzunehmen; und das Ergebnis war ein Gefühl tiefster Vereinsamung im Leben und der Verachtung, nicht der Menschen, aber alles dessen, was sie taten.«

Rohlfs hat die europäische Kleidung abgestreift, nie seine Form; nie war er wie Lawrence der anderen, der fremden Lebensform nahe gekommen, niemals hatte sie ihn so interessiert, dass sie sein Ich hätte angreifen können. Er kam als Kind seines Jahrhunderts auf den afrikanischen Kontinent, den er als Erwachsener, als Mann des 19. Jahrhunderts wieder verließ, ohne je die Geschichte und Kultur Afrikas anders als nur am Rande wahrgenommen zu haben. So sah er auf seinen Wegen einzig sich selbst bestätigt und das zeitgenössische Bild der Wüste, einer leeren Landschaft, fern jeglicher Kultur und abendländischer Zivilisation. Alles maß er mit der Elle seines Jahrhunderts, das Gesicht und den Herzschlag der Sahara, eines Landschaftsraumes, der als Prototyp terrestrischer Wüsten ein Tagebuch der Erdgeschichte bereithält.

Vom Urgrund aller Wüsten

Afrika, etwa 30 Millionen Quadratkilometer groß, dreimal größer als Europa, bedeckt ein Fünftel der Festlandfläche der Erde. In Afrika schlägt das Herz des Urkontinentes Gondwana, an dessen Küsten sich 400 Millionen Jahre hindurch die Wellen der Urozeane brachen, als Australien, die Antarktis, Afrika, Südamerika und der Subkontinent Indien noch eine einzige Landmasse bildeten.

Vor 144 Millionen Jahren, mit Beginn der Kreidezeit, fiel Gondwana auseinander, driftete das tektonische Plattengemenge der Erde gegen- und auseinander, jährlich um zwei, drei, manchmal zehn Zentimeter, von gewaltigen, energiereichen Konvektionsströmen im Erdinnern angetrieben. Und noch immer driften Südamerika und die Antarktis westwärts, schiebt sich die indische Kontinentalplatte nach Nordosten, kollidiert mit der eurasischen, wuchtet den Himalaya zum höchsten Gebirge der Erde auf; noch immer kämpft die afrikanische Platte mit der europäischen, modelliert sie die Alpen, die Pyrenäen, die Karpaten, den Kaukasus.

Als Gondwana zerbarst, stieg der Meeresspiegel, mussten Fauna und Flora der Kreidezeit sich einer globalen Überflutung erwehren, der größten seit 450 Millionen Jahren. Damals wurde der Lithosphäre ein neues Angesicht geboren, aus dem manche Reptilien verschwanden. Mit den Sauriern starben die Ammoniten und Belemniten, nur die Schildkröten überlebten, die Eidechsen, Schlangen und Krokodile. Es begann die Neuzeit der Pflanzen, der Bedecktsamer. Auf der nördlichen Halbkugel wuchsen Laubwälder und Nadelgehölze. Das war die Stunde der Säugetiere und Vögel, die das Festland eroberten.

Nichts ist, wie es war, und was ist, wird nicht ewig sein.

Das Fundament der Sahara ist wie die gesamte Erdkruste aus Granit geschüttet, dem Urgestein, und wurde vor mehr als dreieinhalb Milliarden Jahren im Fegefeuer magmatischer Abläufe zu zerbrechlichen Platten gebacken. Im steten Wechselspiel aus dem Erdinnern aufsteigender und zurückfallender Energieströme wurden einzelne Plattenareale emporgewuchtet, andere in die Tiefe gezogen, tief unter den damaligen Meeresspiegel, eine leichte Beute der Urozeane. Solche Plattenbruchstücke, wenn sie nicht durch Schwellen vom Meer abgeriegelt waren, liefen voll Wasser, blieben Millionen Jahre überflutet, bis sie wieder emporgehoben wurden oder der Meeresspiegel der Urmeere unter ihr Niveau abfiel.

Es gibt Gebiete in der Großen Wüste, die bis zu achtmal vom Meer überflutet waren und sich heute als Hochebenen oder Gebirgszüge über den Wüstensand erheben. Fünfzig, sechzig Millionen Jahre hindurch stand das Wasser in diesen Sedimentationströgen, den Geosynklinalen, lagerte sich die Meeresfauna auf dem Beckengrund ab, Panzer, Schalen und Skelette von Meerestieren, und alles Material, das der Wind in das Meer hineingeweht und die Flüsse aus dem Festland hineingespült hatten, Schlamm, Gesteinsschutt, Sand. Alle diese Sedimente auf dem Meeresboden wurden durch das Gewicht des Wassers zu einer mehrere hundert Meter mächtigen Schicht festen Gesteins zusammengepresst, ehe die gesteinsbeladenen Becken wieder auftauchten. Dann lief alles Wasser ab, und die Ablagerungen des Festlandes überdeckten die maritime Sedimentationsschicht, tauchten sie abermals unter Meeresniveau, lagerten sich wiederum die Meeressedimente ab. Ein sechshundert Millionen Jahre dauerndes, vertikales Hin und Her, das die Sedimentschicht bis zu einer Stärke von 6000 Meter aufbaute und die Becken so schwer machte, dass sie zu Trögen einbeulten. Manche tauchten in Tiefenbereiche ab, in denen ihre Unterseite von zähflüssiger Magma aufgeschmolzen wurde.

Im andauernden Absinken und Aufsteigen brachen die Tröge in einzelne Areale auseinander, verschoben sich gegeneinander oder kippten aus der Horizontale. Die Ordnung der einst gleichmäßig übereinander gelagerten maritimen und terrestrischen Sedimentationsschichten geriet in ein Chaos, die Trogteile wurden gestaucht oder verworfen, ihre Bruchkanten zerstört. Für den Geologen, der Steine nach ihrer Geburt zu sortieren versteht, ist im Steilhang jeder Hamada die Morphologie der Sahara mühelos lesbar, Schicht um Schicht; hier liegen die Landschaften vergangener Erdepochen begraben, archiviert im Gedächtnis der Erde.

Doch nur allzu schnell, gemessen in erdgeschichtlichen Zeiträumen, werden solche geomorphologischen Ereignisse aus dem Gedächtnis getilgt, wird das emporgehobene Sedimentgestein durch die Kräfte der Sonne und des Windes wieder abgetragen. Als Endprodukt der physikalischen Erosion bleiben Staub und Sand, zu mehreren hundert Quadratkilometer großen Dünenarealen zusammengefegt oder mit dem vorherrschenden Passatwind westwärts auf den Atlantik hinausgeblasen. Als sei der afrikanische Kontinent noch immer für einen der größten Ströme der Erde verantwortlich, trägt der Passat rötlichen Saharasand in das Amazonasgebiet, der dem Regenwald den notwendigen mineralischen Dünger liefert, Kalium, Phosphor und Kalzium.

Vor mehr als 200 Millionen Jahren, entlang einer der vielen Schwächezonen der kontinentalen Erdkruste, erstreckte sich aus Gondwanas Mitte bis an die Westküste des mächtigen Kontinents ein rund vierzehntausend Kilometer langer, wasserführender Bruchgraben, das Flussbett des Uramazonas. Seine Quellen lagen im Gebiet der Seen von Ounianga, inmitten der Zentralsahara. Der gewaltige Strom floss durch den Tschadsee, folgte dem Lauf des Benue und weiter westwärts, bis er an Gondwanas Küste in den Atlantik entwässerte. Als Südamerika aus dem Plattenverband Gondwana herausbrach, zerriss das Grabensystem, dessen afrikanische Hälfte zum Bett der beiden Flüsse Niger und Benue wurde, während die südamerikanische aus der Guyana-Region weiterhin mit Wasser versorgt wurde. Mit der südamerikanischen Platte driftete der Unterlauf des mächtigen Uramazonas westwärts, bis die Kontinentalplatte mit der Pazifikplatte kollidierte. Tausende Kilometer zieht sich die Kollisionszone vom Kap Horn nach Norden. Von der Energie magmatischer Vorgänge angetrieben, falteten sich die Anden auf, schob sich die Südamerikaplatte über die in das Erdinnere absinkende Pazifikplatte und kippte aus der Horizontale. Als Südamerikas Küstengebirge emporwuchsen, wurde der untere Uramazonas vom Pazifik abgeriegelt, verharrte der Fluss gleichsam mündungslos in seinem Bett. Immer höher stieg sein Wasserspiegel, aufgefüllt aus den Quellgebieten Guyanas und bedrängt von der aufsteigenden Andenkette. Irgendwann kippte der Wasserspiegel aus dem Gleichgewicht, änderte der

Fluss plötzlich seine Fließrichtung zum gegenwärtigen Flussverlauf, von den Anden hinab in den Atlantik.

Manche Indizien sprechen dafür, dass diese Hypothese den geomorphologischen Ereignissen vor Jahrmillionen nahe kommt. Das heutige Amazonasdelta liegt auf demselben Breitengrad der Nigermündung gegenüber, getrennt durch die Weite des Atlantischen Ozeans; der südamerikanische Amazonasgraben und der afrikanische Niger-Benue-Graben zeigen identische geologische und tektonische Strukturen, so dass nach Ansicht einiger Geophysiker eine gemeinsame Entstehungsgeschichte angenommen werden kann. Ein weiteres Indiz fand bereits Alexander von Humboldt, als er mit Beginn des 19. Jahrhunderts seine ausgedehnte, fünfjährige Forschungsreise durch Südamerika unternahm. Im heutigen Quellgebiet des Amazonas, 4000 Kilometer von seiner Mündung entfernt, wurden Fische gefangen, die nur im salzhaltigen Meerwasser leben – Haie, Sägefische, Seezungen, Rochen, Garnelen und Sardinen. Seinen ersten Gedanken, die Meerestiere hätten sich stromaufwärts, aus dem Atlantik bis in das Andengebiet, verbreitet, musste er revidieren, als nähere Untersuchungen ergaben, dass ihre Population flussabwärts kontinuierlich abnimmt. Humboldt notierte den vorgefundenen Sachverhalt als rätselhaftes Phänomen, das er sich nicht erklären konnte. Die Hypothese jedoch kann das Rätsel lösen. Der Uramazonas entwässerte an Gondwanas Westküste, Haie, Sägefische, Rochen und andere Meerestiere fanden in seiner Mündung ihren salzhaltigen Lebensraum. Als Südamerika von Afrika abfiel, änderte sich für jene Fische im Mündungsdelta vorerst nicht viel. Sie drifteten mit der südamerikanischen Kontinentalplatte westwärts, ohne je diese Bewegung zu spüren. Erst als der Flussverlauf sich umkehrte und das Süßwasser aus den Anden in den Amazonas floss, änderte sich ihr Lebensraum ebenso stürmisch wie dramatisch, hatten nur jene Arten eine Überlebenschance, die mit dem immer geringer werdenden Salzgehalt des Wassers zurechtkamen, die anderen starben aus.

In Nordafrika war Gerhard Rohlfs der Wüste nahe gekommen und hatte ihr Wesen doch nicht verstehen, im Gedächtnis der Erde nicht lesen können. Von einem ausbalancierten Zusammenspiel zwischen Sonne, Erdrotation und Kontinentaldrift wusste er ebenso wenig wie sein Jahrhundert. Die Erde dachte man sich atmend, ein gleichmäßiges Auf und Ab der Kruste, dabei den Meeresspiegel stets gleich hoch, wie festgenagelt. Land kam unter Wasser und tauchte wieder auf, am Rande der Karawanenwege lagen dafür genügend Beweise. Die Sahara musste vom Meerwasser überflutet gewesen sein, und auch Rohlfs zog durch jene Wüstenareale, deren steinige Oberfläche unübersehbar aus Meeresablagerungen, Sedimentgestein, geformt wurde. Welche Kräfte dafür nötig waren, konnte er ebenso wenig sagen wie die Naturwissenschaftler seiner Zeit, zu beschreibend war deren Verständnis vom Aufbau und der Entwicklungsgeschichte des Planeten, zu statisch, als dass es geophysikalische Prozesse hätte fassen können. Die zeitgenössische Geographie, in Rohlfs' Zeit eben auf dem Sprung zur akademischen Wissenschaft, war damit beschäftigt, den Zustand der Erde zu beschreiben, und weit davon entfernt, ihn zu analysieren oder gar aus vorgefundenen Fakten eine Synthese zu wagen. Rohlfs lief am Gedächtnis der Erde vorbei und erschrak vor dem scheinbaren Chaos der Wüstenlandschaft. Die Landschaftsbilder, die sich ihm einprägten, lagen ihm unterschiedslos nebeneinander wie Teile eines Puzzles, das sich nicht zum Ganzen fügt. Seinem Jahrhundert fehlte ein brauchbares Werkzeug, die einzelnen Landschaftsbilder in eine chronologische Reihenfolge zu sortieren.

Nahe der Oase Agadez ragen bizarre Zeugen einer Landschaft von vor 120 Millionen Jahren aus dem Wüstensand, versteinerte Skelette vieler Saurier. Zur Kreidezeit muss diese Landschaft von tropischen Flüssen und ausgedehnten Sümpfen geprägt gewesen sein, waren doch diese Tiere, um ihren immensen Nahrungsbedarf befriedigen zu können, auf eine üppige Vegetation und auf ein feuchtwarmes Klima angewiesen. Unweit der versteinerten Saurierknochen, in der gleichen Gesteinsschicht, finden sich die Reste jener tropischen Urwälder, die lange Zeit hindurch große Teile des afrikanischen Kontinents bedeckten, versteinerte Baumstämme.

Immer tiefere Gesteinsschichten werden durch die Kraft der Sonne und die Stärke des Windes freigelegt, immer fernere Erdepochen durch die Erosion ausgegraben. Als wollte die Erde sich ihrer Entwicklungsgeschichte erinnern, so blättert die Erosion die

Chronologie geomorphologischer Prozesse auf und zeigt für erdgeschichtlich kurze Augenblicke zu Stein gewordene pflanzliche und tierische Überreste vergangener Epochen vor, um sie doch nur wieder zu Sand und Staub zerfallen zu lassen. Was im Gedächtnis der Erde bewahrt liegt, kommt irgendwann an die Oberfläche, die Sanddünen und Windkanten einer uralten Wüste und Spuren einer ausgedehnten Eiszeit. Auf dem Tassili-Plateau entdeckten Geologen kilometerlange, tiefe Schrammen, die vor 400 Millionen Jahren von wandernden Gletschermassen hinterlassen wurden.

Etwa zu dieser Zeit, im Devon, lag Marokkos Süden im Meer, bauten Myriaden Korallenpolypen ein kilometerlanges gewaltiges Riff auf, das noch heute bis zu 80 Meter aus der Wüste hoch aufragt. Als das Devonmeer das Land freigab, starben die Polypen, das Skelett des Riffs aber blieb erhalten und mit ihm eine Nachricht aus grauer Vergangenheit, die uns die Zukunft der Erde vorhersagt.

Der Kalkpanzer einer Koralle ist in eine Abfolge ringförmiger Wülste und Einschnürungen gegliedert, den Jahresringen eines Baumes vergleichbar. Zählt man die Einschnürungen oder die Ringe aus, ist die Lebenszeit einer Koralle bestimmt. Der natürliche Kalender einer Koralle funktioniert jedoch genauer als der Jahresringekalender der Bäume. Polypen brauchen das Sonnenlicht zur Kalkproduktion, nachts stellen sie ihren Stoffwechsel ein. Auch dieser tägliche Wechsel von Aktivität und Ruhe ist als kleine Einschnürung des Kalkpanzers archiviert, als Tagesring.

Als Wissenschaftler Jahres- und Tagesringe einer Einzelkoralle auszählten, waren sie verblüfft. Vor 400 Millionen Jahren hatte das Jahr nicht 365, sondern 395 Tage. Da die Dauer eines Jahres durch alle Zeiten hindurch als gleich bleibend angenommen wird, müssen die Tage und die Nächte im Devon um genau zwei Stunden kürzer gewesen sein. Damals drehte sich die Erde um ihre eigene Achse schneller als heute, also muss die Erdrotation im Verlaufe ihrer Entwicklungsgeschichte abgebremst worden sein.

Die Winde der Großen Wüste fegen noch fernere Landschaften sauber, den Boden eines Ozeans, der vor 500 Millionen Jahren Teile der Sahara bedeckte, im Ordovizium und Silur, als alles

Leben auf die Urozeane begrenzt war. Von Rippeln ist dieser versteinerte Meeresgrund durchzogen, dem Boden eines Wattenmeeres vergleichbar, von Kriech- und Fressspuren urzeitlicher Schnecken, Trilobiten und Würmer, die in regelmäßigen Abständen den unverdaulichen Anteil ihrer Nahrung wieder ausgeschieden haben und kleine Sandhäufchen hinterließen. Vieles spricht dafür, dass die Sahara zu dieser Zeit in der Nähe des Südpols lag und dass jene aus dem relativ flachen Meer herausragenden Areale der heutigen Antarktis vergleichbar waren – eine urzeitliche Eiswüste.

Spätestens vor über dreieinhalb Milliarden Jahren muss die Entwicklungsgeschichte der Sahara begonnen haben, als sich auf dem mehrere tausend Grad heißen Planeten die Erdkruste bildete, ein dünnes Häutchen unter der Uratmosphäre, die die Erde vor viereinhalb Milliarden Jahren ausschwitzte, Stickstoff, Wasserstoff, Kohlenstoff, Kohlendioxyd, Wasserdampf, Methan, Ammoniak und andere leichte Elemente. Lebensfeindlich war die Uratmosphäre, ohne freien, ungebundenen Sauerstoff, der uns atmen lässt, ein Inferno aus blitzezuckenden Gewittern und unaufhörlichen Sturzfluten, die langsam, sehr langsam die Kruste abkühlten. Aus Vulkanschlünden und Rissen in der Kruste stieg Wasserdampf in die urzeitliche Atmosphäre, kondensierte und fiel doch nicht auf den Boden zurück, weil der Regen bereits in ihren tieferen, heißen Schichten verdunstete. Die Erde hüllte sich in einen Mantel kochend heißen Wasserdampfs, so dass selbst das Sonnenlicht nicht mehr den Boden erreichte. Irgendwann war der Planet so weit abgekühlt, dass die Regentropfen seine Oberfläche erreichten, die herabstürzenden Sintfluten in den Senken der Erdkruste zu den Urozeanen zusammenfließen konnten, in denen das organische Leben heranwuchs. Abermals mussten Jahrmillionen vergehen, bis erste primitive Pflanzenzellen, die blaugrünen Algen, die Fotosynthese entdeckten, um aus anorganischen Materialien organische Substanzen aufzubauen. Der dabei freigesetzte Sauerstoff entgaste aus dem Wasser und färbte das wüste Krustenland rotbraun, als das auf ihm reichlich vorhandene Eisen zu rosten begann, indem Eisenoxyd zu Eisenhydroxyd reagierte. Chaotisch war das Land, wüst und lebensfeindlich leer, Jahrmillionen um Jahrmillionen, ehe vor 400 Millionen Jahren erstes Leben aus den

Ozeanen die Küsten der Kontinente eroberte, die Pflanzen zuerst, dann die ersten Gliedertiere, als sie das Atmen gelernt hatten. Die Wirbeltiere wagten 50 Millionen Jahre später den Schritt auf das Festland, am Ende des Erdzeitalters Devon, Fische, die ihre Flossen zu Beinstümpfen, ihre Schwimmblasen zu Lungen umgewandelt hatten.

Überleben in der Wüste ist eine Frage des Wassers, wie alles organische Leben auf dem Planeten Erde eine Frage des Wassers ist und einer eher zufälligen Konstellation. Wäre die Erde ein wenig schwerer gewesen, hätte sie keine Atmosphäre entwickeln können, wäre sie leichter gewesen, die Atmosphäre nicht halten können. Zufällig besaß sie die »richtige« Masse aus den »richtigen« Elementen, und ebenso zufällig wurde sie in jene schmale Zone hineingeboren, den die moderne Kosmologie die kosmische Ökosphäre nennt. Ein Zufall, den andere Planeten unseres Sonnensystems nicht kennen, die über das Stadium einer Urwüste nicht hinauskommen. Doch die uns umgebende kosmische Ökosphäre bietet keine Garantie für ein ewiges Leben, das in der Erdgeschichte ohnehin nur eine kurze Episode ausmacht.

Rund 150 Millionen Kilometer sind Sonne und Erde im Durchschnitt voneinander entfernt. Einige Millionen Kilometer mehr oder weniger, und wir fielen aus der Ökosphäre unseres Planetensystems heraus, würden verloren um das Zentralgestirn kreisen, als Gashaufen oder als verbrannte Erde, vergleichbar anderen Planeten. Die kosmische Ökosphäre, die Lebenszone, ist schmal und nur in ihr alle Energie, die unsere Sonne verschwenderisch und unterschiedslos in den Kosmos abstrahlt, solcherart wohltemperiert, dass das Lebenselexier ›Wasser‹ in seinen drei Aggregatzuständen entstehen konnte, als Eis, Flüssigkeit und Dampf. »Nur eine kleine andere Richtung der Erde zur Sonne und alles auf ihr wäre anders«, wusste schon Johann Gottfried Herder Ende des 18. Jahrhunderts.

Die Erde mag so viel Energie in ihrem Innern produzieren, wie sie will, sie kann unser Leben doch nicht erhalten, ihre Wärmemenge reicht nicht aus, den steten Wärmeverlust der Erdkruste in den Weltraum auszugleichen. Ohne Sonne würde die Erde zum Eisschrank mutieren, würden Seen und Ozeane binnen Wochenfrist zu Eis erstarren. Dreißig Tage, dann hätte die Weltraumkälte unseren Globus mit minus 250 Grad Celsius im Würgegriff, wäre die Atmosphäre längst schon verflüssigt. Dampfende Sauerstoffseen gäbe es und Ozeane flüssigen Stickstoffs. Bei minus 250 Grad, vom absoluten Nullpunkt nur einen Wimpernschlag entfernt, wären auch sie zugefroren. Vielleicht durchbrächen Vulkanausbrüche den Eispanzer, und Lavaströme würden fließen, doch die klirrende Kälte besiegte auch alle Lava.

Etwa zwei Drittel der Erdoberfläche sind vom Wasser bedeckt, scheinbar ein ausreichendes Reservoir, um alles Festland zu bewässern. Die Realität sieht anders aus, mehr als ein Drittel der Festlandfläche, die beiden Polarregionen nicht mitgerechnet, sind Trockengebiete, Voll- oder Halbwüsten, Wüstensteppen und Trockensavannen. Gleich zwei Trockengürtel umspannen den Globus, die Wendekreiswüsten. Unter dem nördlichen Wendekreis liegen die Sahara, die Wüsten der Arabischen Halbinsel und des Irans, das nordindische Thar-Gebiet und die Trockenzonen Nordamerikas, unter dem südlichen Wendekreis Afrikas Kalahari, der größere Teil Australiens und am Südzipfel Amerikas das trockene Patagonien.

Am 21. Juni, zur Sommersonnenwende auf der Nordhalbkugel der Erde, steht die Sonne bei 23 Grad 27 Minuten nördlicher Breite im Zenit, sechs Monate später, am 21. Dezember, bei 23 Grad 27 Minuten südlicher Breite auf der südlichen Hemisphäre. Im Jahresverlauf wandern jene Punkte, über denen die Sonne steht, wenn ihre Strahlen senkrecht auf die Erde treffen, vom nördlichen Wendekreis über den Äquator zum südlichen Wendekreis und wieder zurück; alles Land dazwischen wird am intensivsten bestrahlt, am stärksten aufgeheizt. Extreme Hitze allein lässt noch keine Landschaft verwüsten; zwischen den Wendekreisen liegen die tropischen Regenwälder dieser Erde. Erst wenn zur Hitze eine extreme und dauernde Trockenheit hinzukommt, erst dann werden Wüsten geboren. Kennzeichen aller Wüsten ist ihre Aridität, der Wassermangel, nicht nur die hohen Temperaturen. In ariden Gebieten ist die Verdunstung größer als der Niederschlag. Auch dafür, für die unregelmäßige Regenverteilung zwischen den Wendekreisen, ist die Sonne verantwortlich, die die Lufthülle der Erde unterschiedlich stark aufheizt. Sie rührt die irdische Luft vertikal und horizontal kräftig durcheinander, je nachdem, in welchem Winkel ihre Strahlen den Globus treffen.

Über dem Äquator steigen die erwärmten, mit verdampftem Wasser gesättigten Luftmassen auf, reißen eine relativ konstante Tiefdruckrinne in die Lufthülle, die innertropische Tiefdruckzone. Der Wasserdampf kondensiert an staubfeinen Partikelchen zu einzelnen Tröpfchen und fällt als ausgiebiger Tropenregen zur Oberfläche zurück, während die weiter aufschießende Luft sich abkühlt. Zehn bis elf Kilometer steigen die Luftmassen in die Höhe und spalten sich in zwei Luftströme auf, die horizontal abfließen – nordwärts der eine, südwärts der andere . Irgendwann haben sie ihre Wärmeenergie so weit verloren, dass sie über den Wendekreisen zur Erde zurückfallen. Sie erwärmen sich, je näher sie dem Boden kommen, und saugen gierig alle Feuchtigkeit auf. Diese Fallwinde unter den Wendekreisen umspannen als permanentes Hochdruckgebiet die Erde, deren Luftmassen, wenn sie den Boden erreichen, abermals aufgeteilt werden. Der eine Teil strömt bodennah zum Äquator zurück, der andere polwärts. Diese von der Sonne angetriebene Luftwalze ist die wahre Ursache der Verwüstung, indem der hohe Luftdruck über den Wendekreisgebieten den Regen gleichsam aussperrt. Es gibt Tage in der Sahara, an denen von Süden her schwere schwarze Wolken heraufziehen und es nur eine Frage von wenigen Augenblicken scheint, bis aus den Wolken der Regen fällt, doch rasch lösen sich in der Hitze des Tages die Regenwolken zu weißen Dunstschleiern auf, die vom strahlend blauen Himmel verschluckt werden. Wenn es doch regnet, erreichen die Tropfen nicht den Wüstenboden, sondern der Regen verdampft in der heißen Luftschicht über der Wüste. Solcher Geisterregen ist ein typisches Phänomen aller Wendekreiswüsten.

Unser Zentralgestirn hält nicht nur die Atmosphäre in Bewegung, sie treibt auch die Bewegung der Weltmeere an. Rings um den Äquator heizt sie das Wasser auf, das durch die Erdrotation als warme Meeresströmung aus den Tropen nach Süden transportiert wird, bis zur Antarktis. Abgekühlt und mit dem Süßwasser schmelzender Tafeleisberge vermischt, steigt die Strömung als salzärmeres, leichteres Wasser zur Oberfläche des antarktischen Meeres auf und wird von kräftigen Winden noch einige Zeit um den Eiskontinent herumgetrieben. Mit Nährstoffen, Plankton und Krill gesättigt, strömt es zurück, woher es kam, nordwärts in das Gebiet der Subtropen. Mehrere tausend Meter tief sinkt die eiskalte Strömung ab, um erst wieder an die Oberfläche aufzusteigen, wenn sie auf einen Kontinent trifft. In solchen Küstenregionen leben Meerestiere wie im Paradies, existiert eine erstaunliche Artenvielfalt, genährt aus der Speisekammer antarktischer Gewässer. Erreicht der kalte Strom die Meeresoberfläche, kühlt er die landeinwärts ziehenden Winde ab und entzieht den Seewinden alle Feuchtigkeit. Ausgetrocknet erreichen sie das Festland und lassen »Küstenwüsten« entstehen.

Aus der Antarktis kommt der kalte Humboldtstrom. Er fließt die westliche Küste des südamerikanischen Kontinents entlang bis in Äquatornähe und verwandelt einen mehrere tausend Kilometer langen Küstenstreifen von Chile und Peru in eine der extremsten Wüsten des Planeten, die Atacama-Wüste. An der afrikanischen Südwestküste hält der Benguelastrom alle Feuchtigkeit von der Küste fern – zwischen Atlantik und der Namibwüste liegt einzig die Meeresbrandung, als würden die Sanddünnen aus der Gischt entspringen.

Die von Sonnenenergie angetriebenen Luft- und Wasserkreisläufe erzeugen in den Wendekreisbreiten jene Klimasituation, in der Wüsten entstehen können, nicht aber zwangsläufig entstehen müssen. Diese Entstehungsräume der Wüsten ziehen sich auf den beiden Parallelkreisen, nördlich und südlich des Äquators, um die Erde, und die Kontinente driften in diese Zonen hinein und ebenso wieder heraus. Die 400 Millionen Jahre alten Gletscherspuren in der zentralen Sahara sind in einer Zeit entstanden, als Nordafrika am Südpol lag, bevor die afrikanische Platte wieder in die niedrigen Breitengrade driftete. Einige Geophysiker nehmen an, dass die Kontinente in der wechselvollen Erdgeschichte mehrere Wanderzyklen durchlaufen haben müssen, sich immer wieder zu einem einzigen Superkontinent zusammenbinden, um erneut auseinander zu brechen.

Kontinentalplatten sind ruhelos, driften ebenso auseinander

wie gegeneinander und verändern unaufhörlich das Landschaftsgefüge der Erde. Stoßen Platten zusammen, werden Stauchzonen, wie oben geschildert, zu Gebirgen emporgefaltet, oder die übereinander geschobenen Krustenteile ragen als Plateau in die Höhe. Der Himalaya ist eine aufgeworfene Kampfzone zwischen dem Indischen Subkontinent und der asiatischen Festlandscholle, ebenso das Hochplateau Innerasiens. Für die feuchten Meereswinde ist das gewaltige Gebirgsmassiv ein unüberwindliches Hindernis, sie kriechen die Südhänge des Himalayas empor, kühlen sich ab, und ihre Feuchtigkeit kondensiert zu Regen oder Schnee, während die andere, die nördliche Gebirgsseite ohne Feuchtigkeit bleibt. Hinter dem Gebirge, im Windschatten, entstehen so genannte »Reliefwüsten«, Regenschattenwüsten wie die Wüste Takla-Makan in China oder in der Mongolei die Wüste Gobi.

Jedes Gebiet der Erde kann in den Windschatten der Gebirge geraten, von aller Feuchtigkeit abgeriegelt werden, wenn diese hoch genug sind. Die Wüsten Nordamerikas, die Chihuahua-Wüste, die Sonora-Wüste, die Mojave-Wüste, liegen im Regenschatten hoher Küstengebirge; die Große-Becken-Wüste ist westlich vom pazifischen Küstengebirge, östlich von den Rocky Mountains umschlossen, selbst der Colorado-Canyon ist zur Regenschattenwüste mutiert. 1800 Meter tief hat der Colorado sich in sein steinernes Bett hineingefräst, dessen terrassenförmige Wände verwüsten. Unaufhörlich heizt die Sonne alles Gestein der Hänge auf, so dass es noch in der Nacht die Hitze ausschwitzt. Über dem Colorado River liegt ein Heißluftpaket, und jeder Regen verdampft, ehe er den Boden erreicht.

Das Wechselspiel aller Naturkräfte, der Sonnenenergie, der Erdrotation und großer Energieströme im Erdinnern hat den größten zusammenhängenden Wüstenraum unseres Planeten geschaffen, vom Westrand der Sahara bis zum Ostrand der Wüste Gobi. Die Sahara selbst ist Prototyp der Wüste, die Wüste aller Wüsten.

Neben der Sonne hat auch der Mond einen Einfluss auf die Ausdehnung der Erdwüsten. Wie die Schwerkraft der Erde den Trabanten auf seiner Umlaufbahn festhält, wirkt ebenso die Schwerkraft des Mondes auf die Erde zurück, sichtbar an Ebbe und Flut. Jene Gebiete der Erde, die dem Mond auf seiner Bahn gegenüberliegen, werden dabei durch die Gravitationskraft des Mondes angehoben, die Erde beult aus. Auf den Ozeanen wächst ein Flutberg und selbst dem Festland noch ein Buckel, mit weit geringerem Hub, für moderne Präzisionsmessgeräte jedoch messbar.

Anders als bei den vom Sturm aufgepeitschten Wellen, deren Bewegungsenergie verloren geht, wenn sie gegen die Küsten branden, bremst die vom Mond erzeugte Gezeitenwelle die Rotationsenergie der Erde ab, unaufhaltsam. Tag für Tag arbeitet die Mondbremse, Tag um Tag wird die Rotationsgeschwindigkeit der Erde im stoischen Gleichmaß kosmischer Abläufe um winzige Sekundenbruchteile kleiner. Sekundenbruchteile sammeln sich über erdgeschichtliche Zeiträume hinweg zu Minuten und Stunden, gar zu Tagen. Irgendwann wird geschehen, was dem Mond längst schon geschah, wird die Erde ihrem Trabanten stets die gleiche Seite entgegenhalten. Relativ zur Sonne dreht sich die Erde dann nur noch langsam um ihre Achse, und ihre Rotationsgeschwindigkeit ist so stark abgebremst, dass ein irdischer Tag mehr als 1300 Stunden lang sein wird. Am Tage werden die Kontinente und Ozeane aufgeheizt und nachts gefrieren, gewaltige Staub-, Sand- und Eisstürme werden die Dämmerungszone überqueren, um die extremen Temperaturunterschiede auszugleichen. Das Ende allen Lebens auf dem Blauen Planeten aber wird schon vorher gekommen sein.

Fünf Monate in Murzuk

Am 26. Oktober 1865, später als geplant, erreicht Gerhard Rohlfs Murzuk, seit Jahrhunderten Knotenpunkt der Karawanenrouten von Nord nach Süd, von West nach Ost.

Die Stadt, im Viereck aufgebaut, ist von einer neun Meter hohen, über 3000 Meter langen, stellenweise geborstenen, knochentrockenen Lehmmauer umgeben. Alle dreißig Schritte sitzen ihr viereckige Wehrtürme auf, die an den beiden Ostecken der Mauer zu Bastionen erweitert wurden und mit Geschützen bestückt sind.

Vom westlichen Mauertor, stets durch einen Doppelposten bewacht, führt eine breite Straße durch die Stadt bis an das östliche Tor, an ihr liegen alle Gebäude, die Murzuk ausmachen, ein Zollhaus, die Polizeiwache, das Haus des Kaimmakams, des Gouverneurs der Festung Murzuk. An das ehemalige englische Konsulatsgebäude, Sitz des Katib el-mel, des Finanzdirektors, schließen sich kleine Holz- und Lehmbuden an, der Basar, bis die Straße auf einen freien Platz mündet, der die hoch aufragende Kasbah, die ehemalige Residenz der Sultane von Fesan, von der Kischlah trennt, eine von den Türken errichtete Kaserne. *Trotz des Verfalls, in welchen die türkische Regierung den Palast geraten ließ, imponierte er jedoch äußerlich noch durch seine Masse, denn die Mauern sind mindestens achtzig Fuß hoch und manche wohl zwanzig Fuß dick. Das Innere freilich machte mir den Eindruck eines riesigen, von labyrinthischen Gängen und engen Kammern durchsetzten Erdklumpens.*

Viel mehr, schreibt Rohlfs über diese Stadt, habe Murzuk nicht zu bieten, die breite Straße, von den Einheimischen »dendal« genannt, einige von ihr rechtwinklig wegführende, schmalere Nebenstraßen, in denen einstöckige Lehmhäuser mit platten Dächern stehen, und seine Friedhöfe. Die Gestorbenen werden ohne Sarg in den trockenen Boden gelegt, nach einiger Zeit sinkt das über den Leichnam geworfene Erdreich ein; der ganze Friedhof, sagt Rohlfs, bestehe aus muldenförmigen Vertiefungen, in die Straußeneier und einiges Tongeschirr gestellt sind, damit die Toten im Jenseits etwas Nahrung haben. *Auf einem Grab bemerkte ich unter den Scherben ein defektes Porzellangefäß, das hier vielleicht als Trinkschale gedient hat; auf einem anderen, offenbar dem eines Reichen, ein paar gesprungene Weinflaschen.*

Nach Murzuk kommen Fèssani, Tuareg und Tubu auf den Markt, der mit Waren aus allen Himmelsrichtungen voll gestopft ist – Elfenbein, Straußenfedern und Rhinozeroshörner, Melonen, Milch, Eier und Geflügel, europäische Waren aus Ghadames und von noch weiter her, von Afrikas Mittelmeerküste. Achttausend Menschen leben in der Stadt, Berber, Araber und die negride Bevölkerung, ein buntes Völkergemisch, regiert vom türkischen Statthalter Halim Bey, der am profitabelsten Geschäft der Stadt, dem Sklavenhandel, kräftig verdient.

Für Gold oder im Tausch gegen Naturalien lieferten afrikanische Stammesfürsten schon den Römern Sklaven. Afrikaner handelten mit Afrikanern, wie sie zuvor Männer, Frauen und Kinder eines besiegten Stammes versklavten, als »Kriegsbeute« für den eigenen Bedarf arbeiten ließen. Als die Araber mit Beginn des achten Jahrhunderts weite Gebiete Nordafrikas eroberten, vervielfachte sich die Nachfrage nach Soldaten, Dienern und Haremsdamen, spezialisierten sich einige afrikanische Stämme darauf, den sprunghaft gewachsenen Bedarf zu befriedigen.

Im 15. Jahrhundert änderten sich der Menschenhandel und die Situation der Sklaven grundlegend, als Spanier und Portugiesen eine »Neue Welt« entdeckten – Mittelamerika.

Konquistadoren wie Cortez oder Pizzaro töteten die Ureinwohner der okkupierten Länder und raubten diese mit brutaler Gewalt aus. 1 100 000 Menschen lebten auf Espafiola (Haiti), als die Spanier 1492 die Insel besetzten. Zwanzig Jahre später waren es noch 46 000, 1514 nur noch 1000.

Überlebende der Massaker im Namen der römisch-katholischen Kirche und im Auftrag europäischer Königshäuser zogen sich in unwegsame Landstriche zurück, um allen Maßnahmen zu entgehen, sie zur Arbeit auf den Feldern und Plantagen der Eroberer zu zwingen. Doch die Besitzer riesiger Latifundien fanden schnell »billigen« Ersatz auf dem afrikanischen Kontinent. Als Ende des 15. Jahrhunderts portugiesische Schiffe die Westküsten Afrikas auf der Suche nach Arbeitskräften für die überseeischen Besitzungen anliefen, mutierte der traditionelle, antike »Ebenholzhandel« zur Massensklaverei der Neuzeit. Im Tausch gegen billige Waren lieferten afrikanische Stammeshäuptlinge ihr eigenes Volk an die Sklavenhändler aus; und als die Küstengebiete menschenleer waren, wurden Menschenjagden im Landesinneren veranstaltet. Ein Jahrhundert brauchte es, dann war das »schwarze Elfenbein« der Hauptexportartikel der Afrikaner, mit einer immensen Gewinnspanne für die importierenden Europäer.

Erst wurden die Menschen in große Sammeldepots getrieben, dann zu den Verladeorten an die Küste gepeitscht. Nur sechzig Prozent der Gefangenen überlebten die unmenschlichen Strapazen des Sklavenzuges, die sich während der Überfahrt auf dem offenen Meer fortsetzten. Auf den überfüllten Seglern starb nahezu die Hälfte der Gefangenen, was an Bord der Karavellen oder Gallonen niemand kümmerte. Was immer in Afrika ein Afrikaner kostete, in Übersee wurde er zum acht- bis zehnfachen Preis versteigert: ein Geschäft ohne Risiko. Wenn alles gut lief, konnten von zehn Sklaven, die der Schiffseigner gekauft hatte, neun auf hoher See sterben, und der Mann hätte noch immer seinen Einsatz heraus. Selbst die Plantagenbesitzer mussten sich um ihre Sklaven nicht kümmern, ein Arbeitssklave, dessen restliche Lebensdauer sie auf vier bis fünf Jahre ansetzten, hatte sich nach sechs, sieben Monaten »amortisiert«.

Bei solchen Gewinnmargen blieben die Portugiesen nicht lange unter sich, Franzosen, Holländer und Schweden betraten den »Menschenmarkt«, 1562 folgten ihnen britische Schiffseigner. Um 1800 waren 18 400 britische Seeleute in das schmutzige »Gewerbe« eingestiegen, und ein Viertel aller Schiffe, die den Hafen von Liverpool anliefen, waren Sklaventransporter. Der afrikanische Kontinent blutete aus.

Dreißig Millionen Sklaven wurden innerhalb dreier Jahrhunderte nach Amerika verschifft, die Zahl der bei den Menschenjagden ermordeten Afrikaner betrug das Zwei- bis Dreifache. Erst die Unabhängigkeitserklärung der Vereinigten Staaten von Amerika und die von der großen Französischen Revolution deklarierten Menschenrechte geißelten die Sklaverei, die mit Beginn der industriellen Revolution den Geschäftsinteressen europäischer und amerikanischer Unternehmungen zunehmend widersprach. Eine sich stürmisch entwickelnde Industrie brauchte den freien Lohnarbeiter, wie sie ebenso den kauffähigen Kunden brauchte. 1807 verbot England auf seinen westindischen Besitzungen den Sklavenhandel, ehe Europas auf dem Wiener Kongress versammelte Königshäuser 1815 ein Antisklavereiabkommen unterzeichneten. Die Menschenjagd war damit nicht beendet; ägyptische Sklavenhändler und Sudanaraber interessierte das Wiener Papier wenig, bis weit in die zweite Hälfte des 19. Jahrhunderts wurden Afrikaner versklavt. Noch heute existieren in manchen Regionen Afrikas Formen der Sklaverei.

Europa nutzte den einmal proklamierten Kampf für die Menschenrechte, um unter dem Deckmantel der Humanität den afrikanischen Kontinent als Kolonialterritorium zu erobern. Wie einst Spanier und Portugiesen Mittelamerika mit Feuer und Schwert christianisierten, »befreite« Europa mit Kanonen und Gewehren Afrika von der Sklaverei.

In Murzuk werden Sklaven nicht öffentlich versteigert, nicht auf dem Marktplatz, sondern in den geschlossenen Höfen und Häusern der Menschenhändler, als wäre es ein Geschäft unter Brüdern, mehr eine Schenkung. In einem dieser Häuser behandelt Rohlfs, der sich, weil er eine Geldsendung und Briefe aus Tripolis erwartet, auf einen längeren Aufenthalt eingerichtet und den Honoratioren der Stadt seine medizinischen Dienste angeboten hat, einen Mann, der durch den Menschenhandel reich geworden war. Von einer eher eingebildeten Krankheit genesen, schenkt der Patient seinem Arzt einen Sklaven. *Der unglückliche Kleine, ein Kind von 7 bis 8 Jahren, zum Skelett abgemagert und so entkräftet, dass er kaum noch aufrecht gehen konnte, kroch auf allen Vieren zu mir heran, um seinem neuen Herrn die Hand zu küssen, und sein erstes Wort war: ›Ich bin hungrig!‹ Unter den furchtbarsten Strapazen, barfuß, beständig mit Hunger, Durst und Ermüdung kämpfend, hatte er den viermonatlichen Weg durch die Wüste vom Tschad-See nach Fèssan zurücklegen müssen. Seine Erinnerung schien infolge der namenlosen Leiden völlig geschwunden, er wußte nichts von seiner Herkunft und Vergangenheit zu sagen … Ich war erst unschlüssig, ob ich ihn bei mir behalten und auf meinen beschwerlichen Reisen mitnehmen sollte, aber der Gedanke, dass ohne Pflege das arme, schon so von Kräften gekommene Kind unfehlbar dem Tode verfallen wäre, überwog schließlich alle Bedenken. Da es eben um die Weihnachtszeit war, gab ich ihm den Namen Noël (Französisch: Weihnachten). Nun wurde er von meinen Leuten gründlich gesäubert, ich kaufte ihm Kleider, sorgte für angemessene Ernährung, namentlich mit Fleischkost, und nach kurzer Zeit sah ich zu meiner Freude seine verlorenen Kräfte vollständig wiederkehren. Der kleine Noël ist mir während mehrerer Jahre ein treuer, aufopfernder Begleiter gewesen.*

Rohlfs war nicht der erste und nicht der letzte Reisende, der aus Afrika einen Farbigen nach Europa brachte. Hermann Fürst von Pückler-Muskau, ein Mann, der sich um gesellschaftliche Konventionen nicht kümmerte, brachte aus Ägypten die ebenso schöne wie geheimnisvolle Mahbuba in das kalte Deutschland und in seine Ehe mit. Rohlfs hatte nicht vor, dem Kind die volle Freiheit zurückzugeben, wie er auch nicht beabsichtigte, Noël in seine noch zu gründende Familie aufzunehmen. Er brachte dem »Geschenk« etwas Lesen und Schreiben sowie die Geschichte der preußischen Könige bei, um es nach seiner Rückkehr nach Deutschland dem Königshaus zu schenken. So fiel Noël unter die Neugier der feinen Berliner Gesellschaft und wurde auf den Vergnügungen der Stadt als exotische Attraktion herumgereicht, stets korrekt gekleidet, breiter Binder auf weißem Hemd, faltenlose Jacke, enganliegendes Beinkleid.

Noël wurde als »Mohr von Berlin« stadtbekannt. Das preußisch herbe Klima aber bekam dem Afrikaner nicht, seine Leistungen in der Realschule, in welche die Königsfamilie den Jungen gesteckt hatte, um ihm die Grammatik der abendländischen Zivilisation einzubleuen, wurden stetig schwächer, wie auch sein Gesundheitszustand schlechter wurde. 1873 brach Noël mit einer Lungenentzündung zusammen und musste zur Genesung aufs Land geschickt werden, ehe ihn Rohlfs zurück auf den afrikanischen Kontinent mitnahm, nach Kairo. In Ägypten besserte sich der

Gesundheitszustand, sein Glück dagegen konnte Noël auch hier nicht finden. Tabakhändler wollte er werden und wurde Rekrut der ägyptischen Armee, gar Offiziersschüler, ehe er mit sich und einer Welt nicht mehr zurechtkam, in die er nicht hineingeboren worden war. Pastor Trautevetter, den Noël in Kairo als Vormund zu respektieren hatte, schrieb an Rohlfs. »Ich glaube, Sie werden keinen Neger wieder aus Afrika mitbringen … Europa wirkt nicht gut auf ein schwarzes Gehirn.« Rohlfs war wohl gleichermaßen beruhigt und erleichtert darüber, dass er sich über Noëls weiteres Geschick keine Gedanken machen mußte, das war jetzt Sache Preußens und wurde in Berlin entschieden. Dem deutschen Konsulat in Kairo übergab ein Dr. Rottmann folgendes medizinisches Gutachten: »Heinrich Noël, der sich mir seit zwei Monaten wiederholt vorgestellt hat und sagte, dass er krank sei, befindet sich körperlich in gutem Gesundheitszustand, aber in seinen Antworten zeigt sich eine Geisteskrankheit, die hauptsächlich auf der Wahnvorstellung und Angst beruht, verfolgt und bedroht zu werden. Von Personen, die ihm bis jetzt nur Gutes erwiesen haben, behauptet er, sie bedrohten sein Leben und hätten ihm bereits Gift eingegeben … in letzter Zeit hat sich sein Zustand verschlimmert. Heinrich Noël schlug Lärm in fremden Häusern und musste, da es in Ägypten keine Heilanstalt gibt, in einem Krankenhaus untergebracht werden. Die Überführung in eine europäische Heilanstalt erscheint dringend erforderlich.«

Der Kaiser in Berlin entschied; 1879 brachten zwei Krankenschwestern den jungen Afrikaner nach Italien, in die Nervenanstalt von Ancona, wo aus Heinrich Noël Enrico Noël wurde. Die Kosten für Kost, Logis und die notwendige medizinische Betreuung wurden vom deutschen Kaiser ebenso pünktlich wie regelmäßig überwiesen. Noël lernte die italienische Sprache genauso mühelos, wie er zuvor die deutsche, englische und arabische Sprache gelernt hatte, doch wurde ihm die Welt dadurch nicht klarer, die Grenzen um ihn herum wuchsen nur enger zusammen. Einmal noch erkundigte sich Rohlfs nach Noël und erhielt aus Ancona wenig erfreuliche Nachricht. Seine Beziehung zu dem Sklaven aus Murzuk endete in der Bemerkung: *Quelle triste existence! – Welch ein trauriges Dasein!*

Nachdem 1918 Kaiser Wilhelm II. abdanken musste, übernahm die Regierung der Weimarer Republik den finanziellen Unterhalt des dunkelhäutigen Patienten der italienischen Nervenheilanstalt bis zum 16. Februar 1931, als Noël um drei Uhr früh an einer Lungenentzündung starb. Im Sterbebuch von Ascona steht eingeschrieben: »Vater und Mutter unbekannt, geboren im Lande Abessinien, Beruf: deutscher Soldat.« Die Mailänder Zeitung »Corriere della Sera« veröffentlichte einen knappen Nachruf – »La Morte del Moro di Ancona« – der Tod des Mohren von Ancona – und erzählte die anrührende Geschichte eines Sklaven, den vor langer Zeit ein deutscher Afrikareisender zum christlichen Weihnachtsfest 1865 in Murzuk geschenkt bekam.

Rohlfs sitzt in Murzuk fest, wartet noch immer auf Nachschub, streift durch die Stadt und probiert das Kraut Tekruri, die Cannabispflanze, im Hause von Mohammed Besserki, des Enkels des Sultans von Fesan. *Mein Bewusstsein ist vollkommen klar. Ich nehme zwei Theelöffel voll Haschischkraut, welches in einer Kaffeeröste etwas gedörrt, dann pulverisirt und mit Zuckerstaub gemischt worden war. Mein Puls war im Moment des Nehmens 90 (wie immer).* Er wartet auf den Rausch, hat ein Notizheft aufgeschlagen vor sich liegen, den Bleistift griffbereit und will die erwartete Bewusstseinsveränderung akribisch genau protokollieren. Die Wirkung werde erst nach dem Essen einsetzen, sagt der Gastgeber, und Sklaven stellen mehrere Schüsseln auf den Boden, Kamelfleisch mit roten Rüben, Kamelfrikadellen, gebackene Rüben, Bohnensalat; Salat aus Zwiebeln, Tomaten, Knoblauch und Radieschen, Brot, Butter und Käse. Man trinkt Kaffee. *7 Uhr 10 Minuten. Mein Puls hat nur 70; ich friere, obgleich eine Pfanne mit Kohlen vor mir steht.* Datteln verstärken die Wirkung, weiß Besserki, Rohlfs isst zwei. *7 Uhr 20 Minuten. Mein Puls 120 oder mehr. Bin ich in einem Schiffe? Die Stube schaukelt, mein Bewusstsein ist indess vollkommen frei …* und ist doch schon davongeflogen. Er kann den Puls nicht mehr messen, der Herzschlag dröhnt in seinem Kopf, er fühlt sich schwebend und weiß doch, dass er in den Kissen liegt. *8 Uhr. Mein Blut schlägt Wellen, und einzelne Theile fallen von meinem Körper, obgleich ich mich dumm niederschreibe … Ich liege jetzt (8 Uhr 30 Minuten), mein Wille ist ganz weg und in mir grosser Sturm. Das Licht brennt seit Stunden und ich kann es nicht ausblasen, aber ich schreibe, und da ich denke, so bin ich doch wohl nicht gelähmt. Bin ich wirklich hier? Mein Hinterkopf ist sehr angefüllt. Ich bin ungemein leicht, und wenn ich nicht schriebe, würde ich in der Luft schweben.*

Am folgenden Morgen erwacht er aus einem Rausch, verspürt keinerlei Nachwirkungen. Trotzdem verzichtet Rohlfs nach der ersten Erfahrung mit dem Kraut Tekruri auf weitere Experimente; er ist nicht der Mann, der sich freiwillig aus der Hand gibt. Und doch wird ihm wie den anderen Europäern, die auf den afrikanischen Kontinent kommen, die Einnahme unterschiedlichster Opiate zur Normalität, zur Alltäglichkeit, die aus der »Entdeckungsgeschichte« Afrikas nicht wegzudenken ist.

Laudanum, Bestandteil jeder Reiseapotheke, wurde in Europa als äußerst wirksames Schlafmittel gehandelt und wie andere Opiate selbst auf Bauernmärkten angeboten. Von den Langzeitwirkungen der Drogen hatte niemand Kenntnis, wie auch niemand von einer Gefahr hätte sprechen wollen, in eine zerstörerische Drogenabhängigkeit zu geraten. Europäer reisten »unter Drogen« durch Afrika, nicht alle, doch die Mehrzahl, nicht alle Tage, aber auch nicht selten, denn unter fiebrigen Durchfallerkrankungen litten sie alle. Da machte die Reiseroute keinen Unterschied, das Fieber war in der Großen Wüste ebenso heimisch wie in den Sümpfen oder den Urwäldern der Äquatorregion. Und mancher Reisende, der von allen Krankheiten verschont blieb, verfiel Depressionen, der »Melancholie«. In den Reisejournalen war darüber nichts zu lesen oder nur als marginale Bemerkung, gelegentlich, wie in dieser Notiz zweier Briten. »Die gewaltigen Hindernisse und beständigen Entbehrungen schwächen nicht nur seinen Körper, sondern nach einigen Monaten Marschieren führen sie auch zu einem Zustand der Reizbarkeit und zu einer nervösen Erregung, die eng mit Geistesgestörtheit verwandt ist. Bald tritt eine außergewöhnliche Veränderung im individuellen Charakter zutage. Die übermäßige Heftigkeit der Gesten, das Überstürzen jeder Handlung, die Abruptheit beim Erteilen von Befehlen, grundlose Befürchtungen und ein Wunsch, eiligst vorwärts zu kommen, so als werde man von einem Phantom verfolgt, all das sind Anzeichen der Veränderung, zu der es kommt, und es sind Symptome der Krankheit, die man als afrikanischen Spleen bezeichnet.«

Gegen den »afrikanischen Spleen« führten Expeditionen in ihren Vorratskisten alkoholische Getränke mit, Cognac, Rum, Champagner, schwere Weine, Bordeaux vor allem. Ein Grund zum Feiern ließ sich schnell finden. Rohlfs feiert Weihnachten 1874 in der Libyschen Wüste. *Trotz des Weihnachtstages lagerten wir erst nach Sonnenuntergang, aber dann wurde dieses deutsche Fest auch würdig begangen. Unsere deutschen Diener bekamen jeder ein Geldgeschenk und eine Flasche Wein und wir selbst feierten den Tag mit deutschem Rebensaft vom Rhein bei unserem gemeinsamen Mahle. Es wurden Gedichte vorgelesen, wir toasteten auf das Wohl unserer Frauen, unserer Freunde daheim und blieben ungeachtet wir einen anstrengenden Marsch hinter uns hatten, bis spät in die Nacht zusammen.* Die Männer brauchen nicht lange, bis die Flasche Cognac, die Rohlfs aus seiner persönlichen Reservekiste spendiert hatte, leer getrunken war. Alkohol, dies die vorherrschende Meinung, fördere ebenso die Gesundheit wie die Moral jedes Einzelnen und die Disziplin der Expeditionsteilnehmer, zudem lockere er die Verhandlungen zwischen Europäern und afrikanischen Gesprächspartnern vorteilhaft auf. Rohlfs hat auch das immer wieder erfahren.

Die zu medizinischen Zwecken injizierten oder getrunkenen Opiate hielten die Europäer weitestgehend unter Verschluss, mit ihren Alkoholika dagegen gingen sie eher freizügig um. Ihre Gastfreundlichkeit wurde von den Stammesfürsten mit Palmenwein erwidert, gelegentlich mit Haschisch. Davon hatte Rohlfs nunmehr genug und blieb beim Palmenwein.

Die Tage dehnen sich, und Hammed Tandjani, den er beauftragt hatte, den Nachschub aus Tripolis zu organisieren, ist noch immer nicht zurück. Was Rohlfs aus Murzuk berichtenswert erschien, hat er notiert, zudem einige Brocken Kanuri gelernt, die Umgangssprache im Fèssan. Barth hat dem Jüngeren ein von ihm zusammengetragenes Wörterbuch Deutsch–Kanuri mitgegeben, das die wichtigsten Vokabeln enthält, die auch im Sultanat Bornu, Rohlfs' nächstem Etappenziel, verstanden werden.

Anfang Januar 1866 plant Rohlfs eine zweitägige Reise nach

Traghen, dem ehemaligen Sultanssitz der Region. Er hat Zelte außerhalb der Stadtmauern aufschlagen lassen, doch die Nachttemperatur fällt auf minus fünf Grad, und die Wasserschläuche vereisen. Die Männer, die ihn begleiten sollen, frieren und kehren nach Murzuk zurück. Im Februar hofft er, eine Karawane nach Ghat und weiter südwestwärts nach Timbuktu zu finden, der er sich anschließen kann. Er findet keine und muss erfahren, was auch andere Expeditionen immer wieder erfahren haben, britische, belgische oder französische: Afrika ist nicht der geopolitisch und wirtschaftlich »weiße Fleck« ohne historisch gewachsene Strukturen, in dem sich Europäer nach Belieben hätten hin und her bewegen können.

Alle Wege der Europäer durch die Wüsten, die Savannenzonen und Dschungelregionen des Kontinents erwiesen sich als eine Mischung aus Fortbewegung und Stillstand, jedenfalls im 19. Jahrhundert. Und was den Lesern in den Berichten der Reisenden als schwierige Routen durch bislang unbekanntes Gelände offeriert wurde, sind in Wahrheit Afrikas Straßen, mehr oder weniger schiffbare Flüsse und Handelswege, sind die Jagdpfade der Einheimischen oder Salzrouten. Einzig der Zustand dieser Wege entschied das Tempo, in welchem der Afrikareisende vorankam, und das Ziel, das er erreichte. Von regionalen Gewohnheiten und Regeln hing es ab, ob das tatsächlich erreichte Ziel mit dem von den Reisenden geplanten auch identisch war.

Geld und gute Worte bietet Rohlfs, um im Schutze einer Karawane nach Ghat zu ziehen, doch niemand in Murzuk will sich dazu überreden lassen. Nach Ghat und weiter nach Timbuktu werden Karawanen erst im September zusammengestellt. Das war immer so, und einen die Krawanenführer überzeugenden Grund, von ihren Erfahrungen abzuweichen, hat der Europäer nicht zu bieten. Timbuktu rückt erneut in eine unerreichbare Ferne.

In Murzuk hat er lange genug herumgesessen, er glaubt den Stillstand nicht mehr ertragen zu können. Später, in den Reiseberichten, stellt er die Verhältnisse auf den Kopf, stilisiert sich eher zum Akteur der Reisen, der sich in Raum und Zeit nach eigenem Willen und auf ein Ziel zu bewegte, der die Karawanen einzig als Mittel nutzte, das einmal gesteckte Ziel zu erreichen. Die Wirklichkeit sah anders aus und blieb dem unaufmerksamen Leser hinter dem Mythos vom unerschrockenen Afrikaforscher verborgen. Nicht nur Rohlfs' Reisebücher, die gesamte Reiseliteratur seines Jahrhundert bediente diesen Mythos. Joseph Thomson, der im Auftrage der Königlich Britischen Geographischen Gesellschaft von 1878 bis 1880 Zentralafrika bereiste, beschrieb seinen von einem Stammesfürsten erzwungenen tagelangen Aufenthalt als eine zwar ärgerliche, letztlich aber ethische Notwendigkeit, der sich ein Mann von Zivilisation nicht entziehen könne. »Da ein echter weißer Mann noch niemals Mahenge besucht hatte, so müsste ich einige Tage verweilen, um seinen Unterthanen Gelegenheit zu bieten, mich zu beschauen und mein Äußeres und meine Sitten zu beobachten. Dagegen leistete ich energischen Widerspruch. Da ich aber ein Bahnbrecher der Civilisation war und den Segen einer reicheren Kleidung und häufigeren Waschens veranschaulichen sollte, so war ich gezwungen, mich in das Unvermeidliche zu fügen und hier zu verweilen.«

Es war ein vergoldeter Käfig, in dem manch abendländischer Reisende so lange gehalten wurde, bis das Interesse an seinen fremdartigen Gewohnheiten erlosch. Das Land war in verschiedenartige Herrschaftsbereiche aufgeteilt, und jede Expedition bewegte sich durch komplex strukturierte Machtverhältnisse, die es zu akzeptieren galt, wollten die Unternehmungen sicher vorwärts kommen. Gastfreundlich waren die Herrscher, die Könige oder Sultane, die Stammesfürsten und selbst die Dorfältesten, Quartiere und Speisen wurden den Europäern angeboten, Frauen, manches Mal die eigene Tochter, um den Gast zu halten. Alle Geschenke aber hatten ihren Preis, erwarteten doch die jeweiligen Herrscher ein ihrer gesellschaftlichen Stellung angemessenes Gegengeschenk.

Ehe noch Rohlfs Murzuk erreichte, hatte er dem türkischen Statthalter Halim Bei seine Ankunft avisieren müssen, der wiederum dem Ankömmling durch einen Kurier schriftlich mitteilte, dass er ihm den Einzug in die Stadt gestatte und ihm *einen geziemenden Empfang* bereiten werde. *Mir war jedoch an einem feierlichen Empfang durchaus nichts gelegen, denn einmal hatte der dreißigtägige Wüstenmarsch meinen Anzug in eine so defekte Ver-*

fassung gesetzt, dass ich eine sehr wenig glänzende Figur dabei gespielt haben würde, und zweitens scheute ich die bedeutenden Ausgaben, welche dem offiziell Einziehenden unvermeidlich erwachsen, indem er jeden irgendwie am Empfang Teilnehmenden reichlich mit Bakschisch bedenken muß. Der kostspielige Empfang war damit nur aufgeschoben, nicht aufgehoben. Halim Bei stellte ihm für die Dauer des Aufenthaltes ein Haus zur Verfügung, dessen Erdgeschoß und Hof den Dienern vorbehalten blieben, während Rohlfs sich im oberen Stockwerk einrichtete. Oft saß er dann auf der Veranda des Hauses und hielt Ausschau nach Hammed, dessen Ankunft er sehnsüchtig erwartete. Fünfzehnhundert Taler, die Petermann in Gotha aufgetrieben hatte, sollte der Diener aus Tripolis mitbringen und ein Reisestipendium der Londoner Geographischen Gesellschaft in Höhe von hundert Pfund Sterling. Doch vielleicht hatte Hammed Tandjani sich für das Geld und gegen seinen Herrn entschieden. Hatte Rohlfs nicht auf den Diener eingeschlagen, als er in Tripolis ein Geldstück vermisste?

Noch ehe der Diener eintrifft, spricht ihn ein Mann an, Mohammed el Gatroni, der schon Heinrich Barth begleitet hatte und seither in Fèsan lebt. Als er in seinem kleinen Dorf gehört habe, dass ein Europäer in Murzuk sei, sei er sofort mit seiner Familie und seinen Tieren, einer Ziege und einem Kamel, aufgebrochen, um über das Schicksal seines ehemaligen Reisegefährten, den er Abd el Kerims nannte, etwas in Erfahrung zu bringen. Rohlfs schlägt ihm vor, die Reisegruppe nach Kukawa, der Hauptstadt des Sultanats Bornu, zu begleiten, und Gatroni nimmt das Angebot sofort an, obwohl er seiner Frau geschworen hatte, niemals wieder auf weite Reisen zu gehen. Mit seiner Frau, seinem kleinen Sohn, mit seinem gesamten Hausrat und dem Vieh zieht Gatroni in das Erdgeschoß des Quartiers ein, bis Rohlfs' Reisegruppe zum Aufbruch bereit ist.

Einen geschickteren Organisator der Karawanentouren hätte Rohlfs nicht finden können, denn Gatroni konnte mit kräftiger Hand ebenso die Marschordnung der Tiere dirigieren, wie er stets die trefflichsten Lagerplätze fand. Von den Abläufen einer Karawanentour, dem notwendigen Wechsel zwischen Bewegung und Stillstand, verstand er mehr als andere.

Eine Karawane war durchschnittlich etwa drei bis fünf Stunden unterwegs und auch nicht jeden Tag. Die Anzahl der Reisetage schwankte stark, fünfzehn Tage im Monat galten als beachtlich. Zwanzig Kilometer betrug die normale Tagesleistung, nicht immer wurde sie erreicht. Viel Zeit war nötig, ehe sich die Karawane in Bewegung setzen konnte. Es mussten die Zelte abgebrochen und manchmal Deserteuren nachgejagt werden, mussten wortreiche Auseinandersetzungen über die Verteilung der Lasten durchgestanden, vielleicht Zölle oder Tribute bezahlt, nicht zuletzt musste die Karawane vernünftig zum Marsch aufgestellt werden. Und alles wiederholte sich, wenn die Karawane am Abend ihre Zelte wieder aufschlug.

Rohlfs ist froh, dass sich seine Mannschaft um Mohammed el Gatroni vergrößert, von dem Barth ebenso anerkennend wie begeistert gesprochen hatte. Mitte März galoppiert schließlich Hammed auf einem Reitkamel durch das Westtor in die Stadt und bringt Briefe mit sowie die erwartete Geldsendung. Nur wenig später treffen auch die bestellten Waren und frische Kamele ein. Nach fünf Monaten erzwungener Ruhe kann Rohlfs endlich seinen Aufbruch organisieren und vom türkischen Statthalter die Erlaubnis zur Weiterreise einholen.

In den Journalen, die Hammed Tandjani aus Tripolis mitbringt, ist Petermanns Nachruf auf Heinrich Barth abgedruckt, von dessen Tod Rohlfs schon im Februar von einem türkischen Kurier erfahren hatte. El Gatroni ist erschüttert, und Rohlfs muss ihm den Nachruf übersetzen. »Seine Forschungen über Geschichte, Politik und Sprachen erschlossen ein vollständig neues Gebiet und lieferten eine staunenswerte Masse wichtiger Daten. Dies alles leistete er unter den drückendsten Verhältnissen … Es ist wahrhaft zu bewundern, dass er neben diesen weit umfassenden ethnographischen und geographischen Forschungen Zeit zu der höchst mühevollen, vielleicht von keinem anderen Reisenden jemals mit ähnlicher Genauigkeit und Ausdauer durchgeführten Wegeaufnahme fand, die den festen Anhalt zur Zeichnung seiner Karten gab. Wenn man bedenkt, dass er oft alle fünf Minuten Uhr und Kompass ablas, die Schnelligkeit des Kamelschrittes in verschiedenen Tagesständen sorgfältig maß, diese auf Richtung und Länge der Wegstrecken bezüglichen Beobachtungen aufnotierte, außerdem alles am Wege Bemerkenswerte in seinem Tagebuch erwähnte, daneben die meist aus verschiedenen Nationalitäten zusammengesetzte Begleitung über Nahes und Fernes ausfragte und zur Erlernung der ihm vorher völlig fremden mannigfaltigen Sprachen benutzte, dieses alles aber gegen sechs Jahre hindurch ..., so muss man ebenso sehr seine Arbeitskraft und Energie bewundern, wie man es begreifen wird, dass ein solches Werk auf lange Zeit hinaus das fundamentale, eigentliche Quellenwerk sein und alles Vorausgegangene unendlich weit hinter sich zurücklassen muss. Barth war unbedingt die erste Autorität über das nördliche Zentralafrika, und seine Reisen daselbst lassen sich in Hinsicht auf die Fülle des Neuerforschten und der fruchtbaren Anregung zu weiteren Reisen und Untersuchungen nur mit denen Cooks nach der Südsee und Alexander von Humboldts nach Amerika vergleichen.«

Rohlfs wird Gatroni von seiner Begegnung mit Barth erzählt haben und dass er ihn als den Nestor der deutschen Afrikaforschung hoch schätze und stets in seiner Erinnerung bewahren werde. Von dem Gerücht, das durch Berlin lief, Barth sei einer Selbstvergiftung erlegen, erzählt er nichts. Und diesem Gerücht entgegenzutreten, so hatte es Rohlfs in einem Brief aus Vegesack gelesen, habe die Familie des Verstorbenen auf eine Sektion des Leichnams bestanden und mit Erleichterung vernommen, dass der Pathologe Rudolf Virchow einen durchbrochenen Magen als Todesursache fand, jedoch kein Gift.

Da nach Timbuktu keine Karawane abgeht, verlässt Rohlfs Murzuk am 25. März 1866 in der festen Absicht, dem Ratschlag Heinrich Barths zu folgen und das unbekannte Tibesti-Hochland zu durchqueren. Er schließt sich für einige Tagesreisen dem Tross des Tubuhäuptlings Maina Adem an, der ihm verspricht, in Al Qatrun, spätestens aber in der Oase Tajarhi, wo sich die Wege trennen werden, erfahrene Führer aufzutreiben, die Rohlfs in das Gebirgsland begleiten würden. Maina Adem aber hat in Wirklichkeit andere Pläne und nutzt Rohlfs' Mannschaft einzig zur Verstärkung der eigenen Sicherheit gegen Räuberbanden. Um der Verstärkung über Tajarhi hinaus nicht zu entbehren, streut er das Gerücht, der Europäer sei ein türkischer Spion, der das Land erkunde. Das Gerücht verfehlt nicht seine Wirkung, und weder in Al Qatrun noch in Tajarhi kann Rohlfs Männer auftreiben, die ihn durch das Bergland hätten führen wollen. Vier Jahre später wird Gustav Nachtigal das bis zu 3400 Meter aufragende Gebirgsland der Tubu bereisen, Rohlfs aber bleibt gefangen auf dem großen Karawanenweg nach Süden, dessen reiche Vegetation ihn überrascht. In seinem Notizbuch schreibt er die Überzeugung nieder, dass die Wüste auf dem Rückzug sei. *Sieht man, wie die Verbreitung der Pflanzen von Süden nach Norden im steten Fortschreiten begriffen ist, so hat es durchaus nichts Unwahrscheinliches, dass auch der Sandboden der Sahara sich einst in Humus umwandeln und mit Wäldern bedecken wird.*

Schon einen Tag später ist alles Grün verschwunden, beherrscht ein leuchtendes Gelb die Szenerie. Die Sonne heizte den Sand auf, und »Mursuk«, der weiße Spitz, verbrennt sich die Pfoten. Die Karawane kommt nur noch in den Nachtstunden voran. Um in der Hitze des Tages ihre Kräfte zu schonen, lagern die Männer im Schatten der Kamele. Anderes gibt es hier nicht; eine weiß glänzende, in der flirrenden Luft tanzende Sonnenscheibe, Kamele als Schattenspender, von der Hitze erschöpfte Männer und Sand, immer wieder nur Sand.

Chaos und Ordnung

Noch der leiseste Windhauch bringt Ordnung in die Wüste. Bleibt er aus, hebt warme, aufsteigende Luft kleinste Partikel auf und lässt sie über den Boden schweben, Staub und Sandkörner, nicht größer als 0,06 Millimeter; wie Rauchfahnen wehen sie über die Dünengrate hinaus. Wird aus dem Lufthauch ein sanfter Wind, reißt er die mittelschweren Sandkörner hoch. Von der Schwerkraft immer wieder eingefangen, springen sie wie winzige Bälle ungeordnet über den Boden, treffen andere, gleich große Körner, die sie aus deren Lage herauskatapultieren. Schwerere Brocken dagegen, ein Sandkorn ist nicht größer als zwei Millimeter, kriechen vom Wind getrieben über den Boden, ständig dem Beschuss durch die mittelschweren ausgesetzt.

Mehr braucht es nicht, um aus einer Sandebene eine Sandwüste zu schaffen, jenes vollendete System einfacher topographischer Strukturen aus Sand, Wind und dem Zufall. Im Windschatten zufälliger Unebenheiten des Bodens bleiben einige größere Sandkörner liegen, an denen sich nachdrängende aufstauen, und eine Rippel entsteht, quer zur Windrichtung. Alles ist ein Wechselspiel nach dem Regelwerk physikalischer Gesetzmäßigkeiten, eine Abhängigkeit zwischen Gravitationskraft, Windstärke und dem Gewicht einzelner Körner. Prallen mittelschwere auf eine Rippel, werden sie auf einer Parabelbahn über das Hindernis hinausgeschleudert. Immer gleich große, gleich gewichtige Sandkörner landen in derselben Entfernung, schaffen ein neues Hindernis, eine neue Rippel, die Wiege der nächsten. Die Energie des Windes erzeugt ein System schier endloser Rippel mit immer gleicher Höhe und in immer gleichem Abstand zueinander. Aus dem Chaos Sand, dem Verwitterungsprodukt allen Gesteins, entsteht eine sich selbst organisierende Ordnung, die den Bocksprüngen der vom Wind hochgerissenen, mittelschweren Körnchen alle Freiheit nimmt. Als würden sie gewogen, werden die Sandkörner vom Wind zu einzelnen Rippeln aussortiert, den Aufschlagspunkten gleichgewichtiger Körner. Manche kriechen auf der dem Wind zugewandten Rippelflanke über den Kamm des Hindernisses hinaus, um sich im Windschatten wieder abzulagern, die Rippeln beginnen zu wandern, gleichmäßig und ohne dass sich der Abstand zwischen ihnen ändern würde.

Abhängig von der vorhandenen Menge Sand und von der Windstärke wachsen die Rippel zu zehn, zwanzig Meter hohen Dünen an, auf deren Flanken sich die Rippelbildung wiederholt. Eine Düne entsteht aus einer Rippelmarke; aus mehreren Dünen entsteht das Dünengebirge, entstehen Berge und Täler aus Sand. Ein perfektes System der Selbstorganisation, Tausende Quadratkilometer groß, deren Topographie einzig von der Stärke und der wechselnden Richtung des Windes abhängt.

Die vorherrschenden Winde aus dem Norden treiben die Dünen südwärts, Jahrtausende hindurch, bis sie an ein Hochplateau oder an eine Gebirgskette kommen. Auf ihrem Weg nach Süden ändern sie ihr Aussehen und wachsen in die Höhe. Im Norden eher wellenförmig, durchschnittlich fünfzig Meter hoch, können sie im Süden 150 oder 200 Meter erreichen, manchmal höher wachsen, über 300 Meter. Dann haben sie alle Sanftheit abgelegt und türmen sich zu Spitzen auf, mit scharfen Graten, deren Flanken im stets gleichen Winkel von 31 Grad abfallen.

Dünen archivieren die Luftströmungen, die sie haben entstehen lassen; Sandmeere sind äolische Landschaften, in denen die vorherrschenden Winde durch die Zeiten festgeschrieben sind. Mit konstanten Luftströmungen entstehen entlang der Windrichtung wellenförmige Dünenberge und Dünentäler. Manche Dünenzüge wachsen auf eine Länge von einhundert Kilometer an und können vier, fünf Kilometer breit werden. Kommt der Wind plötzlich aus der entgegengesetzten Richtung, modelliert er den Dünenkamm schlangenförmig; häufig wechselnde Winde formen gewölbte Dünenrücken zu Sterndünen um. Welches Gesicht die zusammengewehten Dünen auch zeigen, keine gleicht der anderen, und jede einzelne ist ihr eigenes Idealbild.

Umfließt der Wind eine Düne, kann er an deren Rändern den Sand schneller abtransportieren als in ihrer Mitte, die Düne läuft zu einer Sichelform aus, ein Barchan entsteht, eine der markantesten Windschöpfungen. Die Sichelenden solcher Halbmonddünen können bis zu einem Kilometer lang werden. Langsam kriecht der Barchan über den Boden und schichtet dabei den in ihm gelagerten Sand wie in einer Walze um. Auf seiner Luvseite treibt der Wind den Sand die Düne empor, bis er über den Kamm in den Windschatten stürzt. Immer steiler baut sich die Innenflanke der Sichel auf, bis das Sandgefüge lawinenartig herunterrutscht und der ideale Neigungswinkel von 31 Grad wiederhergestellt ist. Mit der Windrichtung wälzt sich der Barchan vorwärts; irgendwann, wenn die Sicheldüne über den auf ihrer Leeseite herabrutschenden Sand hinweggezogen ist, werden die Sandkörner vom Wind abermals die Luvseite hinaufgetrieben, um erneut den Kamm hinaus in die Tiefe zu stürzen. Ein nicht endender Kreislauf; jährlich wandern Sicheldünen bis zu fünfzig Meter, durchschnittlich eher zehn.

Als Rohlfs durch die Libysche Wüste zog und sein Hauptquartier in der Dakhla-Oase einrichtete, sah er einen im Sand versunkenen Tempel. Heute ist der Sand aus den Ruinen der vom römischem Kaiser Titus errichteten Anlage längst hinausgeweht, der Barchan liegt rund einen Kilometer weiter entfernt.

Ist der Wind unruhig, springt er mit den wechselnden Jahreszeiten hin und her, modelliert er Seifdünen, eine lange Kette einzelner Dünen, deren jeweilige Kammlinien zu einem markanten, scharfen Grat zusammengewachsen sind, der sich in weiten Bögen hebt und senkt. Mit wechselnder Windrichtung kehrt sich auch der Grat solcher Seifdünen um, deren Bögen sich stets im Windschatten öffnen. Das Hin und Her über Jahrzehnte, Jahrhunderte formt die Seifdünen zu harmonisch geflochtenen langen Zöpfen aus Sand.

Aller Sand der Wüste wird zu weiträumigen Dünenarealen zusammengeweht, und was aus dem Zusammenspiel von Wind und Sandkörnern entsteht, ist einem steten Wandel unterworfen. Vielleicht eine Fußspur, eine Kamelfährte, schon die Spur eines Skorpions, in die der Wind sich festsetzt, formt die vorhandene Ordnung neu. Sandwüsten sind nie ohne Bewegung und den Weltmeeren vergleichbar. Zur Beschreibung der Dünenlandschaften und damit zur Erklärung ihrer Entstehung ist dieser Vergleich oft herangezogen worden. Auch Gerhard Rohlfs dachte sich die Große Wüste als den Grund eines ausgetrockneten Ozeans, als dessen letzte Pfützen er die Sümpfe und Salzseen am Saharanordrand annahm. *Es ist also anzunehmen, dass der Sand der Sahara ein Product des Meeres ist, und es ist das jedenfalls die natürlichste und ungekünstelte Erklärung. Das Meer zersetzt nicht nur in unserer Zeit noch fortwährend Felsmassen zu Sand, sondern entledigt sich desselben auch an vielen Orten, so an der Ostseeküste von Preussen, an der tripolitanischen Küste, an der atlantischen Küste von ganz Nordwestafrika u. s. w. … all diese Sandmassen sind durch Wasserfluthen hier aufgehäuft, nicht durch den Wind.* Mehrmals war die Sahara teilweise vom Meerwasser überflutet, doch ihre geologische Entwicklung ist komplizierter als im 19. Jahrhundert angenommen, sie ist ein Zusammenspiel unterschiedlichster Faktoren im Ablauf der wechselvollen Erdgeschichte.

Ramla ist der Sand, Erg ein Sandmeer, Gassi sind die Täler zwischen den Dünenzügen, eine Kieswüste heißt Serir oder Reg, die Steinwüste Hamada, Kef ist der Steilabfall eines Hochplateaus oder des Gebirges, Wadi ein ausgetrocknetes Flussbett.

Die Große Wüste fügt sich in kein Abbild, über neun Millionen Quadratkilometer groß liegt sie als eigenständiger Subkontinent auf dem afrikanischen Kontinent. Die Fläche der Vereinigten Staaten von Amerika ist nicht größer. In Nordsüdrichtung breitet sie sich zwischen dem 32. Grad und dem 17. Grad nördlicher Breite über 1665 Kilometer aus; in Ostwestrichtung, vom Roten Meer bis zum Atlantik, wird sie auf rund 5290 Kilometer vom nördlichen Wendekreis durchzogen. Wo die Sahara beginnt, wo sie aufhört, ist nicht exakt zu sagen, vielleicht nur mit der Schnoddrigkeit eines Mannes, dem eine genaue Routenbeschreibung eher lästig war. *An andern Orten habe ich nachgewiesen,* sagte Rohlfs, *dass die beste Grenze der ganzen Sahara durch ein kleines, aber sich oft sehr fühlbar machendes Thier gezogen ist – den Floh. Wo dieser aufhört, auch bei den Reisenden wie durch ein Wunder davon absteht sie zu begleiten, beginnt die Sahara, d. h. die Gegend der absolut trockenen Luft.*

Sand ist nicht alles, er macht nur rund zwanzig Prozent der Sahara aus, deren Physiognomie vor allem von Geröll- und Kieswüsten bestimmt wird, von gewaltigen Arealen der Monotonie, Hunderttausende Quadratkilometer groß. Die libyschen Ergs mit 880 000 Quadratkilometern sind größer als die Iberische Halbinsel.

Ebenso vollgewürfelt mit grobkörnigem Gesteinsschutt, ebenso tischeben liegen die Hochplateaus in der Sahara, die Hamadas. Das Hochplateau von Tademait ist mit schwarzen Steinen übersät, die Hamada el Hamra mit tonfarbenen. Höher als Hamadas stehen Gebirge in der Wüste, mehr als 3000 Meter wild aufragende, bizarre Felsformationen, das Tibestigebirge, das Hoggarmassiv oder der Djebel Haroudy. Einst strömten aus ihnen Flüsse herunter, deren heute ausgetrocknete, mit Sand und Staub angefüllte Flussbetten auf erdgeschichtliche Zeiträume verweisen, in denen die Wüste weniger Wüste und voll Leben war.

Die Sahara ist ein Landschaftsraum, in dem Wirklichkeit und Fiktion sich vermischen, Luftspiegelungen eine surreale Realität schaffen. Dann erweist sich der blaue, wellenbewegte See, den die Karawane zu erreichen hofft, doch nur als Abbild des Himmelblaus, gespiegelt an einer hitzeflirrenden, bodennahen Luftschicht. Manch fernes Gebirge schrumpft, je näher man ihm kommt, zum Kieselstein; mancher Kieselstein wächst zum Felsmassiv; manche am Horizont sichtbare Oase liegt in Wahrheit weit dahinter, wird einzig durch eine in mehreren hundert Metern Höhe liegende spiegelnde Luftschicht näher gerückt. Die Wüste ist ein Verwirrspiel, das nicht wenige verloren haben.

Unbarmherzig heizt die Sonne den Sand und alle Steine auf, Tag für Tag, die Temperaturen liegen am Boden bei 60 Grad, noch bis zu 52 Grad Celsius, wenn das Gestein im Schatten liegt. Nachts wird die Hitze in den Weltraum abgestrahlt, und der Boden erstarrt oft in Nachtfrösten. Nichts hält auf Dauer Temperaturschwankungen von maximal 68 Grad stand, und das ewige Hin und Her von Ausdehnung und Schrumpfung sprengt den Stein. Erst zeigen sich haarfeine Risse an der Gesteinsoberfläche, auskristallisierende Salze dringen ein, quellen auf, irgendwann zerspringt er mit lautem Knall. Mineralische Lösungen kriechen das Risskapillarsystem hoch, Eisen- und Manganhydroxide, deren feste Bestandteile sich Schicht um Schicht ablagern. Die chemische Erosion über Jahrzehnte und Jahrhunderte hinweg lässt metallische Gesteinsknollen in kristallglänzender Schichtenstruktur wachsen, den Wüstenlack. Selbst der Sand kann sich mit Wüstenlack überziehen, wenn fossiles Grundwasser hoch liegt und verdunstet. Manche Wüstenlackfelder sind meterdick, andere türmen sich zu Kleckerburgen auf.

Was die Sahara ist, ist sie aus dem Zusammenspiel aller Formen der mechanischen und chemischen Erosion; die Hitze des Tages und die Kälte der Nacht sprengen den Stein, Feuchtigkeit macht ihn zusätzlich anfällig für die Temperaturgegensätze, zerstört seine innere Struktur. Der Wind fegt ständig Sand und Staub gegen noch festes Gestein, schmirgelt es zu Sand und Staub herunter, und je mehr Sand vorhanden ist, umso kräftiger, umso effektiver arbeitet das Sandstrahlgebläse. Jahrmillionen arbeiten sich an der Nivellierung der Landschaftsformen ab, modellieren Hamadakanten, schleifen noch den widerstandsfähigsten Fels zu scharfen Graten ab. Längst erhält sich die Sahara aus sich selbst heraus; nichts vermag ihren Drang zur Vereinfachung aufzuhalten, und die Ordnung scheint im Chaos zu versinken, eine Landschaftsarchitektur zur Landschaftsruine zu verkommen, bis auch deren Trümmerstücke zerfallen sind.

Seit Abermillionen Jahren eine Wüste, wurde die Sahara immer wieder von erdgeschichtlich kurzen Entwicklungsphasen geprägt, in denen sie weniger Wüste war, wie vor etwa 6000 Jahren. Damals noch eine subtropische Steppenlandschaft und von Menschen bewohnt, waren es sich allmählich ändernde, äußere Faktoren, geophysikalische Kleinigkeiten, die das Weideland austrockneten. Ein leichtes Zittern der Erdachse brachte die regionale Verteilung der Sonneneinstrahlung durcheinander und damit das gesamte Wetter auf der Nordhalbkugel, der Sommermonsun und die Niederschläge wurden kraftloser. Wie rieselnder Sand in einer Sanduhr sich kegelförmig aufhäufelt, um endlich unter der Schwere eines einzigen Sandkorns zusammenzubrechen, so kippt auch die Natur aus einem Zustand in den anderen, schnell wie ein Wimpernschlag und kaum vorhersehbar, stets auf der Suche nach dem optimalen Gleichgewicht der Kräfte. Als die Sahara subtropische Weidefläche war, funktionierte der Kreislauf zwischen Vegetation und Atmosphäre, Wolkenbildung und Niederschlag. Als die Erde zitterte, geriet der Kreislauf ins Torkeln, wie ein müder Kreisel, den keine »Regenpeitsche« mehr antrieb. Dann kippte er um. Vor 5500 Jahren setzte ein abrupter Klimawandel ein, die Steppe verwüstete, und Menschen und Tiere konnten sich nur noch wenige Jahre den geänderten Lebensbedingungen anpassen, ehe sie vertrieben wurden. Historische Quellen belegen eine unaufhaltsame Verwüstung ehemals fruchtbarer Landschaften, mit stets zunehmender Beschleunigung.

In dieser Zeit führte das Alte Ägypten Krieg gegen seine westlichen Nachbarn, wie es ebenso einen lukrativen Handel mit ihnen trieb, Agrarprodukte gegen Sklaven und Gold eintauschte. In den Plateauabstürzen zur ägyptischen Oase Dakhla sind Petroglyphen in den Fels geritzt, Giraffen, Antilopen, Strauße, ein Löwe, Tiere aus der Feuchtphase vor 6000 Jahren, als Ägyptens Westwüste noch Savanne war. 1400 Jahre später wurde auf einer geglätteten Felswand ein Pharao gezeichnet, in roter Farbe und mit allen Insignien seiner Macht, der oberägyptischen Krone, dem Widdergehörn und einer Keule in der erhobenen Hand. Sein Name steht in den Fels geschlagen: Horus Medschedu, einer der Namen des Cheops, des Erbauers der größten aller Pyramiden, der sein hohes Amt um 2604 v. u. Z. antrat. Schriftzüge sind in den Fels gemeißelt und ein Datum, das »Jahr nach dem 13. Mal des Zählens der Rinder und des Kleinviehs von Unter- und Oberägypten des Horus Medschedu«, des Cheops, 2577 v. u. Zeit. »Aufseher der Rekruten-Schutztruppe Ii-Meri und Bebi kamen mit zwei Regimentern … um Pulver herzustellen aus den Pigmenten des Wüsten-Distrikts.« Cheops hatte Soldaten und Handwerker ausgeschickt, 400 Mann, um Material für die Verzierung seiner gigantischen Grab- und Tempelstätten abzubauen, tonnenweise Farbe und brauchbare Bausteine. Vielleicht war er der erste, gewiss nicht der letzte Pharao, der in Dakhla, rund 350 Kilometer westlich des Nils, eine Art Rohstoffbasis für eine prachtvolle Grabarchitektur betrieb. Bis in die Gegenwart ist die Umgebung der Oase für ihre eisenoxidhaltigen Buntsandsteine und Tonerden bekannt, und noch immer lassen sich zitronengelbe, dunkelbraune und fliederfarbene Bruchstücke der einst begehrten Materialien finden.

Als Cheops in Dakhla Rohstoffe für die Pyramiden abbaute, war den Saharavölkern das Kamel unbekannt, und noch vor 3000 Jahren zogen Elefantenherden durch das Tibesti, die Fèssan-Region und das Atlasgebirge und selbst durch die libyschen Ebenen, wie Herodot erzählt. Dies muss die Zeit gewesen sein, als das große Reich der Garamanten gegründet wurde, von dem Herodot ebenso berichtete. Doch schon in seinen Erzählungen war die fortschreitende Verwüstung überdeutlich. Im Lande der Garamanten gäbe es wenig Wasser, schrieb er, selten Flüsse, viele ausgetrocknete Brunnen, ausgesprochene Dürrezonen und große, unbewohnbare Landstriche. Es brauchte viele, gut gefüllte Wasserschläuche, wenn man das Reich mit dem Pferd bereisen wollte. Von Römern wissen wir, dass sie Nordafrika als Kornkammer annektierten, durch ihre exzellente Bewässerungstechnik hohe Erträge erwirtschafteten und die besetzten Gebiete dicht besiedelten. In El Djem, einer heute nur dünn besiedelten Region an der Peripherie der Tunesischen Wüste, bauten sie eines ihrer größten Amphitheater, und wozu hätte das Imperium Romanum auch in Nordafrika einen Limes errichten müssen, wenn es nicht Angriffe aus einem bewohnten Gebiet jenseits der Grenze erwartet hätte?

Arabische Quellen berichten von ausgedehnten Tamariskenhainen in einer Region, die heute zur Kernwüste zählt, dem nördlichen Vorland des Tibesti. Auch die Reiseberichte jener Männer, die Europas Bankhäuser und Handelsgesellschaften im 17. und 18. Jahrhundert als Kundschafter tief in die Sahara hineinschickten, vermitteln den Eindruck, dass die Wüste weniger arid, das Brunnennetz weit dichter geknüpft war, die Handelswege insbesondere in der südlichen Sahara deutlich stärker genutzt wurden. In alten Karten sind Wasserstellen eingezeichnet und kleinere, nur zeitweilig wasserführende Flüsse, die heute genauso wenig existieren wie manche Ortschaft, die von der Großen Wüste zurückerobert wurde.

Männer wie Gerhard Rohlfs oder Heinrich Barth haben das Ufer der Wüste, die Sahelzone, früher erreicht als Wüstengeher unserer Tage. Die zunehmende Selbstverwüstung der Sahara haben sie nicht wahrgenommen, konnten sie sich angesichts der Fruchtbarkeit vieler Oasen, der Fauna und Flora in manchen

Gebirgstälern auch nicht vorstellen. 150 Jahre nach Rohlfs und Barth sind diese Täler ebenso staubtrocken wie der Fels. Viele Geographen dieser Zeit dachten, wie Gerhard Rohlfs dachte. *Einst wird die Sahara verschwinden, das Verbreiten der Pflanzen vom Süden nach dem Norden ist im Zunehmen begriffen, der Boden wird dadurch nach und nach in Humus umgeschaffen werden, sich mit Wäldern bedecken, und die regelmässigen feuchten Niederschläge von Centralafrica werden weiter nach Norden zu rücken. Gehen auch noch tausende von Jahren darüber hin, einst wird die grosse Wüste keine Wüste, sondern Culturland sein. Der Mensch selbst, wenn die Nothwendigkeit eintritt, wird mithelfen, und dann wird die Sahara das sein, was sie nie gewesen, eine Grassteppe, eine mit Savannen bedeckte Ebene, oder ein Culturland.*

Meer ohne Wasser

Es-ssah-râ. Nach der Farbe des Sandes nennen arabische Beduinen die Große Wüste *Sahara* und sprechen vom »Meer ohne Wasser« – *bahr bela ma* –, das im Süden vom Ufer, der *Sahel,* begrenzt wird.

Solche Metapher ist die halbe Wahrheit, deren andere Hälfte als Grundwasserreservoir in mehreren Geosynklinalen unterhalb der großen afrikanischen Wüste liegt, ein schier unerschöpfliches Meer unter der aufgeheizten Oberfläche. Liegt die wasserführende Gesteinsschicht oberflächennah, kann man sich durch fünzig bis siebzig Meter zum Wasser hinuntergraben.

Ibn Khaldun, 1332 in Tunis geborener arabischer Chronist, beschrieb die Szene. »Man gräbt einen sehr tiefen Schacht, dessen Wände sorgfältig abgestützt werden, und man setzt diese Arbeit so lange fort, bis man eine Schicht aus sehr hartem Fels erreicht. Diese Schicht greift man mit Hacke und Haue an, um sie dünner zu machen. Dann steigen die Arbeiter aus dem Schacht heraus und schleudern ein Stück Eisen auf seinen Grund. Die Schicht bricht und gibt dem Wasser den Weg frei. Der Schacht füllt sich mit Wasser, das Wasser fließt über und bildet einen Bach auf dem Boden. Zuweilen steigt das Wasser mit derartiger Geschwindigkeit, dass ihm nichts entrinnen kann. Die Welt ist die Mutter der Wunder, und der allwissende Gott ist ihr Schöpfer.«

Über jene, die diese artesischen Brunnen gruben, schrieb Ibn Khaldun nichts. Es waren Sklaven, aus West- und Zentralafrika zur gnadenlosen Schufterei in die Sahara getrieben, die Brunnen und die Foggaras anlegten. In den algerischen Oasengürteln des Tidikelt und Touat durchziehen künstliche Hügelketten die Wüste, 3000 Kilometer lang, an einer Perlenschnur aufgereihte Schächte inmitten aufgeworfener Berge aus Sand. Die einzelnen Schächte sind durch einen Stollen verbunden, in dem sich das Wasser sammelte wie in einem Drainagerohr. Der Bau dieser Foggaras und deren ständige Instandhaltung wurden abgebrochen, als die Kolonialmacht Frankreich Mitte des 19. Jahrhunderts die

Sklavenhaltung verbot. Einige Zeit noch lieferten die Foggaras Wasser, dann trockneten sie aus, und der Wind fegte Sand in die Tiefe. Darum kümmerte sich nun niemand mehr. Dafür erbohrte die Kolonialmacht mit schwerem Gerät mehrere artesische Brunnen in Gegenden, in denen sich zuvor einheimische Brunnenbauer ergebnislos abgearbeitet hatten. Europas Ingenieure hatten das »Meer ohne Wasser« im Griff, jedenfalls glaubten sie es, alles schien ihnen machbar.

Um 1870 diskutierten Ingenieure das Projekt, Libyens Wüstengebiete unter Wasser zu setzen, *falls man die Dämme durchstechen wollte, welche jetzt das Mittelländische Meer von dieser grossen Niederung trennen, und am leichtesten könnte dies von der grossen Syrte aus geschehen,* schrieb Gerhard Rohlfs. *Man denke sich Cyrenaica als Insel oder nur durch einen schmalen Isthmus mit Aegypten zusammenhängend, im Süden ein Meer welches die grössten Schiffe bis Fesan, vielleicht bis Uadjanga würde bringen können. Welche Umwälzung! Damit würde Innerafrika erschlossen sein, Innerafrika, welches an Naturprodukten weder hinter Indien noch den fruchtbarsten Provinzen von Amerika zurücksteht.* Solcherart euphorisch urteilte Rohlfs, eher skeptisch reagierte sein Geodät Wilhelm Jordan. »Allerdings könnte man durch einen Kanal von der großen Syrte aus das Mittelmeer hereinleiten, aber erstens müsste der Kanal ungeheure Dimensionen haben, um das neue Meer im Laufe der Jahre überhaupt zu füllen und dann um den durch Verdunstung entstehenden Wasserverlust beständig wieder zu ersetzen. Jährlich würde eine Wasserschicht von mindestens anderthalb Meter Dicke verdunsten und die Wasseroberfläche wäre etwa 700 Quadratmeilen. Wäre aber auch das möglich, so würden doch bald die bei der Verdunstung zurückbleibenden Salze alle Vorteile des Wassers vernichten. Es würde sich nemlich jährlich eine Salzschicht von 40 Millimetern Dicke absetzen und statt cultivirbarer Ufer erhielte man lediglich Salzsümpfe.«

Es waren weniger ökologische Bedenken, die die Durchführung des Planes verhinderten, diesem, wie zwei weiteren spektakulären Projekten, fehlte vielmehr das dafür notwendige Kapital.

Die Franzosen beabsichtigten, durch einen etwa zwölf Kilometer langen Kanal, von der Kleinen Syrte ins Inland gegraben, südliche Regionen ihrer Kolonie Algerien in einen See zu verwandeln. Rohlfs war auch von diesem Plan begeistert. *Fürwahr eine grossartige Idee, denn der ganze Süden der Provinz Constantine, jetzt vom Mittelmeer durch ein hohes Gebirge getrennt, würde dadurch unmittelbar ans Meer gerückt. Wenn auch einzelne kleine Ortschaften und Oasen, in der Depression selbst gelegen, unter Wasser gesetzt werden müssten, so könnte man die Einwohner expropriiren, aber der immense Vortheil, der dem ganzen umliegenden Lande dadurch erwachsen würde, liegt auf der Hand. Das Land der Beni Msab, Urgula, Tuggurt und el Ued würden dem Meere einmal so nahe gerückt, als sie jetzt davon abliegen. Ebenso würde auch Tunesien davon profitiren, welches nach Vollendung des Unternehmens eine wirkliche Halbinsel würde.*

Spöttisch dagegen reagierte Rohlfs auf die Pläne eines Engländers, der ganz Nord-West-Afrika unter Wasser setzen wollte, um müheloser und schneller die lukrativen innerafrikanischen Märkte zu erreichen. *Nach Herrn Mackenzie's Plane sollte man wirklich meinen, einen Theil der Sahara unter Wasser setzen zu können, der ungefähr so gross ist, wie Spanien, Frankreich und Deutschland zusammen ... Der Unternehmer scheint keine Kenntniss von dem Hogar-Lande, einer alpenähnlichen Gegend, zu haben; er weiss nicht, dass Tuat, und Tafilet vom Djuf durch eine Entfernung von fast 600 engl. Meilen getrennt sind und als Hochland dazwischen die entsetzliche Tanesruft liegt.*

Das 19. Jahrhundert mit seinen Dampfmaschinen, seiner durch nichts zu erschütternden Selbstherrlichkeit, seiner fanatischen Fortschrittsgläubigkeit war drauf und dran, die nordafrikanische Geographie in ein Desaster umzuschaufeln, das globale Klima zu ruinieren. Alles blieb nur ein Gedankenspiel, ein, zwei Generationen hindurch, bis in das 20. Jahrhundert, das mit neuen Strategien dem »Meer ohne Wasser« das Wasser zurückzugeben hoffte.

Durch ausgetrocknete Flusstäler ist Rohlfs gezogen, Wadis, in denen alles vorhanden ist, was einen Fluss ausmacht, die typische Geographie eines Stromes, der aus dem Gebirge ins Tal fließt und dem einzig das Wasser fehlt. Wenn im Hohen Atlas schwere, schwarze Wolken abregnen, läuft Regenwasser rasend schnell die alten Flussläufe hinunter. Kurze Zeit später sind die Wadis wieder

Wadis, in denen der Wind Staubfluten um die Flussbiegungen treibt. Schnell ist das Wasser im alten Flussbett verdunstet, noch schneller im porösen Boden versickert. Geologisch reagiert die Sahara wie ein Schwamm; gierig saugt sie alles auf, jeden Tropfen, den sie im uralten Gestein speichert. Ist der Schwamm voll, bleibt das Wasser, wenn es keinen anderen Ablauf findet, als See über ihm stehen, bis er verdunstet ist.

Der Tschadsee in Zentralafrika ist der letzte Überrest eines einst großen Binnenmeers, das das Tschad-Becken bis an die Südausläufer des Tibesti-Gebirges anfüllte. Als Rohlfs an den sumpfigen Ufern des Sees stand, nach seinen Schätzungen eine 26 000 Quadratkilometer große Wasserfläche, war die Verlandung des Sees unübersehbar. *Wer sich den Tschad-See als einen blanken Wasserspiegel vorstellt, wird bei dessen Anblick sehr enttäuscht sein, denn nur stellenweise sieht man offenes Wasser in der unendlichen, mit Rohr und Schilf bedeckten Fläche.* Jüngste Messungen weisen für den See eine Fläche von nur noch 1500 Quadratkilometern aus, bei einer durchschnittlichen Tiefe von rund eineinhalb Metern. Der Tschadsee trocknet aus.

Vom Tschadsee 900 Kilometer in nordöstlicher Richtung entfernt, inmitten der zentralen Sahara, liegen zwei kleine Seen, der zwanzig Quadratkilometer große Ounianga Serir und der um die Hälfte kleinere Ounianga Kebir. Jährlich verdunstet eine sieben Meter mächtige Wasserschicht, der Ounianga Kebir verliert damit knapp 180 Millionen Kubikmeter, doch sein Wasserstand bleibt unverändert, während sein Salzgehalt kontinuierlich steigt. Diese Seen trocknen nicht aus: sie versalzen. Fische können in diesen Seen, bei einem auf das Sechsfache der Weltmeere angereichertem Salzgehalt, nicht leben, und die einzigen Fischer der Ouniangaregion sind Kolbenenten. Wenn sie dem Winter in Europa davongeflogen sind, schwimmen sie auf den Seen, die ihnen mit ihren Salinenkrebsen und Algen ein frugales Fressen bieten.

In der Libyschen Wüste, am nördlichen Rand des Tibesti Serir, dort wo die Wüste tiefschwarz gefärbt ist, liegt die unbewohnte Oase Wau an-Namus, eine drei mal vier Kilometer große, mehr als hundert Meter tiefe, ovale Kraterschüssel, in deren Mitte sich ein gelbbrauner Vulkankegel mit tiefem Schlund erhebt. Um den Kegelberg gruppieren sich drei große und mehrere kleine Seen, eine 320 000 Quadratmeter große Wasserfläche, von Palmenhainen und Schilfwäldern umgrenzt. Jährlich verdunsten 1,6 Millionen Kubikmeter Wasser, ohne dass, von jahreszeitlichen Schwankungen abgesehen, der Wasserspiegel der Seen sinken würde.

Einer der Seen liegt tiefblau unter der Sonne, vom hohen Salzgehalt seines Wassers gefärbt, ein Zweiter ist voller Algen und grün, ein Dritter schimmert durch seine Purpurbakterien rot. Lachmöwenschwärme fliegen über den Seen und stürzen wie auf Kommando auf die Wasseroberfläche zurück. Zwischen dickstämmigen Schilfrohren suchen Laubsänger und Bachstelzen Nahrung; auf dem Wasser schwimmen Tauchvögel, Spießenten und anderes Gefieder. Sie alle finden in Wau an-Namus zweimal im Jahr Quartier, auf der Durchreise vom kalten Europa ins tropisch warme Afrika oder umgekehrt, und fressen sich an Insekten satt. Myriaden blutsaugender Insekten halten die ovale Schüssel besetzt und haben alle Versuche der Menschen, sich hier anzusiedeln, vereitelt. Die »Mückenoase« entstand, als sich vor 5000 Jahren ein Vulkanschlund mit Wasser füllte.

Vulkanausbrüche haben insbesondere die Hochgebirge der Sahara geformt, den Hoggar, das Tibesti oder das Aïr. Satellitenaufnahmen des Aïr zeigen zahlreiche Ringstrukturen und lineare Bruchkanten des Grundgesteins, ein Puzzle tektonischer Prozesse. Erst durchbricht aufquellendes Magma in einem »Hot spot« die Erdkruste und entlädt sich in einem Vulkan. Ist alle Lava aus der Magmakammer herausgeschleudert, stürzt deren Decke ein und eine so genannte Caldera entsteht, als fiele der leer gebrannte Vulkankegel in sich zusammen. Reste des Ergussgesteins sinken tief hinab, bis es wieder aufgeschmolzen wird. Viel Zeit ist inzwischen vergangen, die afrikanische Kontinentalplatte weiter nach Norden gedriftet, über den »Hot spot« hinweg, der einen neuen, einen zweiten Vulkan entstehen und ausbrechen lässt, während sich die Caldera des ersten mit blasenförmig aufsteigendem Tiefengestein füllt, Basalt, das zu einem so genannten Pluton aushärtet. Auch der zweite Vulkan bricht in sich zusammen und wird, wenn der »Hot spot« aktiv bleibt, von einem Pluton ausgefüllt.

Das Aïr-Gebirge ist aus solchen Vorgängen ebenso wie von der physikalischen Erosion geformt, die sich an der unterschiedlichen Härte des Gesteins abarbeitet, mal Mauern stehen lässt, mal Schluchten aus dem Basalt herausmodelliert.

Im Hoggar ragen Basaltpfropfen einstiger Vulkane auf, bis zu 3000 Meter hoch, deren Kegel vom steten Nord-Ost-Passat abgetragen und als Sand und Staub in die östliche Sahara hineingefegt werden. Im Tibesti liegt der mit 3415 Meter höchste Berg der Sahara, der Vulkan Emi Koussi, und eine der imposantesten Explosionscalderen, der Trou au Natron, 1000 Meter tief und sieben Kilometer breit.

Als der Vulkankegel in Wau an-Namus zur Caldera implodierte, wurde ein in tieferen Gesteinsschichten liegendes Grundwasserreservoir angeschnitten, Sickerwasser füllte den zerstörten Vulkanschlund und hält noch immer den Wasserspiegel der Seen der »Mückenoase« konstant.

Vor sechseinhalb Jahrzehnten bohrte der französische Hydrologe Justin Savornin in der algerischen Sahara nach Wasser. Seine Bohrung bestätigte, was die Einheimischen von jeher wussten: Unter der Sahara, im porösen Gestein gewaltiger Becken, liegt fossiles Grundwasser eingeschlossen, ein Reservoir von meeresgleicher Ausdehnung. Savornin erbohrte Wasser aus der letzten großen Eiszeit, 20 000 Jahre vor unserer Zeitrechnung. Noch älteres Wasser liegt in den tieferen Schichten der Sedimenttröge begraben, Wasser, das vor 400 Millionen Jahren als Regen herabfiel oder von den Gebirgen in die Becken herunterströmte.

»Savornins Meer« wurde zu jenem Stoff, aus dem die Träume von einer blühenden Wüste sind. Das Kufra-Becken und das mit dem zum so genannten nubischen Aquifer-System verbundene ägyptische Dakhla-Becken ist zwei Millionen Quadratkilometer groß, und damit nur geringfügig kleiner als die Osthälfte der Sahara. Eine viertausend Meter mächtige Sedimentschicht hat im Wechsel der Erdzeiten 150 000 Kubikkilometer Wasser gespeichert. Zweitausend Jahre braucht der Nil, um diese Menge Wasser in das Mittelmeer einzuspeisen. Würde die im Aquifer-System konservierte Feuchtigkeit auf Deutschland herunterfallen, wäre alles Land unter einer vierhundert Meter hohen Wasserschicht begraben. Es scheint nur eine Frage der technischen Möglichkeiten, »Savornins Meer« nutzbar zu machen.

1879 erreichte Rohlfs in einem Gewaltmarsch die Kufra-Oasen. Eintausend und mehr Kilometer von Benghazi südwärts durch den libyschen Teil der Sahara, die halbe Strecke durch ein Meer aus Sand, den Sandsee von Kalansho. Nichts gibt es dort, keine Ablenkung, keinen Brunnen, keine Menschen. Wüste pur, jährlich 1,7 Millimeter Niederschlag. So weit einer auch geht, die Bilder bleiben doch gleich, Tag für Tag. Hitze nistet zwischen den Dünen, und Sandstürme demoralisieren. Es gibt keinen Anfang und kein Ende.

Heute reicht ein Asphaltband von Benghazi nach Al Kufrah, Luftlinie 750 Kilometer, ein Schnitt durch die Sahara, vom Mittelmeer in ihr Zentrum. Das Dünenmeer rauscht vorbei, und eine scheinbar schier endlose Geographie schrumpft zu Stunden zusammen. Das Auto sperrt die Wüste aus, bis nach Kufra, jenem Ort, in dem Utopie und Realität zusammenstoßen. Vor fünfzig, sechzig Jahren wurden in den Kufra-Oasen Datteln angebaut, etwas Getreide, Gemüse und Obstbäume, Futter für Ziegen. Das reichte für den Eigenbedarf und die Versorgung durchziehender Karawanen. Nichts hatte sich seit jener Zeit geändert, in der Rohlfs die Oasen von Kufra sah, einen grünen Überlebensraum inmitten der Großen Wüste.

Als dann im Kufra-Becken Tiefenbohrungen Aufschluss über Verteilung und Menge des vorhandenen fossilen Grundwassers lieferten, wurde alles anders, denn die Idee schien realisierbar, der Wüste blühende Gärten abzugewinnen. Tiefbrunnen wurden in das Sedimentgestein getrieben, das unter artesischem Druck stehende, aufschießende Wasser in rotierende Sprinkleranlagen eingeleitet. Das ehrgeizige Kufra-Projekt tupfte auf einer Fläche von 10 000 Hektar grüne Kreise in den Sand, jeder Tupfer mit einem Durchmesser von eintausend Meter. Weizen wurde angebaut, um das Getreide in Libyens Küstenstädte zu liefern, doch ein Scheffel Korn aus Kufra kostete an Libyens Küste zehnmal mehr als der Weltmarktpreis – ein ökonomisches Desaster. Der Futteranbau für Kühe, Schafe und Hühner sollte schwarze Zahlen bringen. Die Tiere starben auf dem Transport durch die Wüste. Das war vor einem Vierteljahrhundert, seither ist das Kufra-Projekt eingebunden in Libyens »Great Man made River Project«, das Wasser aus dem Grundwasserreservoir durch vier Meter große Rohrleitungen Hunderte von Kilometer weit in die Großstädte an der Küste transportiert. Doch immer kraftloser schoss das Wasser aus der Tiefe, Pumpstationen mussten gebaut werden, um den fallenden artesischen Druck auszugleichen. Technisch scheint alles machbar, einzig die Natur will sich nicht fügen.

Jährlich strömt das fossile Grundwasser im Kufra-Becken mit nur wenigen Metern durch das poröse Gestein nach, nicht schneller; der Grundwasserspiegel sinkt stärker ab als errechnet. Um die Bohrlöcher sind trichterförmige Einbuchtungen entstanden, deren Sogwirkung aus weit entfernten Beckenbereichen stark salzhaltiges Wasser herauszieht, das vom Mittelmeer in den Kontinent einsickerte oder aus geologischen Zeiten stammt, in denen Teile der Sahara vom Meer überflutet waren.

Damit beginnt auch in den Kufra-Oasen ein Teufelskreis, in dem die Nilbauern sich schon lange Zeit bewegen. Immer salziger fließt das geförderte Grundwasser auf die Äcker, die mit noch größeren Mengen Wasser durchgespült werden müssen, um eine gute Ernte zu bringen. Doch wo Getreide, Obst und Gemüse wachsen und Bewässerungskanäle die Äcker und Plantagen durchschneiden, dort fließen auch Abwasserbäche, an deren Ufern Salze ausblühen, nicht nur in Ägyptens Ackerbaugebieten.

Die grünen Kreise in der Sahara sind eilfertig realisierte Utopien auf wenige Jahre, bis das hydrogeologische System durch Übernutzung zusammenbricht und es vielleicht zur ökologischen Katastrophe kommt. Die Wüste lässt sich nicht überlisten, was sie über kurze Zeiten hergibt, nimmt sie sich zurück, mit Zins und Zinseszins. Im letzten halben Jahrhundert hat die Sahara ihre 5000 Kilometer lange Südgrenze rund 200 Kilometer weiter südwärts verschoben und eine Million Quadratkilometer Savanne, Acker- und Weideland vernichtet.

Fossiles Grundwasser liegt nicht als unterirdischer See in der Sahara, sondern als Poren- oder Kluftfüllung in den Gesteinen, in denen es über Jahrmillionen erhalten geblieben ist. Die Große Wüste hat mehrere Perioden mit ausgiebigen Niederschlägen erlebt, die in verschiedenen Gesteinsschichten als Süßwasser konserviert wurden. Neben diesem sekundär eingedrungenen Wasser, den Regengüssen vergangener Jahrmillionen, enthalten die Gesteinsschichten der verschiedenen Erdperioden auch primär abgelagerte, salzhaltige Wasser, die Reste der Überflutungsmeere. Ein anderer Teil wiederum entstand in den großen Sedimentationströgen durch chemische Prozesse, die die Sedimente in festes Gestein verwandeln, dabei Wassermoleküle freisetzen. Aber nur in jenen Gebieten blieb das Grundwasser konserviert, in denen es von einer jüngeren, wasserundurchlässigen Tonschicht über dem wasserhaltigem Sedimentationsgestein vor der Kraft der Sonne geschützt wurde. Die Tonschicht verhinderte, dass die Feuchtigkeit im Gestein in andere Schichten abfloss, und vor allem, dass es verdunstete.

Neun geologische Becken liegen in der Sahara, in denen es mehrere Grundwasserebenen gibt – das Tindouf-, Taoudeni-, Murzuk- und das Kufra-Becken, das Homrabecken, das ägyptische Western-Desert-Becken, das Syrte-, Niger- und das Tschadbecken. Die Becken sind durch geologische Schwellen aus dichtem Urgestein voneinander getrennt, das für die Speicherung des Wassers nicht taugt. Einen durch alle geologischen und topographischen Bodenstrukturen hindurchlaufenden Grundwasserspiegel gibt es nicht. Die mit Sedimentgestein angefüllten Becken sind unter ihrem Eigengewicht wannenartig eingebuchtet, und das tiefere Grundwasser steht unter artesischem Druck. Einzig dem Grundwasser in der jüngsten Beckenfüllung, als Erg oder schwach verfestigte Sandsteinablagerung ausgebildet, fehlt solcher Druck.

»Savornins Meer«, die jüngste wasserhaltige Gesteinsschichtung, ist in der letzten großen Kaltzeit der Erdgeschichte entstanden, als vor drei Millionen Jahren die nordpolaren Eiswüsten anwuchsen und sich südwärts in niedrige Breitengrade auszudehnen begannen, der Meeresspiegel bis auf 150 Meter unter sein heutiges Niveau absank – ein Jahrtausende währender Vorgang, von kurzen Warmzeiten unterbrochen, der vor 25 000 Jahren seinen Höhepunkt erreichte. Gewaltige Gletscher schoben regenbringende Tiefdrucksysteme aus dem nördlichen in den mittleren Atlantik vor sich her, die nun nicht mehr Europa, sondern Nordafrika mit Regen versorgten. Die Sahara verwandelte sich zu großen Teilen in eine grüne Savanne, in der ebenso Elefanten wie Giraffen Nahrung fanden. Fische gab es, Flusspferde und Krokodile, doch die meisten der wasserreichen Flüsse, deren Quellen in den damals schneebedeckten Gebirgen der Wüste lagen, versickerten, in den Sedimenttrögen und versandeten dort, wo der Wind den Wüstensand ablagerte. Das poröse Sedimentationsgestein der Becken nahm alle Feuchtigkeit auf und saugte sich randvoll mit Wasser.

Als sich das Eis aus Mitteleuropa nach Norden zurückzog, kehrte auch das globale Luftzirkulationssystem an seine ursprüngliche Stelle zurück. Das nordatlantische Tiefdrucksystem spendete wieder Europa den Regen, Nordafrika trocknete aus. Und während der Meeresspiegel durch schmelzende Eismassen stieg, fehlte der Sahara Regen, der den zur Kaltzeit angewachsenen Grundwasserspiegel ebenso auf Meeresspiegelniveau hätte heben können. In der libyschen Wüste liegt der heutige Grundwasserspiegel durchschnittlich 100 Meter unter dem Meeresspiegel, etwa dort, wo er am Ende der Kaltzeit lag. Vor drei-, viertausend Jahren, als die Ägypter mit der Errichtung großer Pyramidenanlagen beschäftigt waren, versiegten auch die Flüsse und eroberte sich die Wüste das kurzzeitig verloren gegangene Terrain zurück.

Nur wenige Gegenden gibt es, in denen das feuchte Savannenland erhalten blieb, manche Gräben und Gebirgsschluchten, in die Sonnenstrahlen nicht hinreichen. Im Ennedi-Gebirge, in der Schlucht von Guelta Archei, gibt es noch fünf Krokodile, 1500 Kilometer von ihren Artgenossen in den tropischen Regionen entfernt. Doch ihr Lebensraum schrumpft Zentimeter um Zentimeter zusammen; die Reptilien sind isoliert und zum Aussterben verurteilt.

Der Maina-Clan

Drei Wochen nach Murzuk steckt Gerhard Rohlfs wieder im Sand. Durch das Schluchtengewirr des Toummogebirges waren sie gezogen, in das die Sonne nur während der Mittagszeit hineinbrannte. Angenehm kühl war es gewesen, was die wachsende Spannung zwischen zwei Männern, die sich um die Führung der Karawane stritten, noch gerade erträglich machte. Anfangs kam Häuptling Maina Adem, dessen großer Gofla Rohlfs sich angeschlossen hatte, jeden Morgen auf einem Araberpferd vor Rohlfs' Zelt geritten, man sprach über dies und das, dass er das Pferd seinem Schwiegersohn zum Geschenk machen wolle und der Kaimmakam in Murzuk ein Halsabschneider sei. Rohlfs hatte dem Mann Zigaretten und Kaffee angeboten, seine Verärgerung über das morgendliche Ritual jedoch zurückgehalten. Maina Adem, so hatte er es gehört, war durch ein Sklavengeschäft in Murzuk um 10 000 Mariatheresientaler reicher geworden, die nun in der Satteltasche steckten, so dass er sich Tabak und Kaffee hätte kaufen können. Seit der Deutsche erfahren musste, dass es dieser Maina Adem war, der Rohlfs beabsichtigte Reiseroute in das Tibesti-Hochland verhinderte, trank Rohlfs den Morgenkaffee allein. Gern hätte er sich von Maina Adem getrennt, doch auch ihm waren die Vorteile einer großen Karawane wichtiger, als dass er allein durch die Wüste hätte ziehen wollen. Notgedrungen bleiben die beiden Männer zusammen und marschieren doch getrennt. Früher als die Tubuleute bricht Rohlfs mit seinen sieben Dienern und fünf Kamelen auf, jeden Tag, und bestimmt damit die Reisegeschwindigkeit und die nächtlichen Lagerplätze. Maina Adem zeigt sich mit keinem Ruheplatz zufrieden und hält mit seiner Meinung über die Unfähigkeit der Europäer, sich in der Wüste zu bewegen, nicht zurück. Manchmal wird es zwischen beiden laut, ohne dass der eine den anderen verstanden hätte, jeder flucht in seiner Sprache. Irgendwann würde er ihn loswerden, wenn er nur erst aus dem Sand heraus wäre, der endlos vor ihm liegt.

Den Weg durch den Sand kann er nicht verfehlen, Menschenknochen säumen wie Wegweiser die alte Karawanenstraße, auf der die Sklavenhändler ihre menschliche »Ware« nordwärts nach Murzuk treiben. Rohlfs sieht ein Knochenfeld aus Überresten von verschmachteten Sklaven, deren Leichname man liegen gelassen hatte, den Hyänen und Schakalen zum Fraß. *Selbst in meinem Zelte stieß ich auf einen Schädel, den meine Leute in der Dunkelheit beim Abräumen des Bodens übersehen hatten. Man braucht nur diesen Gerippen zu folgen, so kann man den Weg nach Bornu nicht verfehlen.* Aber man kann verdursten, es gibt wenige Brunnen an der Sklavenstraße, und die es gibt, sind oft verseucht. *Desto widerlicher berührte mich der Anblick umherliegender Knochengerippe, darunter der halbe Leichnam eines Negerknaben, der zur Mumie vertrocknet war, ehe die von weither kommenden Hyänen Zeit gehabt, ihn ganz zu verzehren.*

Eines der fünf Kamele sei *bathal*, sagt Mohammed Gatroni, der Frau, Kind und die Ziege in Murzuk zurückgelassen hatte; seit Tagen konnte es keine Last mehr tragen, das Gehen fällt ihm schwer, als Nachzügler trödelt es der Rohlfsschen Karawane hinterher. Rohlfs lässt das Tier schlachten und unter den Männern aufteilen. Ein kleiner Teil des Kamelfleisches wird in Streifen geschnitten, getrocknet und für die kommenden Tage aufgehoben; der größere Teil an Ort und Stelle in ein Feuer gehalten. Weil das unerwartete Festmahl sich auf einen ganzen Ruhetag ausdehnt, zeigt sich Maina Adem über die Unterbrechung der Tour ungehalten, das Herrschaftsgebiet seines Bruders, des Sultans von Kauar, ist nur noch wenige Tagesritte entfernt.

Am 25. April 1866, am frühen Abend, nähert sich die Karawane der ersten Oase des etwa sechstausend Einwohner zählenden Sultanats Kauar. Maina Adems Mannschaft feuert Freudenschüsse in die Luft, er selbst streift sich ein Prachtgewand über seine Reisekleidung, lässt dem Araberhengst einen Sattel mit vergoldeten Steigbügeln auflegen und ein goldverziertes Geschirr über den Kopf ziehen. Als Bruder des Herrschers reitet er in Anay ein, während Oasenbewohner dem Reiter entgegenstürzen, ihm zu huldigen. Rohlfs ist erleichtert, endlich aus dem Sand und der Kiesebene heraus zu sein und sich wieder in einem bewohnten Ort aufzuhalten, einen Monat nach dem Aufenthalt in Murzuk.

500 Tubu leben in der Oase aus vielleicht hundertfünfzig niedrigen, palmengedeckten Hütten, zwischen denen die Hitze mit solcher Intensität brütet, dass eine Stearinkerze, die Rohlfs in die Sonne stellt, auf den Docht hinunterschmilzt. Auf vierzig bis fünfzig Grad Celsius klettert das Thermometer, und Rohlfs' Männer sind froh, dass er ihnen einen Ruhetag gönnt, den er selbst nötig hat. Ausgezeichnetes Wasser gibt es in der Oase, dicht unter der Oberfläche, und Dattelpalmen in großer Menge, obwohl die Früchte kleiner als die tunesischen und auch nicht so wohlschmeckend sind.

Tubu, erfährt Rohlfs, heißt ›Felsmensch‹ und meint ›Mensch aus dem Tibestigebirge‹. Hoch gewachsen, dunkelhäutig, mit glattem, langem Haar, gehören sie zu jenen negriden Völkern, die einst in der Großen Wüste siedelten, als Teile der Sahara noch feuchte Savannen waren. Als ihr Lebensraum im heutigen Libyen austrocknete, zogen sie in das Tibestigebirge im Tschad südwärts, aus dem Norden von Arabern und Berbern bedrängt. Spätestens im 13. Jahrhundert wanderten einige Tubustämme aus dem Gebirge wieder ins flache Land und verdrängten ihrerseits die in den Oasen des Fèssangebietes siedelnden Kanuri. Seither ziehen Tubu als Rinderzüchter durch die Sahel oder als Kamelnomaden durch die Dünenfelder im östlichen Niger. Manche von ihnen sind in den Oasen entlang der großen Nord-Süd-Karawanenstraße sesshaft geworden, ihre Sozialisation hat sich dadurch nicht geändert. Noch immer leben Männer und Frauen in voneinander unabhängigen, eher gleichberechtigten Clans, und noch immer tragen auch die Frauen Waffen, die sie im Konfliktfall durchaus einzusetzen verstehen.

In Anay will niemand Rohlfs' Messer, Spiegel, Nadeln, Mützen und andere Tauschobjekte haben, dagegen erweckt sein Vorratsbündel an Medra, dem Kautabak, manche Begehrlichkeit, ebenso seine Medizin. Er erhält im Tausch, was er braucht, auch eine Ziege, die er seinen Männern und sich spendiert. Der Handel ist Frauensache, notiert Rohlfs, *unter denen ich übrigens keine einzige hübsche sah. Ihre Hautfarbe ist ein entschiedenes Schwarz*. Tubufrauen tragen an den Armen bis zu einem Dutzend breiter Spangen aus Elfenbein, schwarzem Holz oder Horn, zwei dünnere Spangen aus Messing oder Silber an den Füßen, im rechten Nasenflügel steckt ein Stückchen Koralle oder Knochen, ihr Haar ist zu kleinen Zöpfen geflochten und mit Fett bestrichen. Das, bemerkt Rohlfs, *mag nicht wenig Zeit kosten. Flechten an Flechten, wohl sechzig bis achtzig, zwar nicht lang, aber sehr fein gewunden, hängen rund um den Kopf; nur die Stirn bleibt frei, aber von ihr aus zu beiden Seiten des Scheitels laufen wieder dichte Reihen der feinsten Flechten über den Schädel zum Hinterhaupt, und einige Frauen, wahrscheinlich besonders kokette, drehen noch einen Teil der Stirnflechten zu einem Wulst zusammen, der in Form einer Tüte oder eines Horns hoch emporsteht.* Eine Hand voll Tabak und etwas Brechmittel ist der Preis, den er den Frauen für zwei Bündel Klee zahlt; vierundzwanzig Bündel reichen, seine vier Kamele einen ganzen Tag zu füttern.

Nach dem Ruhetag zieht er in die Hauptstadt des Sultanats weiter, nach Bilma, dessen Salzfelder von »verschleierten Männern«, den Tuareg, beherrscht werden. Woher die Tuareg kommen, weiß Rohlfs nicht zu sagen. Vielleicht kamen sie als ein Stammesvolk der Berber aus Kleinasien in die Sahara, und die Araber nannten den Berberstamm ›Tuareg‹. Sie selbst nennen sich »Imuhagh« oder »Ima jeghen«, wie es heißt, abgeleitet von einem Verb mit der Bedeutung ›adliger Tuareg sein‹.

In Bilma stellen die Tuareg alljährlich eine Salzkarawane zusammen, tausend und mehr Lastkamele groß, und ziehen in die Sudanländer, um ein profitables Geschäft zu machen: Salz gegen Getreide und andere Produkte des täglichen Bedarfs. Maina Adems Bruder, Sultan Maina Abadji, hat am Salzgeschäft der Tuareg wenig Anteil und bekleidet einzig die Rolle eines Schiedsrichters in Streitfällen, während er an den beträchtlichen Einnahmen nicht beteiligt ist. Rohlfs' Mannschaft stellt er ein aus Salzklumpen zusammengebautes »Gästehaus« zur Verfügung, zeigt sich jedoch über die Gastgeschenke des Deutschen wenig erfreut: *Zwei Hüte Zucker, zwei Rasiermesser, einen Turban, einen Dolch, Rosenöl, sechs Taschentücher, eine Harmonika und zehn Taler in Geld, was zusammen einen Wert von reichlich zwanzig Talern repräsentierte.*

Wenn er nicht einhundert Taler gäbe, lässt der Sultan Rohlfs ausrichten, werde er ihm keine Aufenthaltserlaubnis für sein Sultanat erteilen und keinen Führer in das Nachbarsultanat nach Bornu stellen.

Rohlfs hat vom Maina-Clan die Nase voll, zahlt, was von ihm gefordert wird, erhält vom Sultan das Versprechen, ihm einen landeskundigen Führer auf seinen weiteren Weg mitzugeben. Einen *mit Gold gestickten Tuchburnus im Wert von dreißig Talern* fügt er hinzu und wartet auf die Erfüllung des gegebenen Versprechens. Der Sultan zeigt wenig Neigung, seinem Wort Taten folgen zu lassen, zu verlockend scheint ihm das Reisegepäck des Europäers, aus dem er noch manches Stück seiner Hofkasse einzuverleiben beabsichtigt. Rohlfs ist nervös und entschließt sich, auf eigene Faust weiterzuziehen. Er nimmt einen Tubu in seine Dienste, der ihm versichert, dass er den Weg nach Bornu kenne. Noch ehe er zum Aufbruch das Signal geben kann, erscheint Sultan Maina Abadji und fordert Rohlfs auf, ihm eine Bescheinigung darüber auszustellen, dass dem Deutschen im Sultanat Kauar nichts Unangenehmes widerfahren sei. Rohlfs setzt ein Schriftstück in deutscher Sprache auf und gibt zu Protokoll, dass ihm die Untertanen des Sultanats eher freundlich begegnet seien, dagegen hätte sich Maina Abadji *grob und ungeschliffen gegen mich benommen. Zufrieden steckte er das, wie er natürlich glaubte, sehr belobigende Zeugnis ein; jedenfalls mit der Absicht, es durch seinen Sohn in Tripolis überreichen zu lassen.*

Am 21. Juni 1866 verlässt Rohlfs Bilma gemeinsam mit einigen Sklavenhändlern, so dass die Karawane vierzehn Männer zählt und zwanzig Kamele, für die sechs Treiber gemietet wurden. Tage später, in der Einöde der Tinger-Tinger-Ebene, mag er seine Entscheidung bereut haben, denn das Ende seiner dritten Reise scheint gekommen.

Weil sie am Abend eine Oase erreichen wollten, führte die Karawane nur eine geringe Wassermenge mit. Das Dorf können sie nicht finden, sie irren umher, schicken bald diesen, bald jenen Kameltreiber aus, den Weg zu erkunden. Die Sonne brennt herunter, Stunde um Stunde. *Nur ein einziger Schlauch voll blieb uns, als der Tag zu Ende ging.* Die Nacht bietet wenig Trost, sie ist kalt, und die vom Erkundungsritt Zurückgekehrten zucken mit den Schultern. *Morgens gegen neun Uhr verteilte ich an jeden eine Tasse Wasser; schon am Tag vorher hatten wir nichts mehr gegessen, um den Durst nicht zu vermehren. Ein Versuch, Wasser aus der Erde zu graben, blieb erfolglos; der Boden war zwar angefeuchtet, aber nur vom Regen, bis zu einer Wasserschicht hätte man mindestens fünfzehn bis zwanzig Fuß tief graben müssen.* Als die Sonne im Zenit steht, verteilt Rohlfs das letzte Wasser, mit kristalliner Zitronensäure stark angereichert; Menschen und Tiere trocknen dennoch aus. *Meine Eingeweide fingen mich an zu schmerzen, es war mir, als träten die Augen weit aus dem Kopf. Bei all dem war es ein Glück, dass wir uns in der südlichsten Zone der Sahara befanden, in gerader Richtung kaum mehr als achtzehn deutsche Meilen vom Tschad-See entfernt, denn die Luft enthält hier schon einige Grade Feuchtigkeit … Bereits an der Aussicht auf Hilfe verzweifelnd, sahen wir gegen Abend in Südost schwarze Wolken aufsteigen.* Nach einem heftigen Donnerschlag fallen erste dicke Tropfen, dann strömt das Wasser aus den Wolken; Töpfe, Tassen, alle Gefäße werden aufgestellt, den Regen aufzufangen. Die Kamele zerreißen die Fußstricke, trinken die Pfützen leer, neben den Tieren liegen die Männer auf dem Boden. Man ist noch einmal davongekommen. Mit gefüllten Wasserschläuchen wird der Marsch fortgesetzt. Längst ist der Sand wieder trocken und so weich, dass die Kamele Staubfahnen aufwirbeln und die Männer absitzen müssen. Vier Tage waten sie durch den Sandstaub, dann wird der Boden fester, und die Wüste erreicht ihr Ufer, die Trockensavanne.

Ausgedehnte Grasflächen wechseln mit dichter werdendem Buschwerk und kleinen Wäldchen. Am 15. Juli 1866 steht Rohlfs mit seinen Männern unweit des Tschadsees inmitten einer Ansammlung runder Rohrhütten, erreicht der Trupp das Dorf Nguigmi, den ersten Flecken des Sultanats Bornu. Als zweiter Deutscher hat er die Sahara von Nord nach Süd durchquert.

Als ihm Dorfbewohner versichern, dass ihre Krokodile selten Menschen anfallen, hält ihn nichts mehr, und der Deutsche nimmt ein Bad im See. Plötzlich, unweit der offenen Wasserstelle, in die Einwohner ihre Kühe zur Tränke treiben, sieht sich der Schwimmer vier Flusspferden gegenüber. Eilends kehrt er an das Ufer zurück und feuert, ohne sich seiner nassen Unterkleidung zu entledigen, aus seinem Repetierstutzen vier Schüsse ab. Zwei Flusspferde werden tödlich getroffen. Zeigten sich zuvor Männer, Frauen und die Kinder des Dorfes amüsiert angesichts der seltsamen Badebekleidung und des ohnehin merkwürdigen Gebarens des Reisenden, sind sie nunmehr erschrocken. *So viele Kugeln fast gleichzeitig aus ein und demselben Rohr kommen und auf so weite Entfernung wirken zu sehen, flößte den Leuten natürlich keinen geringen Respekt ein.* Die Vorführung verfehlt nicht ihre beabsichtigte Wirkung und spricht sich bis in den Sultanspalast nach Kukawa herum, schneller als Rohlfs weiter südwärts zieht, immer der westlichen Uferzone des Tschadsees entlang. *Alles war mir fremd und neu, bei jedem Schritt bot sich etwas nie Gesehenes meiner Betrachtung dar.* Antilopen- und Gazellen begegnen ihm, Flusspferde und Krokodile, *leider wurden aber unsere Kamele von Fliegenschwärmen bis aufs Blut gepeinigt, so dass sie kaum zu halten waren und immer ihre Ladung abzuwerfen suchten, um sich am Boden zu wälzen.*

Er kommt durch Dörfer und Ansammlungen von Hütten, die es heute längst nicht mehr gibt; er muss Sümpfen ausweichen, störrische Kamele durch Wasserlachen treiben und trifft Sklaven, die aus der Asche eines Suak-Baumes ein Salz-Surrogat heraussieden, weil die Salzkarawanen aus den Salzfeldern bei Bilma länger als gewöhnlich ausbleiben. *Ich mußte einige Schüsse über ihre Köpfe weg abfeuern, ehe wir sie los wurden. Später indes, nachdem die Zelte aufgeschlagen waren, handelten wir sehr wohlschmeckende Fische gegen Salz von ihnen ein.* Dann steht die Karawane am Komadugu Yobe. Das Gepäck wird auf einem Floß aus ausgehöhlten Kürbissen über den Fluss gerudert, während die Männer ihre Kamele auf einer Furt durch das Wasser reiten. In der Flussmitte müssen die Kamele schwimmen, und die Reiter haben Mühe, sich in den Sätteln zu halten. Rohlfs bindet »Mursuk« einen Lederriemen um den Hals, um den wasserscheuen Hund unter Kontrolle zu halten. Schwimmend erreichen beide das andere Ufer.

Am 21. Juli 1866 zieht Rohlfs mit seiner Mannschaft durch das Nordtor in Kukawa ein, der Hauptstadt von Bornu, in der vor ihm bereits viele Europäer waren, Dixon Denharn, Hugh Clapperton,

Heinrich Barth, Eduard Vogel und Moritz von Beurmann. Sultan Omar kennt sie alle und ist daher erstaunt, dass dieser Europäer als Privatmann und nicht im Auftrag einer Regierung reist. Politische Geschäfte lassen sich mit einem solchen Mann nicht machen. So nimmt er Rohlfs' Geschenke, unter anderen einen amerikanischen Repetierstutzen, Jagdmesser, eine Sonnenuhr, Seidenstoff, französische Parfüms und zehn Kilo Puderzucker, eher uninteressiert entgegen und lässt dem Deutschen samt Dienerschaft in einer baufälligen Hütte das Gastquartier herrichten. Was will der Mann? Erst als er ein Aneoid-Barometer zum Geschenk erhält, beschenkt er wiederum den Gast mit einem Reitpferd und einer großzügig ausgelegten Wohnung im so genannten »Christenhaus«, in dem vor Rohlfs auch die anderen Afrikareisenden Quartier gefunden hatten. Rohlfs fühlt sich nunmehr standesgemäß untergebracht, und dass das Barometer für eine exakte wissenschaftliche Luftdruckbestimmung nichts mehr taugt, muss Sultan Omar nicht wissen – für den täglichen Bedarf zur Wetteranzeige reicht es eben noch aus. Der Sultan zeigt sich zufrieden, künftig verblüfft er seinen Hofstaat mit Wettervorhersagen. Den alljährlichen Regen hätte er auch ohne Barometer vorhersagen können.

Nicht ganz blieb ich von den gefährlichen Krankheiten verschont, denen namentlich die Weißen zur Regenzeit hier ausgesetzt sind, und nur große Dosen Opium und Chinin konnten den Durchfall und Fieber, womit der gewöhnliche Sumpftyphus beginnt, Einhalt tun. Da die Wände meiner Wohnung aus bloßer Tonerde bestanden, zogen sie wie ein Schwamm die Nässe ein, und bei starken Regengüssen gewährte das platte Dach auch von oben keinen genügenden Schutz.

Strategien des Überlebens I

»Oben eine Seele, unten eine Seele, dazwischen ein totes Holz – was ist das?« Jeder Tuareg weiß die Antwort: »Der Kamelreiter auf seinem Sattel.«

Kamel ist nicht gleich Kamel, auch Gerhard Rohlfs sind die Unterschiede aufgefallen. Das Kamel der nördlichen Sahara, das Araberkamel, wirkt plump und gedrungen, hat einen dicken Hals und einen eher schwerfälligen Körper mit starkem Haarwuchs. Sein Artgenosse der südlichen Sahara, das Tubukamel, trabt auf schmächtigeren Beinen, hat einen dünneren lang gestreckten Hals und wird weit größer. *Südlich von Kauar kommt das Araber-Kamel nicht mehr vor, vom Norden nach Bornu oder Sudan gebrachte Kamele sterben dort nach kurzer Zeit, sei es infolge der veränderten Nahrung oder aus anderen Ursachen; umgekehrt kann das afrikanische Kamel ein nördlicheres Klima nicht vertragen. Das in der eigentlichen Zentralsahara lebende Tebu-Kamel hat sich den natürlichen Bedingungen der dortigen Gegend angepaßt und zu einer ganz anderen Rasse umgebildet.*

Das einhöckerige Dromedar, vor 5000 Jahren in Vorderasien domestiziert und den Arabern rund zweieinhalb Jahrtausende vertraut, betrat die Sahara zur Römerzeit in seinem typisch wiegenden Passschritt. Mit ihm begannen die Erschließung der nordafrikanischen Wüste und die Lebensform der Kamelnomaden. Wird das einhöckerige Kamel heute als Haustier oder als Renntier gehalten, leben in der Wüste Gobi, in Teilen der Mongolei und Chinas noch kleinere Herden wilder zweihöckeriger Dromedare.

»Der junge Mann, der kein Kamel hat, dem sein Vater keines gibt, der kein Geld hat, eines zu kaufen, ist beklagenswert …«, singen die Tuaregfrauen im Aïr. Für die Nomaden ist das Kamel ein Gefährte, ein beseeltes Lebewesen, »das beste aller Tiere«, von dessen erstaunlichen Fähigkeiten ihr eigenes Überleben abhängt.

Kamele sind warmblütige, endotherme Säugetiere und erliegen wie andere Säugetiere einem Hitzschlag, wenn sie die eigene Körperwärme nicht abgeben können. Die Mehrzahl der Wüstentiere sind nachtaktiv und verschlafen die Sonne in unterirdischen Verstecken, Vögel suchen den Schatten und stellen ihre Aktivitäten weitestgehend ein, andere strahlen ihre Wärme über eine vergrößerte Körperoberfläche ab, über große Ohren oder Seitenflächen. Das Kamel hat weder große Ohren, noch kann es der Sonnenglut entfliehen, und ist doch dem ariden Lebensraum physiologisch perfekt angepasst, der Inbegriff des Überlebens in der Wüste, ein erstaunliches natürliches Hightech-System.

Lange Beine halten den Körper rund eineinhalb Meter über der oft 80 Grad heißen Luftschicht am Boden; unter dem Bauch des Kamels ist die Luft schon auf etwa 45 Grad Hitze heruntergekühlt. Knie, Ellenbogen und Brustbein der Tiere sind knorpelig verdickt und schützen es vor der Bodenhitze, wenn es sich niederlässt. Mit seinen großen, tellerförmigen und spreizbaren Füßen läuft das Kamel selbst über weichen Sand, ohne einzusinken, eine dicke hornhautverschwielte Sohle schützt vor jedem Hamadabelag und der Bodenhitze; manche Kamelarten sind trittsichere Kletterer, die »Felsenkamele« im Hoggar, Tibesti oder Aïr. Ihren aufrecht stehenden linsenförmig abgeflachten Rumpf halten die Tiere, wenn es nur irgendwie geht, parallel zu den einfallenden Sonnenstrahlen. So profitieren sie von einer Art »Wärmeschlüpfrigkeit« ihres Körperbaus.

Zur Zeit der Römer und noch lange nach ihnen dachte man, das Kamel habe im Höcker seinen Wasserkanister, Plinius erzählt davon, und manch abenteuerlicher Bericht kolportiert die erstaunliche Geschichte, dass Reisende sich vor dem Verdursten nur dadurch hätten retten können, dass sie den Höcker des Kamels anstachen, um aus der herausschießenden Wasserquelle zu trinken. Kamelhöcker sind Vorratskammern, in die erstaunliche Mengen Fett als Nahrungsreserve eingelagert werden, und ein isolierendes Polster, das die Strahlen der Sonne abschwächt. Flanken und Bauch der Tiere sind dagegen nicht isoliert, so dass die Körperwärme abgestrahlt werden kann. Wird das Fettpolster verzehrt, wird zugleich das im Fett chemisch gebundene Wasser freigesetzt.

Ein Saharakamel kann mehr als zwei Wochen ohne feste oder flüssige Nahrung leben und Hunderte Kilometer zurücklegen, von einer Oase zur anderen. Es kann innerhalb von fünfzehn Minuten bis zu 200 Liter Wasser aufnehmen. Die Flüssigkeit gelangt in drei Vormägen und wird hier wie die Nahrung in spezielle Speicherzellen eingelagert, um im Bedarfsfall während langer Durst- oder Hungerzeiten abgerufen zu werden. Darauf sind selbst die roten Blutkörperchen des Kamels vorbereitet, die sich ballonartig auf das über 200fache ihrer Normalgröße aufblähen und das im Blut gelöste Wasser schnell und effektiv in jede Ecke des Tieres transportieren können. Auch die Nieren sind auf ein Wüstendasein spezialisiert, resorbieren brauchbares Wasser aus dem Harn und führen es dem Organismus wieder zu. Durch diese Urinverdickung kann das Kamel ebenso Salzwasser saufen, wie es salzhaltige Pflanzen fressen kann. Selbst der Enddarm besitzt spezialisierte Zellen, die dem Kot die Feuchtigkeit entziehen, um sie dem Flüssigkeitssystem wieder zuzuführen. Arbeiten Niere und Enddarm gleichsam als effiziente Wiederaufbereitungsanlage, funktioniert die Blase als eine Art Kühlaggregat, in perfekter Zusammenarbeit mit der Schwanzquaste. Während des verzögerten Urinierens schlägt der Schwanz hin und her und verwirbelt den Harn zur Kühlung des Hinterteils. Und wenn solche Techniken nicht mehr helfen, wenn die Lufttemperaturen dem Überlebenswunder Kamel zu extrem sein sollten und das Tier dürstet, erhöht es die Körpertemperatur bis auf neun Grad über Normalwert. Indem das Kamel kontrolliert fiebert, nicht mehr schwitzt, verhindert es einen weiteren Wasserverlust.

Durch ihre Atmung verlieren Mensch und Tier bei hohen Temperaturen bis zu einem Drittel ihrer Körperflüssigkeit; doch das Kamel weiß auch dieses Leck im Wasserhaushalt zu stopfen. Schlitzförmige Nüstern, die sich bei Sandsturm schließen, schützen eine kleine, aber effektive Klimaanlage, die Nasenhöhle, in deren Verästelungen aller Wasserdampf der ausgeatmeten Luft absorbiert und zur Kühlung des Kopfes dem Körper wieder zugeführt wird. So wundert es schließlich nicht, dass auch ein ewig sabberndes Maul noch einen Vorteil hat. Die fleischigen Lippen des Kamels reißen dornige Akazienzweige ab, die durch den Speichelfluss ohne Verletzungsgefahr zermalmt werden können.

Es braucht Gelassenheit und Zeit, Überlebensstrategien in den

Wüsten zu entdecken, dazu hatte Rohlfs weder Ruhe noch Ehrgeiz, die Abenteuer eines Zoologen oder Botanikers interessierten ihn nur peripher.

Versteckt, auf bizarre Weise ihrer Umwelt angepasst, existieren in den Trockengebieten der Erde die unterschiedlichen Lebensformen, von einfachen Mikroorganismen, die ihr Dasein im Schutze von Gesteinsspalten fristen, bis zu hoch entwickelten Säugetieren. Doch alle Existenz, tierische und pflanzliche, musste sich arteigene Überlebensstrategien erst »antrainieren«, um dem Wassermangel, dem kargen Nahrungsangebot, der Hitze und der Kälte erfolgreich entgegenzutreten, der unaufhörlichen Verwitterung ihres Lebensraums. Nichts in der Wüste bleibt, wie es ist, Steine zerspringen in scharfkantige Bruchstücke, zerfallen zu Sand und Staub, alles in ihr ist in Bewegung und bietet den Pflanzen wenig Möglichkeiten, sich auf Dauer anzusiedeln, den Tieren zur Fortbewegung einen stets fließenden Boden.

Pflanzen stehen am Beginn der Nahrungskette, sie empfangen genug Sonnenlicht, um aus Kohlendioxyd und Wasser ihre organische Nahrung aufzubauen. Davon ernähren sich die Pflanzenfresser, die wiederum Nahrung der Fleischfresser sind. Die Mehrzahl der Wüstentiere nimmt Wasser mit der Nahrung auf.

Um im Meer ohne Wasser an dieses Lebenselixier zu kommen, lassen Pflanzen sich manchen Trick einfallen. Eine der wohl erstaunlichsten Pflanzen der Wüste, die es gelernt haben, längeren Trockenzeiten zu trotzen, sind die auf beiden amerikanischen Kontinenten heimischen Kakteen, die Kolumbus' Nachfahren nach Südeuropa und Afrika mitbrachten.

Bis zu zwanzig Meter wächst in der nordamerikanischen Sonora-Wüste die Saguaro-Kaktee in die Höhe. Vor Millionen Jahren wuchs diese Kakteenart noch als Baum, bis das Küstengebirge aufgefaltet wurde und alles Land in deren Windschatten austrocknete. Andere Baumarten starben aus, diese überlebte die Klimakatastrophe. Die Blätter des urzeitlichen Saguarobaumes wurden kleiner, bis er ganz auf das hitzeempfindliche, schnell austrocknende Blattwerk verzichtete und die Produktion des für die Nahrung notwendigen grünen Chlorophylls in den Stamm verlagerte. Auf der Suche nach den seltener werdenden Niederschlägen wuchs sein Wurzelgeflecht verzweigter und reichte doch nicht mehr aus. Also veränderte der Saguarobaum die Zellstruktur des Stammes zu einem wasserspeichernden Gewebe und mutierte zum Kaktus. 8000 Liter Wasser speichert eine ausgewachsene Saguaro-Kaktee, das reicht, zwei Jahre Trockenheit zu überdauern.

Unter den Wüstenpflanzen ist dieser Kaktus, was unter den Wüstentieren das Kamel ist: brillanter Überlebenskünstler, den unwirtlichen Bedingungen in den Trockenzonen effektiv angepasst. Ein dichtes Stachelspalier überzieht seinen geriffelten Stamm und die Äste, das einerseits einen großen Teil des Sonnenlichtes reflektiert und andererseits den Pflanzenhautpartien Schatten spendet. Zwischen den zu kleinen Büscheln gruppierten, hell silbern gefärbten Stacheln liegen Drüsen, die das in der Pflanze gespeicherte Wasser wie durch eine Düse versprühen können. Droht dem Kaktus der Hitzekollaps, versprüht er Wasser aus seinem Innern, und die entstehende Verdunstungskälte kühlt die Pflanze herunter. Neben der eigenen Klimaanlage besitzt die Saguaro-Kaktee ein ebenso perfektes Recyclingsystem.

Pflanzen benötigen zur Photosynthese Wasser, Sonnenlicht und Kohlendioxyd, das sie durch winzige Blattporen aufnehmen. Im Sonnenlicht synthetisiert die Pflanz aus Wasser und Kohlendioxyd die notwendigen Nahrungsmoleküle, Zucker, das dabei entstehende Abfallprodukt ›Sauerstoff‹ atmet sie aus. In der Dunkelheit kehrt sich der Vorgang um, die Pflanze »atmet« Sauerstoff ein, um die Nahrung zu verbrennen. Der nächtliche Verbrennungsvorgang setzt wiederum Wasser und Kohlendioxyd frei, die Ausgangsstoffe der Photosynthese, die die Pflanze ausatmet. Die Photosynthese ist ein Wechselspiel zwischen Licht und Dunkelheit, ein steter Kreislauf.

Die Kaktee würde im grellen Tageslicht Hasard auf Leben und Sterben spielen, öffnete sie ihre Poren, um die wasseraufsaugende, aufgeheizte Wüstenluft einzuatmen, alle Feuchtigkeit würde aus ihr herausgezogen werden, sie würde austrocknen. Die Saguaro-Kaktee hält sich nicht an das vorgegebene Regelwerk der Photosynthese, sie hat ein Recyclingverfahren entwickelt, das Kohlendioxyd nicht mehr ausatmet, sondern in einem geschlossenen Kreislauf immer wieder benutzt. Würde diesem Kreislauf kein

Kohlendioxyd hinzugefügt werden, würde der Kaktus nicht wachsen, denn auch er braucht den Nachschub aus der Luft. Aber durch die Rückführung des für die Photosynthese notwendigen Gases kann die Kaktee ihre Poren am Tage geschlossen halten und sie erst nachts öffnen, wenn die Verdunstung wesentlich geringer ist. Millionen Jahre mussten vergehen, ehe der Saguaro-Kaktus derart komplexe Überlebenstechniken beherrschte.

Die Bäume tropischer Regenwälder streben kraftvoll in die Höhe, hin zum Licht, die Bäume der Wüste wachsen ebenso kraftvoll in die entgegengesetzte Richtung. Die Wurzeln des Mesquitebaums reichen in tiefe Gesteinsschichten, die aus dem die Sonora-Wüste abgrenzenden Gebirge reichlich Grundwasser heranführen, und so überdauert der Baum Trockenperioden, die selbst den Saguaro-Kakteen zum Verhängnis werden.

In der Sahara hat die Akazie den Drang in die Tiefe zur Meisterschaft entwickelt; ihre achtzig Meter langen Wurzeln erreichen fossiles Grundwasser tief unter der Oberfläche. Die Akazie trinkt Regen, der vor Jahrtausenden aus den Wolken fiel. Eine junge Akazie kauert sich auf dem Boden fest, wächst erst zu den wasserführenden Bodenschichten hinunter, ehe sie sich aufrichtet. Ihre Wurzeln sind achtmal länger, als die Akazie hoch ist. Die Akazie kennt ihre Grenzen, das Gebiet ausgedehnter Sandmeere, die Ergs. Wanderdünen würden sie zuschütten, der Wind würde ihre Wurzeln freilegen, sie würde ersticken oder umstürzen. Es braucht besondere Techniken, den Dünen zu widerstehen, Techniken, die so genannte »wandernde« Bäume exzellent beherrschen. Die verkrüppelten, niedrigen Bäume, mehr Busch als Baum, vollziehen den Wanderweg der Düne mit. Sie wachsen auf dem Dünenkamm, und der Wind verhindert, dass sie sich über Buschhöhe hinaus entwickeln. Auf der dem Wind zugewandten Dünenseite werden die Wurzeln dieser Buschbäume vom Sand freigelegt und verdorren, während sich auf der windabgewandten neue bilden, aus denen ein neuer Stamm wächst, während der alte abstirbt. Der Baum gibt seinen Standort auf, als würde er mit der Düne vorwärtskriechen, immer wieder bildet er auf der Suche nach Feuchtigkeit im Düneninneren neue Wurzeln in den Windschatten des Sandbergs aus, während die alten austrocknen und abfallen.

Andere Pflanzenarten versuchen erst gar nicht, sich den Trockenzeiten zu widersetzen; als wären sie scheintot, reduzieren sie ihren Stoffwechsel auf Jahre hinaus, während sie von den in ihren Knollen oder Wurzeln gespeicherten Vorräten ihr Dasein fristen. Mit dem ersten Regen erwachen sie zu neuem Leben, treiben Blätter und Stängel aus, setzen die Photosynthese in Gang, um für schlechte Zeiten neue Reserven anzulegen. Das Blattwerk des Fettblattbaums stirbt mit Beginn der Dürrezeit, hängt wie ein dichter Schirm jahrelang an den Ästen und spendet dem Boden Schatten. Der Bodenschatten ist ein wirksamer Schutzpanzer, der verhindert, dass die in den Wurzeln gespeicherte Feuchtigkeit zu schnell verdunstet. Irgendwann, wenn es regnet, wirft der Fettblattbaum seinen Sonnenschirm aus toten Blättern ab und treibt neue aus.

Entlädt sich ein Tiefdrucksystem über der Wüste, verwandelt sie sich auf kurze Zeit in einen leuchtenden Blütenteppich, der schnell wieder zu Staub zerfällt. Diesen ephemeren Blumen reichen wenige Tage, sie schütten ihren Samen aus und sorgen so für die Arterhaltung. Myriaden Samenkörner werden vom Wind verstreut, liegen zwischen den Steinen einer Hamada oder im harschen Sand begraben, jahrzehntelang, ohne ihre Keimfähigkeit zu verlieren. Irgendwann wird ein erneuter Regen aus diesen Keimlingen in Lauerstellung eine neue Pflanzengeneration reifen lassen. Viele Sämlinge besitzen keimungshemmende Stoffe, die verhindern, dass sie beim erstbesten Niederschlag in die Höhe schießen, denn nicht jeder Regen bringt die für einen Lebenszyklus ausreichende Feuchtigkeitsmenge. Erst wenn sie vorhanden ist, beginnen die Samenkörner zu keimen.

Das Überleben in der Wüste setzt die unterschiedlichsten Strategien der Arterhaltung voraus, auch eine Art Geburtenkontrolle. Einige Ephemeren halten einen Teil ihrer keimfähigen Samenkörner während einer Regenperiode als Reserve zurück, als eine Art Überlebensgarantie. Selbst wenn alle jungen Pflanzen der ersten Keimlingsgeneration von einer Hitzewelle überrascht oder in einem Sandsturm vernichtet werden sollten, harren im Wüstenboden noch genügend Samenkörner des nächsten Regens, um ihre Art am Leben zu erhalten.

Über den Fluss und durch die Wälder zum Atlantik

In Kukawa sitzt Rohlfs abermals fest. Die Residenzstadt des Sultans von Bornu samt ihren 15 000 Einwohner versinkt im Regen.

Einerseits kann er sich so recht nicht entschließen, wohin er gehen soll, andererseits ist, wohin er auch ginge, alles vom Wohlwollen des jeweiligen Herrschers abhängig. Das Schicksal der verschollenen Reisenden Eduard Vogel und Moritz von Beurmann will er am Ostufer des Tschadsees, im Scheichtum Wadai, aufklären, doch der Sultan von Wadai reagiert nicht auf Rohlfs' Ersuchen zur sicheren Einreise. So bleibt es bei Rundreisen durch die westlichen und südlichen Küstenregionen des Tschadsees, Erkundungsmärsche mit Buckelochsen, da Kamele für den morastigen Boden nicht taugen. Auch die Hufe seines Pferdes finden nur selten einen brauchbaren Tritt, nervös tänzelt es umher und schlägt unaufhörlich seinen Schweif nach den Fliegen und Mücken, die es plagen. Rohlfs' Mannschaft ist im Herrschaftsbereich blutsaugender Insekten unterwegs und ist darauf wenig vorbereitet. *Unsere Karawane glich, da die Hälfte der Reisegesellschaft krank war, einem Feldhospital*, notiert er. In Doloo stirbt sein weißer Spitz »Mursuk«, und die Dorfältesten bitten ihn, ihnen den Hundekadaver zu überlassen, Hundefleisch habe man lange nicht mehr gegessen.

Aus dem Regen kommt er nach Kukawa in den Regen zurück. Irgendwann bleibt der Regen aus, und das Land beginnt zu dampfen. Sultan Omar, der den beiden vermissten Deutschen ein freundlicher Gastgeber war, hat inzwischen eigene Nachforschungen anstellen lassen, deren Ergebnisse Rohlfs niederschmettern. Demnach sei Eduard Vogel bis in das Sultanat Wadai vorgedrungen, dort der Spionage für die Türken beschuldigt und auf Befehl des Herrschers von Wadai am 8. Februar 1856 von Eingeborenen ermordet worden. Moritz von Beurmann, ausgesandt, Vogel zu suchen, traf im Februar 1863 das gleiche Schicksal. Die Ausrüstungen und Aufzeichnungen beider Männer seien im Besitz des Sultans von Wadai.

Eigentlich fühlt er sich erleichtert, die Nachricht über die Ermordung der beiden Deutschen befreit ihn von der Verpflichtung, eigene Recherchen im Wadai durchzuführen, zu denen er keine Kraft mehr hat. Rohlfs ist mit Chinin und Opium voll gepumpt, um die ständigen Fieberanfälle zu beherrschen. Der Aufenthalt in Kukawa hat zudem seine Geldreserven auf einen beunruhigenden kleinen Restbetrag in Gold schmelzen lassen. 200 Mariatheresiataler musste er sich bereits gegen einen Wucherzins borgen. *Bei der Kostspieligkeit des Lebens in Kuka hatten die 200 Taler, die ich mir geliehen, nicht lange vorgehalten, meine baren Mittel gingen wieder zur Neige, und ich mußte allen Ernstes an die Weiterreise denken. In Gebieten, die außerhalb des Bereichs der arabischen und berberischen Kaufleute liegen, wo infolge dessen kein Geldumlauf stattfindet, konnte ich hoffen, gegen meine Waren, gegen Glasperlen und dergleichen alles zum Unterhalt Nötige einzutauschen … mein Entschluß zur Rückkehr war gefaßt. Ich wollte auf dem kürzesten Wege das Atlantische Meer zu erreichen suchen und auch dann so bald als möglich nach Europa einschiffen. Aber die Reise von Bornu bis an die Meeresküste erforderte mehrere Monate Zeit, und nur für so lange reichte meine erschöpfte Reisekasse gerade noch hin.*

Heinrich Barth war von Kukawa westwärts nach Timbuktu gezogen, und als er die Stadt am Niger erreicht hatte, nach Kukawa zurückgekommen, um durch die Sahara an das Mittelmeer zurückzukehren. Mehr als fünf Jahre war Barth auf dieser Reise unterwegs. Gerhard Rohlfs ist aus anderem Holz geschnitzt und Timbuktu längst nicht mehr Ziel seiner Reise. Abenteuerlust erschöpft sich schnell, verkümmert im Gleichmaß der Tage. 575 Tage nach seinem Aufbruch aus Tripolis, fast fünf Monate nach seiner Ankunft in Kukawa, ordnet er den Apothekenkasten, um die letzte Etappe seines Weges durch Afrika anzutreten.

Die Apotheken, die Europas Reisende in Afrika mit sich führten, füllten große Kisten. Zinkoxid, Brechwurz, Blei- und Chininsulfat, als blutstillendes Medikament Tannin, Chlorodyne und Zitronensäure, Bittersalze, Aloe, Benzin, verschiedene Abführmittel, Senfpflaster und zerzupfte Leinwand als Verbandsmaterial. Wohin die Reise auch ging, durch Nord-, Süd- oder Zentralafrika, den Europäern waren während ihrer Unternehmungen vor allem drei Substanzen unentbehrlich: Chinin, Arsen und Opium, Letzteres als Morphium injiziert oder als alkoholische Opiumtinktur, verabreicht als Laudanum.

So traten sie der Ruhr, der Diarrhöe und weiteren Krankheiten entgegen, und auch der Malaria, die als »afrikanisches Fieber« vor allen anderen gefürchtet war. Der Belgier Jérôme Becker, der sich mehrmals in der Kongoregion aufhielt, schrieb: »Die Malaria kam bei mir zum Ausbruch und brachte mich schrecklich herunter. Man wird sich kaum vorstellen können, wie entsetzlich es für mich war, mich meilenweit durch das Land hinzuschleppen … In Pokirambo war ich während der ganzen Nacht im Delirium und von den seltsamsten Phantasiegebilden umgaukelt. Ich bildete mir ein, meine ganze Mannschaft mache Anstalt, in Masse von mir zu entweichen … Es schien mir, die Eingeborenen hätten nicht so ganz Unrecht, wenn sie die Krankheiten den Teufeln zuschreiben, die sich in uns festsetzen.«

Von Moskitostichen droht Gefahr, das wusste das 19. Jahrhundert, und auch, dass die Tsetsefliege dem Vieh schädlich ist. Die Zusammenhänge, die Verknüpfung zwischen Ursache und Wirkung, verstand es allerdings nicht. Man glaubte, das »afrikanische Fieber« sei eine Art Ausdünstung des dem Europäer ungewohnten Klimas oder faulender Stoffe. 1890 berichtete Richard Büttner aus den Tropengebieten von seinen Erfahrungen als Fieberkranker. »An mir selbst erfuhr ich, dass intensive Einwirkung der Sonne, Ueberanstrengungen, Erkältungen, das Passieren von Morastgegenden, Aerger und Aufregungen Fieber herbeiführen, auch solche ohne jene Anlässe eintraten, und ich bin der Meinung, dass derjenige, welcher jene Faktoren möglichst vermeidet, dazu über einen mitgebrachten gesunden Körper verfügt, vernünftig und mässig (aber nicht etwa schlecht) zu leben und seine Fieber sachgemäss zu behandeln versteht und Gelegenheit hat, Aussicht, aber durchaus nicht Gewissheit hat, dem Klima im Gebiet des unteren Kongo für einige Zeit zu widerstehen.« Jeder, der diesen Kontinent betrat, musste mit dem »afrikanischen Fieber« rechnen. In den Tagebüchern der Reisenden ist das Fieber zum »Opfer« verklärt, das jedem abverlangt wurde, der in Afrika unterwegs war. In den veröffentlichten Reiseberichten des Jahrhunderts wuchs sich solches »Opfer« zur Metapher auf Manneskraft, Mut und Willensstärke aus, zu einer Art Poesie des Fiebers. »Meine erste Nacht auf dem afrikanischen Kontinent vergeht in Todesängsten … unter fortwährenden Anfällen von Übelkeit. Schließlich, gegen Morgen, läßt die Krise nach, doch nur, um dem Fieber Platz zu machen, diesem schrecklichen afrikanischen Fieber, dem ich als erster meinen Tribut zollen mußte. Gleichwohl ist die Begegnung harmlos. Nach drei Tagen schmerzhafter Liebkosungen wird die verdrießliche Besucherin ihres jüngsten Favoriten überdrüssig und eilt davon zu anderen Umarmungen. Fahren Sie wohl, Mademoiselle, und es soll endgültig aus sein zwischen uns …« Jérôme Becker musste schnell erfahren, dass das »afrikanische Fieber« mehr als eine Liebesaffäre ist. »Was bedeutet mir die Dichtung, die Natur, ja die Welt! Ich hatte Fieber, dieses afrikanische Fieber, das in weniger als einer Stunde den härtesten Mann zu Boden streckt, das in ihm alle Spannkraft und alle Energie abtötet, ihn seine liebsten Freuden unerträglich werden läßt, ihn in Selbstmordgedanken treibt und das schließlich so viele Europäer ins Grab gebracht hat!« Dagegen hielt die Reiseapotheke Chinin, Arsenik und Opiate bereit, meist in einer Kombination verabreicht. Hermann Wissmann, Mitglied einer belgischen Afrika-Expedition, erzählte von der Behandlung eines Kranken, dessen Krankheitsbild Symptome der Ruhr und der Malaria zeigte. »Da er in keiner Weise Chinin bei sich behalten konnte, machte ich ihm Injektionen unter durch Mangel an geeigneten Medizinen sehr beschwerlichen Umständen. Ich hatte nur schwefelsaures Chinin und löste dies zur Injektion mit Essigsäure auf. Die Folge war, dass nach der Einspritzung große und tiefe Wunden entstanden. Trotzdem wirkte das Chinin, und da die hochgradige Erregung durch Morphiuminjektionen beseitigt wurde, hatte ich die große Freude, ihn nach fast zweitägigem Schlafe, der so tief war, dass er nur ganz kurz durch die schmerzhaften Einspritzungen von Chinin unterbrochen wurde, vom Fieber frei zu sehen. Von ausgezeichneter Wirkung war hierauf als Nahrungs- und Anregungsmittel ein sogenannter Cock-tail, ein aus Cognac, Zucker, Ei, Magenbitter und Muskatnuss hergestelltes Getränk. Lange Zeit noch brauchte der furchtbar mitgenommene, sonst äußerst kräftige junge Offizier, bis er wieder im Vollbesitz seiner Gesundheit war.«

Es ist der 13. Dezember 1866, als sich Rohlfs aus Kukawa und von Mohammed el Gatroni verabschiedet.

Gatroni wird sich Karawanen anschließen, die vom Tschadsee nordwärts in die Sahara ziehen, nach Bilma und weiter bis nach Murzuk. Er wird mit zwei Kamelen die Große Wüste durchqueren, um das Gepäck des Rohlfsschen Unternehmens noch Tripolis zu befördern, wissenschaftliches Gerät, eine Mineraliensammlung, Sämereien, allerlei Gebrauchsgegenstände von der Lanze bis zum Kochgeschirr und jene Geschenke, die Rohlfs auf seiner Reise erhalten hatte, von Sultan Omar ein Pferdegeschirr – *ich hatte später die Ehre, es Kaiser Wilhelm zu überreichen, und es befindet sich jetzt nebst anderen Gegenständen, die ich aus Zentralafrika mitgebracht, im Berliner Museum.*

Siebzehn Monate ist er bisher unterwegs gewesen, sechs in Bewegung und elf Monate an einem Ort festgehalten; jetzt will Rohlfs nur noch auf sicheren und möglichst bequemen Wegen zurück nach Europa.

Er bricht mit Pferden und vier Lastochsen auf, mit Hammed Tandjani und dem »Sklavenjungen« Noël. Eine Ehreneskorte des Sultans von Bornu begleitet den Trupp bis an die Grenzen des Sultanats. Der Kommandierende trägt die traditionelle Ausrüstung eines Bornuer Panzerreiters, einen kupfernen Helm, Schutzmantel mit Brustplatte und Schulterstücke. Den gepanzerten Mantel, aus dichtem, doppeltem Kupferdrahtgeflecht und mit einer dicken Baumwollschicht gepolstert, können weder Pfeile noch Schwerter durchdringen, selbst Gewehrkugeln mit geringer Durchschlagskraft bleiben in ihm stecken. Auch die Pferde tragen ein Schutzgitter. Rohlfs hat die Panzerreiter im Einsatz erlebt, als sie jenseits der Grenzen des Sultanats auf Menschenjagd unterwegs waren. Wo die Reiter hinkamen, legten sie Feuer in die Hütten, schlugen sie alle männlichen Dorfbewohner und Alte tot. Sie warfen Säuglinge in die brennenden Hütten und trieben Kinder und Frauen, an den Händen gefesselt, nach Kukawa. Wer zu fliehen versuchte, dem schnitten sie die Kehle durch. Täglich wurden auf dem Sklavenmarkt in Kukawa Hunderte von Menschen zum Verkauf angeboten, und Rohlfs hatte ansehen müssen, wie Käufer die ›Ware‹ taxierten. Sie maßen die Größe der Menschen mit ihrer Handspanne, sahen sich deren Zähne an, fragten nach dem Appetit und verhandelten über den Kaufpreis. Junge, kräftige Burschen kosteten fünfzehn bis dreißig Mariatheresiataler, Mädchen das Zwei- bis Dreifache. Kukawas Sklavenmarkt war die stets sprudelnde Geldquelle des Herrschers von Bornu, Sultan Omar.

Anfang März, die Panzerreiter sind längst zurückgekehrt, das Pferd und die Ochsen verkauft, schlägt sich Rohlfs zu Fuß durch die Wälder im heutigen Nigeria. Das Gepäck hat er Hammed Tandjani und Noël aufgelastet, Elefantenstoßzähne und was ein Afrikareisender aus Europa sonst noch braucht, Medikamente, Gewehre und die entsprechende Munition, zwei oder drei gute Feldstecher. Er ist die feuchte tropische Hitze nicht gewohnt, sie setzt ihm mehr zu als die trockene Hitze in der Sahara. 40 Grad Celsius zeigt das Thermometer, und seine Oberschenkelverletzung macht sich wieder bemerkbar. Auf einen Stock gestützt marschiert er vorwärts, dem Fluss entgegen, der unmittelbar vor ihnen liegen muss. In der Nacht zum 19. März quälen sie sich durch einen Wald, dessen Blätterdach so dicht geschlossen ist, dass es alles Licht der vollen Mondscheibe zurückhält. Um sich nicht zu verlieren, fassen sie sich an den Händen und stolpern vorwärts. *Plötzlich erglänzte zu unseren Füßen die breite silberne Wasserfläche des in majestätischer Ruhe dahinziehenden Stroms, der die Gewässer aus dem Herzen Afrikas dem Niger und durch diesen dem Großen Ozean zuführte. Kein Laut unterbrach die nächtliche Stille und geräuschlos streckten auch wir uns, das Erscheinen der Morgenröte erwartend, in den weichen Ufersand zum Schlafe nieder.* Der Benue ist erreicht, die Atlantikküste dagegen noch weit.

In einem kleinen Dorf am Strom mietet er sich für die Flussfahrt ein Boot und Männer, die es steuern. Man fordert für die Dienstleistung mehr Geld, als er hat, und Rohlfs musste einige seiner Kleidungsstücke versetzen. In einem ausgehöhlten, neun Meter langem, einen halben Meter breiten Baumstamm, den vier Männer geschickt auf Kurs halten, treiben sie den Benue herunter. *Leider befand ich mich nicht in der Verfassung, die reizende Szenerie dieses jungfräulichen Stroms in vollen Zügen zu genießen, denn gleich nach der Abfahrt von Loko hatte ich einen heftigen Fieberanfall, der meine Lebensgeister zu völliger Kraftlosigkeit und Apathie herabdrückte.* Auch Noël hat das afrikanische Fieber, selbst der Marokkaner Hammed Tandjani kränkelt, und Rohlfs' Vorrat an Opium und Chinin schrumpft auf einen kleinen Rest zusammen, von dem er nicht sagen kann, ob er reichen wird.

Am 28. März 1867 ist die Nigermündung erreicht. Am Ufer liegen zwei Boote vertäut. *Der Anblick zweier Barken, die gewiß in Europa gebaut waren, gab mir meine Kraft und Elastizität zurück. Bisher hatte ich kaum vermocht, mich aus meiner gekrümmten Stellung aufzurichten. Jetzt aber sprang ich, als die Spitze unseres Bootes das Land berührte, mit großen Sätzen ans Ufer.*

Zwei Engländer, die Rohlfs mit Handschlag begrüßen, können nicht glauben, dass der Ankömmling nach einer Saharadurchquerung vor ihnen steht, dass er vom Mittelmeer, nicht vom Atlantischen Ozean kommt.

Die Durchquerung Nordafrikas ist eine Sensation, auf die die Welt jedoch noch warten muss, denn erst in sechs Monaten wird ein Dampfer von Lagos nigeraufwärts die Faktorei anlaufen. So lange werde sich Rohlfs wohl oder übel gedulden müssen, sagen die Engländer. Rohlfs' desolater Gesundheitszustand fordert eine andere Entscheidung. Mit einem Boot fährt er nigerabwärts; zwei Wochen drückende Hitze, Fliegen- und Moskitoschwärme, eine zusätzliche Plage für die Fiebergeschüttelten. Bei Rabba verlässt er den Strom und marschiert zu Fuß weiter.

Am 1. Juni 1867 ist Lagos erreicht, jene Stadt am Golf von Guinea, in der seit den fünfziger Jahren eine deutsche Handelsniederlassung existiert und hanseatische Firmen mit dem Verkauf von Waffen und Alkohol Geld verdienen. *Sobald die in Lagos wohnenden Deutschen die Kunde von der Ankunft eines Landsmanns vernommen hatten, erschienen sie im Gouvernementshaus, um mich zu begrüßen und mir Wohnung bei sich anzubieten. Sie logierten mich in die Faktorei der großen Hamburger Firma O'Swald ein und ließen mir dort die ausgesuchteste Gastfreundschaft zuteil werden. Nach vierzehn Tagen kam dann der englische Dampfer, auf dem ich mich nach Europa einschiffte* – 28 Monate nachdem er Deutschland verlassen hatte.

Es ist der 14. Juni 1867, und Henry Noël, das Sklavenkind, bleibt in Lagos zurück, vorerst, bis ihn Rohlfs nach Bremen nachholt.

Schneller als Rohlfs erreicht Europa ein Gerücht. Er sei im Sultanat Wadai verschollen, wie Vogel und Beurmann ermordet worden. Von Liverpool telegraphiert er nach Vegesack seine glückliche Heimkehr und erlöst seine Familie aus einer schrecklichen Ungewißheit, in die sie durch einen Brief des Gothaer Kartographen Petermann gestürzt worden waren. »Mit blutendem Herzen entschließe ich mich anliegend die mir von meinem langjährigen Korrespondenten Dr. Reih in Kairo gewordene ominöse Nachricht aus Wadai zu übersenden. Wenn ich auch sehnlichst hoffe, daß sie sich nicht bewahrheiten wird … so halte ich es doch für meine Pflicht, Ihnen den Brief zu übermachen. Möge es in Gottes Beschluß anders sein und möge recht baldige direkte Nachricht das Gegenteil dieser Angabe dartun.«

Jetzt kehrt der Totgesagte an die Weser zurück, abgemagert, mit braun gegerbter Haut, fiebrig funkelnden Augen, und die Welt hat ihre Sensation. Zum ersten Mal in der jüngeren Geschichte ist ein Europäer vom Mittelmeer durch die Sahara zum Golf von Guinea gereist und hat dabei mehr als 5000 Kilometer zurückgelegt. Nach Livingstone, der 1852 bis 1856 von der Westküste, von Loanda (Angola), an die afrikanische Ostküste, nach Quelimane (Moçambique), gereist war, ist es die zweite Afrikadurchquerung.

Als Gerhard Rohlfs zum Beweis seiner Reiseroute die Empfehlungsbriefe der verschiedenen afrikanischen Herrscher vorlegt, wird er mit Einladungen und zahlreichen Anfragen überschüttet, wann er einem größeren Auditorium seine Erlebnisse berichten werde.

Selbst die Vegesacker Honoratioren sind stolz auf den Mann, der hochmütig als Ausreißer aus ihrem Gesichtsfeld verschwand, um als viel beachtete reife Persönlichkeit zurückzukehren. Den noch immer vorhandenen Hochmut sieht man ihm gerne nach, und dass er Timbuktu nicht erreicht hat, interessiert niemanden mehr. Selbst Rohlfs findet sich damit ab und tauscht die unerfüllt gebliebene Sehnsucht gegen eine gesellschaftliche Anerkennung ein, die er als Abenteurer wohl nicht erfahren hätte, selbst wenn er in die Stadt seiner Träume gekommen wäre.

Als Petermann in Gotha das gesammelte Datenmaterial 1868 bis 1872 in den »Geographischen Mitteilungen« publiziert, feiert ganz Europa den Abenteurer als Afrikaforscher. Die Königlich-Geographische Gesellschaft in London verleiht ihm ebenso die Goldmedaille wie die Berliner Gesellschaft für Erdkunde, und zahlreiche wissenschaftliche Institutionen und Gesellschaften ernennen ihn zu ihrem Ehrenmitglied. Rohlfs' Name wird nun in einem Atemzug mit Hornemann, Livingstone, Mungo Park oder Heinrich Barth genannt. Dass die wissenschaftlichen Notizen der Saharadurchquerung, Rohlfs' Wetterbeobachtungen, Routenkarten, Temperatur-, Luftdruck- und Luftfeuchtigkeitsmessungen eher leichthin fixiert worden waren, bleibt selbst dem Fachpublikum verborgen, leistete doch August Petermann ganze Arbeit, der das Material ebenso exakt wie gründlich redigiert und auf den neuesten Stand der Forschung gehoben hatte. Das breite Publikum interessiert sich nicht für endlose Zahlenkolonnen und liest lieber den Reisebericht, den Rohlfs 1874/75 publiziert. »Quer durch Afrika« wird sein populärstes Buch und in viele Sprachen übersetzt. In Deutschland sollte es mehr als andere Reisebeschreibungen ein breites öffentliches Interesse am unbekannten schwarzen Kontinent stiften.

Rohlfs steht am Zenit seines Lebens, auf dem Höhepunkt seiner Karriere als Afrikareisender.

Gerhard Rohlfs, wahrscheinlich nach seinem Abschied aus der Fremdenlegion.

Rohlfs als Muslim, 1864.

Auf dem Benue. Zeichnung von Rohlfs.

Die Oase Dakhla.

Die Oase Farafra.

Groß-Scherif
Sidi el Hadsch Abd es Salam.

Kuka (Kukawa), Residenzstadt des Sultans von Bornu.

Leontine Rohlfs.

Europäische Gesandte und der osmanische Bey verabschieden Gustav Nachtigal mit einem Picknick vor den Toren von Tripolis, März 1868.

Rohlfs mit »Sklavenkind« Noël.

Murzuk. Zeichnung von Rohlfs. 1865.

Gerhard Rohlfs. 1867.

Die holländische Forscherin Tinné, die kurz nach dieser Zeit auf ihrer Wüstenexpedition von Arabern ermordet wurde, besucht Rohlfs vor seiner Reise von Tripolis nach Alexandrien. Winter 1868/69.

Rohlfs (sitzend, rechts) trifft Alexandrine Tanné (sitzend, links) im Januar 1869.

August Petermann (1822-1878).

Bibliothek der Villa in Weimar. Rohlfs am Schreibtisch, Leontine lesend. Der Fries zeigt Gemälde, die nach Remelés Fotos entstanden.

Gerhard Rohlfs, 1895.

Aus den Papieren einer Karriere

Gestern Abend habe ich meinen ersten Vortrag gehalten und einen durchschlagenden Erfolg gehabt. Alle Blätter, an der Spitze der Herald, bringen die schmeichelhaftesten Referate.

Gerhard Rohlfs. 1875

Schlachtfeld Afrika

Auch der preußische Königshof war auf den Hanseaten aufmerksam geworden, mit diesem Mann war gewiss Staat zu machen. Eine Depesche wurde auf den Weg gebracht, und Vegesack stand Kopf.

»Ems, den 9. August 1867. Es gereicht mir zum Vergnügen Euer Hochwohlgeboren ergebenst zu benachrichtigen, dass seine Majestät der König, in Anerkennung der Verdienste, welche Sie sich durch Ihre Reisen und Forschungen in Afrika um die geographische Wissenschaft unter erheblichen Mühen und Gefahren erworben haben, Ihnen den Kronen-Orden III. Klasse zu verleihen geruht hat. Die Dekoration desselben übersende ich Ihnen beifolgend und spreche Ihnen zugleich meine eigene Teilnahme an Ihrer glücklichen Rückkehr und den Erfolgen Ihrer aufopfernden Bestrebungen für den Ruhm deutscher Wissenschaft aus. Bismarck.«

Eine Einladung nach Berlin lässt nicht lange auf sich warten. Rohlfs stolpert die Karriereleiter empor, berichtet König Wilhelm I., Königin Auguste und Kronprinz Friedrich von seinen abenteuerlichen Wegen durch Afrika, die alle Zufälligkeiten, alle Zwangsläufigkeiten verlieren, je öfter er von ihnen spricht.

Er hat Henry Noël nach Berlin mitgebracht, um das »Sklavenkind« dem Königshaus als exotisches Mitbringsel in Obhut zu geben. »Ich will«, sagt Wilhelm, »ihm die beste Erziehung geben lassen, um zu sehen, wie weit es so ein Neger bringt.« So kommt der junge Afrikaner unter die Knute preußischer Realschullehrer. Königin Auguste zeigt sich für die »sittliche Erziehung« Noëls verantwortlich und ist begeistert, wenn ihr Schützling als Othello oder als »Mohrenfürst« in ihren Gesellschaften auftritt. Mit Noël hat Rohlfs einen Fuß in die Tür zur feinen Berliner Gesellschaft bekommen, die ihm bislang verschlossen war. Afrika lag weit entfernt, galt als Tummelplatz für Abenteuer, Jagden und weitere Männervergnügungen. Das unrühmliche Ende der ersten deutschen Expedition nach Zentralafrika war in Berlin unvergessen.

1855 war Heinrich Barth stürmisch gefeiert worden, als einziger Überlebender der »English mixed scientific and commercial expedition«, einer von der englischen Regierung ausgerüsteten »gemischten Wissenschafts- und Handelsexpedition« in den westlichen Sudan, die ihn bis nach Timbuktu geführt hatte. Richardson, der Expeditionsleiter, war den Strapazen der Reise durch die Sahara erlegen, und Adolf Overweg war am 27. September 1852 in Manduaria am Tschadsee gestorben. Schon geschwächt durch eine Diarrhöe und das afrikanische Fieber, hatte der Geologe eine Woche vor seinem Tod Enten im westlichen Schilfgürtel des Sees geschossen und versäumt, seine nassen Kleider zu wechseln.

Um Overweg zu ersetzen, hatte die englische Regierung 1853 einen jungen Astronomen der Londoner Sternwarte, den vierundzwanzigjährigen Eduard Vogel, in das Tschadgebiet in Marsch gesetzt. Mit wissenschaftlichem Gerät und dem notwendigen Kapital erreichte Vogel Bornu, nicht jedoch Barth, der inzwischen nach Timbuktu unterwegs war. Da er über Barths Schicksal nichts in Erfahrung hatte bringen können, benachrichtigte Vogel kurz entschlossen seine Auftraggeber in London von dessen wahrscheinlichem Ableben.

In London, Berlin, vor allem in Gotha wurden schon Nachrufe auf Heinrich Barth geschrieben, als sich die beiden Männer am 1. Dezember 1854 eher zufällig begegneten. Barth hat die Szene später erzählt: »Ich selbst hatte in der Tat nicht die entfernteste Ahnung, dass ich ihm begegnen könnte, und er seinerseits hatte erst kurz zuvor die Kunde erhalten, dass ich noch am Leben und glücklich aus dem Westen zurückgekehrt sei. Ich hatte ihm von Kano aus einen Brief geschrieben, und der war ihm unterwegs zugekommen; aber wegen der arabischen Adresse, die ich der sicheren Besorgung halber auf den Umschlag gesetzt, hatte er gemeint, es wäre ein Brief von einem Araber, und hatte denselben, ohne ihn zu öffnen, zu sich gesteckt, bis er jemand träfe, der ihn vorlesen konnte. Es war ein unendlich erfreuliches, überraschendes Ereignis. Inmitten dieser ungastlichen Waldung stiegen wir nun vom Pferde und setzten uns nieder. Mittlerweile kamen auch meine Kamele nach und meine Leute waren höchst erstaunt darüber, einen weißen Landsmann neben mir zu finden. Ich holte einen kleinen Vorratssack hervor, wir ließen uns Kaffee kochen und waren ganz wie zu Hause. Seit länger als 2 Jahren hatte ich kein deutsches oder überhaupt europäisches Wort gehört, und es war ein unendlicher Genuss für mich, mich wieder einmal in der heimischen Sprache unterhalten zu können.«

Heinrich Barth kehrte nach Europa zurück, Eduard Vogel blieb in Bornu und wollte die Ostküste des Tschadsees bereisen. Barth war der letzte Europäer, der Vogel sah, der seither als verschollen galt, spätestens aber mit Barths Ankunft in London.

Afrikareisen waren Unternehmungen über Jahre hinweg, und es war durchaus nicht ungewöhnlich, dass die Öffentlichkeit vom Reisenden zwei, drei Jahre hindurch keine Nachricht erhielt. Diesmal war es anders. Eduard Vogels Schwester, Elise Polko, stand als vielgerühmte Sängerin und mit Rührgeschichten erfolgreiche Schriftstellerin im Rampenlicht der Öffentlichkeit, und die Presse hatte eine Story gefunden, die sich in endlosen Fortsetzungen erzählen ließ. Als die Journalisten über das individuelle Schicksal der Geschwister hinaus in Vogel den verschollenen »deutschen Landsmann« entdeckten, nahmen sich auch seriöse Blätter und Fachzeitschriften des Themas an, das durch die tatkräftige Mithilfe einiger deutschnational gesinnter Politiker in eine nationale Bewegung umschlug. 1860 wurde eine Pressekampagne in Gang gesetzt, die zur Unterstützung einer Expedition aufrief, das Schicksal des Verschollenen zu klären. In allen größeren deutschen Zeitungen wurden Spendenaufrufe und Artikel veröffentlicht, eine Art »große Liste der deutschen Märtyrer africanischer Forschung«, die vom »unwiderstehlichen Drang zur Wissenschaft beseelt«, »auf dem Feld der Ehre fielen«. Vom angeblichen Märtyrertum deutscher Afrikareisenden war es dann nur noch einen Federstrich weit zur antienglischen Agitation, die in den kommenden Jahrzehnten die deutsche Afrikaforschung überschatten sollte. Immer wieder wurde Barth zitiert, der den Gegensatz zwischen sich und Richardson resümierte: »Wir armen Deutschen, die mit so armseligen Mitteln mitten in Afrika reisen sollten, und unser eigenes Vermögen sowie unser Leben preisgeben, sind bisher nicht wie Mitglieder der Expedition oder wie Gentlemen, sondern wie Bedienstete angesehen worden.«

Auf dem Höhepunkt der Pressekampagne konstituierte sich in Gotha ein Komitee unter dem Vorsitz von Herzog Ernst II. von Sachsen-Coburg-Gotha, um eine Suchexpedition zu organisieren. Zu diesem Zeitpunkt hatte sich jedoch die Auffassung, dass Vogel bereits tot sei, mehr und mehr durchgesetzt, und auch Elise Polko warnte davor, weitere Menschenleben zu riskieren. Vergebens, das Schicksal des Verschollenen war politisch längst zur deutschen Nationalbewegung instrumentalisiert worden, und das Komitee hatte bereits 20 000 Taler für die Ausrüstung der Expedition gesammelt. Eine Woge nationaler Begeisterung schwappte durch deutsche Königreiche, Fürstentümer und Grafschaften, die Rudolf von Bennigsen, Vorsitzender des Deutschen Nationalvereins, als »Stärkung des deutschen Gemeingefühls, der Ehre und Achtung des deutschen Namens« apostrophierte. Die dem Nationalverein nahe stehende Zeitschrift »Die Grenzboten« wertete die Expedition als »einen von den Beweisen, dass wir angefangen haben, uns als Nation zu fühlen und eine Ermuthigung der Hoffnungen, die auf Größeres gerichtet sind«.

Im Januar 1861, fünf Jahre nachdem Eduard Vogel im Sultanat Wadai ermordet worden war, brach eine vierköpfige Suchexpedition auf, den Verschollenen zu finden. Die Leitung des Unternehmens war Theodor von Heuglin übertragen worden, der bereits auf drei Reisen nach Ägypten und Äthiopien zurückblicken konnte. Zu seinen Begleitern gehörte auch der neunundzwanzigjährige Werner Munzinger, der als Kaufmann in Kairo einige Zeit »afrikanische Erfahrungen« hatte sammeln können. In Tripolis angekommen, brach ein Konflikt widersprüchlicher Interessen aller Beteiligten offen aus, den Heinrich Barth mit strikten Vorgaben hatte verhindern wollen. »Die Aufklärung des Schicksals Vogels, die Rettung seiner Papiere und die Vollendung seines wissenschaftlichen Unternehmens, nämlich die Erforschung des Gebietes zwischen dem Nil und dem Tschadsee, sind die Aufgaben, welche der Expedition gestellt sind.« Heuglin aber änderte die Route, nachdem er der Holländerin Alexandrine Tinné begegnet war, der er sich anschloss. August Petermann, als Sekretär des Komitees an der Routenplanung der Expedition wesentlich beteiligt, begrüßte die eigenmächtige Änderung des Kurses, denn er erhoffte sich für seine »Geographischen Mittheilungen« interessante, bislang unbekannte Informationen. Barth kündigte daraufhin dem Komitee seine Mitgliedschaft mit der Begründung auf, es habe von Anfang an einzig den Interessen des Gothaer Geographen gedient. Anfang 1862 wurde Theodor von Heuglin die Leitung der Expedition entzogen und auf Barths Empfehlung ein junger Pionieroffizier, Moritz von Beurmann, in Marsch gesetzt, um den Nachlass Vogels, dessen Tod inzwischen zweifelsfrei feststand, zu sichern. Beurmann brach im Februar 1862 von Tripolis auf, erreichte Ende August den Tschadsee und wurde in Bornu vom Sultan gastfreundlich empfangen. Alle Bemühungen, mit dem Herrscher des Wadaigebietes in Kontakt zu treten, scheiterten, und der Versuch, im Februar 1863 ohne Genehmigung in das Sultanat einzureisen, endete mit Beurmanns Ermordung. Die erste deutsche Expedition ins Innere Afrikas hatte ein desaströses Ende genommen und hatte die wachsende Überzeugung vieler Spendengeber zur Folge, dass der »Schwarze Kontinent« ohne alle Zivilisation sei und es sich nicht lohne, auch nur einen Taler in die Erschließung Afrikas zu investieren.

Otto von Bismarck, hiervon ohnehin stets überzeugt, hatte der »nationalen Anstrengung« zur Auffindung eines Verschollenen skeptisch und eher gleichgültig gegenübergestanden. Deutschlands Zukunft, kommentierte Otto Graf von Bismarck spöttisch, liegt in Preußen, nicht in den armseligen Hütten irgendwelcher Wilden.

Dass der Schwarze Kontinent dagegen mehr als nur Jagdtrophäen bot, musste selbst Preußen irgendwann auffallen – spätestens, als seine Spione von den Anstrengungen des englischen und des französischen Königshauses berichteten, Macht und Einfluss jenseits des Mittelmeers zu gewinnen. Die Bismarck'sche Geheimdiplomatie konnte nicht umhin, Vorgänge zu registrieren, die entscheidenden Einfluss auf die europäische Politik haben und zu Beginn des 20. Jahrhunderts die Welt in den ersten »Großen Krieg« stürzen sollten: die Kolonialisierung des afrikanischen Kontinents.

Im Oktober 1867 landete eine vierzigtausend Mann starke englisch-indische Invasionstruppe unter Sir Robert Napiers im äthiopischen Hafen Zula, um an einer strategisch entscheidenden

Schlüsselstellung am Roten Meer, zwei Jahre vor Eröffnung des Suezkanals, dem Empire Macht und Einfluss zu sichern.

Jede Aggression hat ihre wahre und ihre offizielle Ursache – diese wurde in der europäischen Öffentlichkeit als Strafexpedition des englischen Königreiches ausgegeben, dessen Herrscherin tief verletzt worden sei. Der abessinische Kaiser Theodorus II. habe Queen Victoria, nach dem Tode ihres Prinzgemahls, einen Heiratsantrag gemacht. Theodorus, der sich gern Negus Negesti, König der Könige, nennen ließ, regiere zudem im eigenen Land als grausamer Despot und habe Untertanen ihrer britischen Majestät ins Gefängnis werfen lassen. Damit sei es die moralische Pflicht und Aufgabe des Empires, sowohl die Ehre der Queen wiederherzustellen als auch die gefangenen Briten zu befreien und Theodorus gebührend zu bestrafen. Europas Presse wurde nicht müde, ihren Lesern diese offiziell verlautbarte Scheinwirklichkeit zu suggerieren, die tatsächlichen Hintergründe dagegen zu verschweigen.

Als Theodorus II. in Äthiopien das koptische Christentum zur einzig staatlich anerkannten Kirche erklärte, hatte er der abendländischen Missionskirche eine deutliche Absage erteilt. Es war zudem ein Affront gegen Europas kolonialpolitische Bestrebungen, als deren Wegbereiter die Afrikaner die europäischen Hasardeure und Abenteurer, Missionare und Geographen kennen gelernt hatten. Englische Missionare, die weiterhin gegen das afrikanische Christentum predigten, ließ Theodorus gefangen setzen, wie er auch den englischen Konsul Cameron, der Spionage für England und die Türkei beschuldigt, inhaftieren ließ. In dieser Situation sah Äthiopien sich von der Türkei bedroht, und Theodorus pochte darauf, Englands verbale Zusicherung, sein Reich gegen die Türken zu schützen, durch einen verbindlichen, schriftlichen Vertrag abzusichern. Ein entsprechendes Schreiben Theodorus' II. an Queen Victoria aber, in dem er sich nach der Gesundheit ihrer ›lieben, verehrten‹ Majestät erkundigte, das Osmanische Reich scharf attackierte und um ein ›gemeinsames‹ Handeln gegen die Türkei bat, wurde jedoch nicht beantwortet, sondern vielmehr zu einem amoralischen Anerbieten an die Königin umgedeutet. Zula, die abessinische Hafenstadt, wurde zum Aufmarschgebiet des Empires.

Weil auch Deutsche von Theodorus gefangen genommen worden waren, nahm Preußen an dieser Strafexpedition als Beobachter teil. Graf Bismarck wusste keinen besseren Mann, der sich um die deutschen Belange hätte kümmern können, als jenen, der Wilhelm so viel von seinen »afrikanischen Erfahrungen« zu erzählen verstand, der zudem als Fremdenlegionär gedient hatte. So wurde aus dem Abenteurer und Legionär, aus dem Afrikareisenden Gerhard Rohlfs, der eben seine ersten wissenschaftliche Meriten erworben hatte, ein Mann im Dienste des Königs von Preußen.

Im November 1867 steht Rohlfs in Marseille an der Reling eines Dampfers, der ihn nach Ägypten bringen soll. *So kalt das Wetter bis dahin in Frankreich gewesen war, denn selbst in Marseille hatte es am letzten Tage noch Eis gefroren, so schön und sommerlich war es, als wir uns an Bord begaben.*

Auf ausdrücklichen Wunsch des Königs begleitet ihn Henry Noël, dessen Gesundheit vom Berliner Klima angegriffen ist. In Alexandria angekommen, bedarf es jedoch erst einer intensiven Intervention durch den preußischen Generalkonsul, ehe die beiden auch von Bord gehen können. Ägyptische Grenzbeamte hatten Rohlfs verboten, das Schiff zu verlassen, konnte er doch für seinen »Diener Noël« keinerlei Papiere zur Legitimation vorzeigen. Sklaverei, so die Beamten, sei hierzulande streng verboten. Alexandria hat *nichts schönes und noch weniger etwas imponirendes. Die Menge von Schiffen aber, meist aus den Ländern des Mittelmeeres, ist allerdings bedeutend, indess hat alles einen schmutzigen Anstrich, der noch vermehrt wird durch die vielen dazwischen herumrudernden kleinen Boote, von den zerlumptesten halbnackten Eingeborenen gehandhabt. Sobald dann auch die Sanitätsformalitäten vorüber waren, kamen diese lungrigen Bengel an Bord, um sich der Reisenden und ihrer Bagage zu bemächtigen, und nur durch die kräftigsten Schimpfworte und Stockprügel, was sie sich aber auch wieder ganz geduldig gefallen liessen, konnte man Herr seiner selbst und seines Eigenthumes bleiben.*

Anfang Januar 1868 trifft er in Zula ein, wird der Division Stavely zugeteilt und in einem ebenso großräumigen wie großzügig ausgestatteten Zelt untergebracht. Ehe sich zwei Wochen später die Militärmaschinerie in Bewegung setzt, lernt er diesen und jenen preußischen und italienischen Offizier kennen, die ebenso als Beobachter an der Intervention teilnehmen, und einige Journalisten, unter anderem den Berichterstatter des »New York Herald«, Henry Morton Stanley, der erstmals auf afrikanischem Boden steht und später im Auftrag des belgischen Königs eigene Eroberungsfeldzüge befehligen wird. In Zula begegnet er auch einem jener Männer, die 1861 aufgebrochen waren, das Schicksal Eduard Vogels zu klären: Werner Munzinger.

Ist Sir Robert Napier auch der Oberkommandierende der Interventen, liegt die eigentliche Führung der Strafexpedition in den Händen des 1832 in Bern geborenen Kaufmanns Munzinger. Sir Robert Napier ist das blaublütige Dekor des Feldzuges, Munzinger der kenntnisreiche Praktiker, der die schwerfällige Kriegsmaschine durch Bergpässe und Steppengebiete dirigieren soll.

Mitte Januar setzt sich die Truppe in Bewegung, und Rohlfs notiert, um Berlin zu informieren, Bericht um Bericht, die in abgeänderter Form, tagebuchartig, 1869 unter dem Titel *»Im Auftrage Sr. Majestät des Königs von Preußen mit dem englischen Expeditionskorps in Abessinien«* veröffentlicht werden. *Was ich hier von den abessinischen Christen sah, befestigte meine Überzeugung, dass das Christentum, ohne die klassischen Ueberlieferungen der Griechen und Römer, sich selbst überlassen, ebenso bald, wie die anderen beiden hauptsemitischen Religionen, das Judentum und der Islam, zu einer leeren äusseren Form herabsinken.* Für solch ein völkerkundliches Deckmäntelchen der Militäraggression wird sich Otto Graf von Bismarck kaum interessiert haben, gewiss auch nicht dafür, dass Abessinien *hauptsächlich interessant ist, weil sein Volk durch Jahrhunderte hindurch vom Islam umgeben den christlichen Glauben bewahrt hat, obgleich das Christentum der Abessinier nichts mit der Lehre gemein hat, wie sie heut zu Tage der gebildete Europäer auffasst.* Preußens starker Mann ist an der britischen Außenpolitik interessiert, nicht an Religionsfragen.

Bei Aroge kommt es zur ersten Schlacht, und die schweren Armstrong-Geschütze richten ein Massaker unter den abessinischen Soldaten an. Rohlfs steht erst einen Tag später auf dem Kriegsschauplatz und findet, anders als erwartet, eine Friedhofsruhe. *Da lagen all die Cadaver vom vorhergehenden Abend, und selbst noch einige lebende Verwundete befanden sich darunter.*

Theodorus hatte sich nach der Schlacht in die auf einer Felsanhöhe gelegene Stadt Magdala zurückgezogen, um einen Verteidigungswall zu organisieren, den die Engländer mit konzentriertem Feuer zerschießen. Nach der Kanonade stellt Sir Robert Napier dem äthiopischen König ein Ultimatum, in welchem er ihm ein ehrenvolles Überleben verspricht, wenn er alle Gefangenen freisetzt, seine Soldaten die Waffen abgeben und Magdala verlassen. Am Abend des 12. April werden die Europäer tatsächlich freigelassen, und die Mehrheit der abessinischen Soldaten, die im Vertrauen auf das gegebene Wort ihre Waffen niederlegen, verlassen die Stadt. Am 13. April um 15 Uhr feuern die Briten aus allen Rohren in die Stadt hinein, in der Theodorus sich mit einer Handvoll Männer der absehbaren Niederlage entgegenwirft. Europas Krieger haben keine Mühe, Magdala, voll gestopft mit Frauen und Kindern, verteidigt nur von wenigen Männern, zu erobern. Gerhard Rohlfs ist einer der Ersten, die durch das Stadttor in die Festung eindringen, ungefähr in dem Augenblick, als Theodorus II. sich eine Pistole in den Mund steckt und abdrückt.

Das 33. Regiment ihrer britischen Majestät nimmt die Stadt und den Palast des Kaisers wie im Rausch und trägt fort, was nicht niet- und nagelfest ist. Magdala wird geplündert und vieles von der Beute später in den völkerkundlichen Museen Europas ausgestellt. Auch Bismarcks Mann zeigt sich ohne Skrupel. *Es war kein Gegenstand zu denken, der nicht zu finden gewesen wäre. Es war eine förmliche Trödlerbude en gros. Jeder beschäftigte sich damit, Etwas zu nehmen, und so nahmen wir auch mehrere Gegenstände, Kreuze und Räucherfässer, um sie als Andenken für die Heimath mitzubringen.* Später wird der Katalog einer völkerkundlichen Ausstellung in Bremen aus der Rohlfs'schen Sammlung folgende Gegenstände auflisten: 13. Gebetbuch, 15. Kirchenkranz, 16. Kirchenschelle, 17. Trinkbecher, 18. Silberzierrat vom Tische des Kaisers Theodor. Und die Bremer Nachrichten werden schreiben, »wir gewahren hier, dass die Völkerschaften dieses Erdtheils im allgemeinen auf einer bedeutend niedrigeren Stufe der Cultur stehen«.

Zu den Gegenständen, die Rohlfs nach Deutschland mitbringt, gehört die salomonische Krone, die Krönungskrone abessinischer Kaiser seit Jahrhunderten, die er einem britischen Soldaten, der den verschmutzten Gegenstand wohl für wertlos hielt, für zwei Flaschen Rum abkaufte. Er schenkt die Kaiserkrone Preußens König Wilhelm, der sie der englischen Königin Victoria weiterreicht, die das Symbol äthiopischer Herrschaft in das Victoria and Albert Museum gibt. Queen Victoria sieht ihre Ehre wiederhergestellt.

Am 15. April fing denn der Exodus der Leute Theodor's von Magdala an, schreibt Rohlfs über den Ausgang der Strafexpedition*, er dauerte von Morgens bis Abends, und wenn ich die Menge der Leute auf 60 000 angegeben habe, so ist das sicher nicht übertrieben. Viele starben übrigens schon gleich, so wie sie vom Berge kamen, und blieben am Wege liegen, unbeerdigt, eine Beute der Hyänen und Aasvögel. Manche lagen da halbtodt und nagten von einem Knochen das rohe Fleisch, vergeblich die Vorrüberziehenden um einen Trunk Wasser flehend. Die Noth an Wasser war in der That gross, wir selbst mussten es meilenweit herholen.*

Nachdem er den freigelassenen Deutschen im Namen des preußischen Königs Geld ausgehändigt hatte, macht sich Rohlfs auf eigene Faust auf die Rückreise, erreicht über Lalilaba das Hauptquartier der Briten in Senafe und schifft sich am 31. Mai 1868 nach Europa ein. Dass er zwölf Jahre später abermals nach Äthiopien reisen und versuchen wird, einen äthiopischen Kaiser für die Ziele deutscher Hegemonialpolitik zu gewinnen, kann er nicht ahnen.

Im Juni 1868 ist er zur Berichterstattung in Berlin, im November schon wieder in Marseille, um abermals im Auftrag König Wilhelms das Mittelmeer zu passieren.

Als Sultan Omar von Bornu Anfang 1867 Rohlfs aus Kukawa verabschiedete, hatte er sich vom preußischen König einige Geschenke erbeten – stets habe er Deutsche gastfreundlich und in allem unterstützend empfangen, ob Barth, Hornemann oder Vogel. Rohlfs' Mission ist es, einen vergoldeten Thronsessel, das Porträt König Wilhelms und Königin Augustas, einige Gewehre, eine goldene Taschenuhr, eine Pendeluhr, mehrere silberne

Taschenuhren, ein Doppelfernglas, ein silbernes Teeservice, Samt, Seide, Armbänder und ein Harmonium im Auftrag des Preußenkönigs nach Tripolis zu expedieren, wo er einen geeigneten Boten finden soll, der mit den Präsenten nach Kukawa reist. Ist die Geschenkkarawane auf den Weg gebracht, soll Rohlfs ostwärts reisen und die Cyrenaica erkunden.

Ein Auftrag nach seinem Geschmack, einerseits mit ausreichenden Geldmitteln versehen, andererseits gleichsam in diplomatischen Diensten reisend.

Kaum ist die weiß leuchtende Silhouette von Tripolis zu sehen, wird auf dem Dampfer die Fahne des Norddeutschen Bundes gehisst, während auf den Konsulaten die Flaggen der jeweiligen Länder aufgezogen werden, als begrüße man einen Staatsgast. Wie bei seinem letzten Aufenthalt in der Stadt findet er Quartier im Landhaus des österreichischen Konsuls Luigi Rossi und hofft, den Boten nach Kukawa in el Gatroni, seinem Begleiter während der Saharadurchquerung, zu finden. Mohammed el Gatroni ist nicht aufzutreiben, und er erinnert sich eines jungen Mannes, den er in Tunis flüchtig kennen gelernt hatte: Gustav Nachtigal zeigt sich sofort bereit, die Aufgabe zu übernehmen, als Bote eines Königs mit schwerem Gepäck nach Bornu zu gehen. Telegramme nach Berlin und Tunis werden aufgegeben, Preußens Administration jedoch braucht Zeit, denn sie muss erst die Berichte über den bislang eher Unbekannten inspizieren.

Gustav Nachtigal, 1834 in der Nähe von Stendal geboren, hatte sich als Militärarzt eine Lungenentzündung zugezogen, die er in Afrika auszuheilen hoffte. Seit 1863 Leibarzt des Beys von Tunis, hoffte er zudem, sich seinen Kindheitstraum erfüllen zu können: durch Afrika zu reisen. Als ihm Rohlfs die Erfüllung seiner Träume ermöglicht, ergreift Nachtigal bedenkenlos die sich ihm bietende Gelegenheit. Dass ihn diese Reise fünf Jahre seines Lebens kosten wird, ahnt er nicht. Er wird den Stamm der Tubu im Tibesti besuchen, von Kukawa aus, wo er zur Freude des Sultans von Bornu die preußischen Präsente übergibt. Er wird weitere Expeditionen unternehmen, auch in das Sultanat Wadai, dessen Herrscher ihm die Hinterlassenschaften der ermordeten Vogel und Beurmann aushändigt. Vom Tschadsee wird er ostwärts den

Nil erreichen und 1874 über Kairo nach Deutschland zurückkehren. Seine Reisenotizen werden den geographischen und ethnographischen Wissensstand erweitern, er wird hoch geehrt werden und in den diplomatischen Dienst Kaiser Wilhelms I. eintreten. 1884 wird er dem Deutschen Reich die kolonialen Ansprüche auf Kamerun und Togo sichern, die er dem Empire gleichsam vor der Nase wegschnappt, da er um nur fünf Tage vor dem britischen Gesandten an Ort und Stelle ist. 1885 wird Gustav Nachtigal auf dem Weg nach Deutschland sterben.

Noch aber, 1868, warten Rohlfs und Nachtigal auf grünes Licht aus Berlin. Als die Zusage vorliegt, nimmt der junge Arzt den nächsten Dampfer nach Malta, um dort einige Ausrüstungsgegenstände zu kaufen. Rohlfs unterdessen stürzt sich in das gesellschaftliche Leben von Tripolis, das um eine reiche junge Frau kreist: Alexandrine Tinné, am 17. Oktober 1839 in Den Haag geboren. Nicht nur in Afrika, auch in Europa erregt eine Frau, die unabhängig von jedermann ihre eigenen Ziele verfolgt, großes Aufsehen, und die Konsuln in Tripolis überschlagen sich, die Niederländerin einzuladen. Rohlfs muss die Frau kennen lernen, die mit großem Tross 1863 und 1864 zwei Reisen in das Gebiet des oberen Nils durchgestanden hatte. Erstaunt vernimmt er, dass sie auf ihrer zweiten Expedition, die zum Tschadsee führen sollte, mit einem Dampfboot, zwei Luxusbooten, drei Transportschiffen, einem Pferd, 25 Eseln und 150 Personen Begleitpersonal unterwegs war. Dass mit Heuglin und Steudner zwei Mitglieder der deutschen Suchexpedition an dieser Reise teilnahmen, wusste er, und auch, dass das Unternehmen in einer Katastrophe endete. Die Expedition war in den Sümpfen des Bahr el-Ghazal ins Stocken geraten, und Steudner, Tinnés Mutter und ihre Tante waren ebenso am Sumpffieber gestorben wie ihre beiden Kammerfrauen.

Jetzt, erzählt sie Rohlfs, werde sie aufbrechen, um über Murzuk nach Bornu zu gehen und weiter ostwärts in das Nilgebiet. Rohlfs hat eigene Erfahrungen auf dieser Route gesammelt und versucht, ihr die Reise auszureden. *Alexandrine Tinné ließ sich nicht raten, oder glaubte die Gefahren in den Gegenden, die sie vor hatte zu bereisen, geringer als sie in der Tat sind. Armes Mädchen, alle liebten sie in Tripolis … sie schied wie so viele vor ihr frohen Herzens und mit kühnerm Mute, und wie so viele vor ihr, sollte sie Tripolis nie wiedersehen.*

Sie ist dreißig Jahre alt, als sie 1869 von einem eigens zu ihrem Schutz angeworbenen adligen Tuareg aus Geldgier und wegen ihres schönen Araberpferdes ermordet wird. Rohlfs wird mit einem solchen Ende irgendwie gerechnet haben. Frauen sollten sich aus der Wüste heraushalten, Nachtigals Begeisterung für Fräulein Tinné kann er nicht teilen. Auch nicht dessen Trauer um die »Tochter des Königs«, wie sie die Araber in Anspielung auf ihren Reichtum nennen, »Bent el-Re«.

Auch Nachtigal hatte Alexandrina Tinné in Tripolis kennen gelernt, jedoch ihr Angebot, gemeinsam mit ihr nach Bornu zu ziehen, abgelehnt. So viel konnte er sich denken, dass ihre prächtig ausstaffierte Karawane Räuber anziehen würde. In Murzuk traf er mit der Niederländerin nochmals zusammen, und die beiden schlossen Freundschaft, wenige Tage vor dem Meuchelmord. Später, in der Beschreibung seiner Reise, erzählt Nachtigal vom Leben und Sterben dieser Frau, die nur eine Tagesreise über Murzuk hinauskam.

»Es war am 1. August, als man von Aberdschud aufzubrechen beabsichtigte. In der Morgenfrühe hatte man begonnen, das Lager abzubrechen; ein Theil der Kamele war bereits beladen; doch noch standen die Zelte der Frauen. Die leicht beweglichen, zeltlosen Tuarik standen, auf ihre Lanzen gestützt und ihrer Sitte gemäss mit verschleierten Antlitzen, in der Nähe und warteten des allgemeinen Aufbruchs. Da begannen, wohl verabredetermassen, zwei der mit ihren Kameelen gemietheten Araber einen Streit über das ihren Thieren aufzulegende Gepäck. Sie entwickelten dabei jene Lebhaftigkeit, welche den nicht mit den Sitten ungebildeter Araber Vertrauten als ein Ausfluss hochgradigster Leidenschaft erscheint und der harmlosesten Angelegenheit einen gefahrdrohenden Anschein giebt. Die beiden holländischen Diener waren reisefertig; ihre Reitkameele waren bepackt, ihre Feuerwaffen hingen an den Sätteln, und sie selbst bethätigten sich hier und da helfend und ordnend. Kees Ostmans war in der Nähe der streitenden Araber, mischte sich in ihren Wortwechsel und suchte vermittelnd, schlichtend, zur Ruhe verweisend einzugreifen. Dieser Umstand musste den Verschwörern als Veranlassung zur Ausführung ihrer schändlichen Pläne dienen. Die Streitenden wendeten sich gegen den holländischen Diener und verbaten sich seine Einmischung; Scheltworte flogen hin und her, die Leidenschaftlichkeit wuchs sichtlich, und Thätlichkeiten schienen nahe. Da plötzlich sprang der Tariki Hadsch esch-Scheich mit erhobener Lanze unter die Streitenden und durchbohrte den jungen Holländer mit den Worten: ›Warum mischst Du Dich in den Streit von Muselmanen?‹ Derselbe stürzte todt zu Boden, und damit war die Scene der Verwirrung, welche den Zweck des verabredeten oder doch künstlich in Scene gesetzten Vorganges bildete, herbeigeführt. Kees' Gefährte, Ary Jacobse, stürzte beim Anblick seines ermordeten Kameraden auf sein Kameel zu, um sein Gewehr zu ergreifen, doch ehe er dasselbe erreichte, streckte ihn ein Schwerthieb des Mörders über den Hinterkopf zu Boden, und ein Lanzenstich vollendete die That. Alles war das Werk weniger Augenblicke gewesen, und im Nu war das ganze Lager der Schauplatz der grössten Bestürzung und Kopflosigkeit. Die Frauen stürzten heulend und händeringend aus ihren Zelten; die befreiten Sclaven glaubten ihr letztes Stündlein gekommen; Schuldige und Unschuldige schrieen und tobten und drängten durcheinander. Der wüste Tumult rief natürlich Fräulein Tinné aus ihrem Zelte herbei, doch ihre befehlende Stimme verhallte ohnmächtig, und bald befand sich die arme Dame, auf deren Leben es abgesehen war, im dichten Getümmel, umgeben von verrätherischen Arabern, von feigen oder mitschuldigen Dienern und gewaltthätigen Tuarik. Ein Araber war es, der zuerst die Hand aufhob gegen das wehrlose Weib, jener Otman aus dem Stamme der Bu Sef , der noch heute auf tripolitanischem Gebiet ein freies, wenn auch seit jenem Verbrechen ein gesetzloses und räuberisches Leben führt. Sein Hieb mit scharfer Waffe über Hals und Schulter streckte sie noch nicht zu Boden; erst nach einem zweiten über den Vorderarm, den ein Sclave des Hadsch esch-Scheich geführt haben soll, und nach dem starken Blutverluste sank die zarte Dame zusammen. Ihr Bewusstsein schwand glücklicherweise bald, doch erst als die Sonne die Mitte ihrer Bahn überschritten hatte, hauchte die Arme ihr Leben aus.«

Der Saharasand verweht manches Schicksal, Rohlfs hat es früh erfahren müssen und sich angewöhnt, niemandem zu trauen. Fanatismus hatte er kennen gelernt und sich darum auf seinen ersten beiden Reisen als Muslim ausgegeben. Später, im Schutze größerer Unternehmungen, dachte er sich selbst als Protestant jeder Gefahr gewachsen. Seine Maxime, auf martialische Weise einfach, lautete: Agieren statt reagieren. So wurde ihm die Sahara auf andere Art zum Kriegsschauplatz, zu einem Schlachtfeld, auf dem er sich als Mann bewähren wollte.

Die vergrabene Antike und die Bruderschaft

Mitte März ist der offizielle Teil seiner fünften Reise nach Afrika erledigt, Gustav Nachtigal mit den Geschenken an Sultan Oman auf den Weg gebracht, und Rohlfs kann Tripolis verlassen, *denn nicht nur hatte ich von Tripolis den Abgang der Geschenke einzuleiten, sondern auch die Erlaubnis und Mittel zu einer Reise durch Cyrenaika und die Jupiter-Ammons-Oase erhalten.* Oft auf seinen Wegen durch Nordafrika hat er vor den Zeugnissen griechisch-römischer Kultur gestanden, ohne dass er sie gesucht hätte. Gleichsam am Wegesrand der Karawanenstraßen waren sie ihm begegnet, zufällig, und er hatte sie eher unvorbereitet beschrieben und Mutmaßungen über ihre Herkunft notiert. Griechisch hatte er gelernt, ein Altphilologe war er darum nicht geworden, doch ehrgeizig genug, sich in den Kreis derer einzureihen, die entlang der afrikanischen Mittelmeerküste eine Bildungsreise unternahmen. Heinrich Barth war bis nach Konstantinopel gegangen, um seinen Bildungshunger zu stillen. Ein Afrikareisender, der die Freilichtmuseen unter der afrikanischen Sonne nicht besuchte, musste um seine Reputation fürchten, galt dem Berufsstand »Forschungsreisender« eher als Enfant terrible. Eine private Bildungsreise unternimmt Rohlfs dennoch nicht, denn er ist ausgeschickt worden, interessante Fundorte zu sondieren und antike Keramiken und andere Artefakte nach Berlin zu holen, mit denen sich preußische Museen schmücken werden. Dafür hat Preußens König in das Staatssäckel gegriffen, hat August Petermann, der alle Wege sorgsam skizziert haben möchte, zusätzliches Reisegeld zusammengesammelt.

Mit einem Segler lässt Rohlfs sich am 20. März 1868 von Tripolis über die Syrte nach Benghazi übersetzen, dem Zentrum der Kyrenaika, die als Provinz des Osmanischen Reiches von einem türkischen Gouverneur verwaltet wird. Er kauft fünf Kamele, mietet sich Diener und ist von der mediterranen Natur der Küstenlandschaft überrascht. *In der That glaubt man, sobald man sich aus der*

Stadt Bengasi entfernt und im Anfange der Küste folgend, ins Innere begiebt, fortwährend in einem lachenden Garten zu sein. Die üppigsten Blumenwiesen werden durchschnitten und der Fernblick ist überall gehemmt durch Lentisken und Myrtengebüsch. Und steigt man die Berge hinauf, sind Rosmarin und Wachholder, grosse Büsche der einfachen weissen Rose da, um heimathliche Erinnerungen wach zu rufen, während an den feuchten Schluchten der rothblühende Oleander und Lorbeerbüsche die südeuropäischen Länder vertreten. Eichen also, die Thuja und der Wacholderbaum, verwilderte Öl- und Feigenbäume, Zypressen und einige Birnbäume. Weinstöcke, die zur Römerzeit hier gepflanzt wurden, gibt es dagegen nicht mehr, *obschon im Alterthume Wein nebst Oel Hauptausfuhr-Artikel war nach Sicilien und Griechenland.*

Reisenden seines Jahrhunderts ist eine Reise entlang der Mittelmeerküste ein Spaziergang zur Wiege abendländischer Kultur, und auch Gerhard Rohlfs wird in den staubüberwehten Ruinen der ehemaligen griechisch-römischen Besatzer in Nordafrika seinem eurozentristischen Weltbild begegnen und es weiter verfestigen. Sein Jahrhundert hatte das Wort ›Hellenismus‹ erfunden, um die Mittelmeerkultur zur europäischen umzumodeln, indem es Hellas' Kultur zu Europas Kultur erklärte. Alles, was das Abendland ist und war, wurzelte im ahistorischen Konstrukt einer griechisch-römischen Antike, um die außereuropäischen Völker als »Völker ohne Geschichte« abzustempeln. Die Namen der Orte und Personen wurden gräzisiert oder latinisiert, Kulturleistungen afroasiatischer Zivilisationen und des Vorderen Orients den Griechen zugeschrieben, Leistungen arabischer Gelehrter nicht zur Kenntnis genommen. Solcherart Klischeebilder abendländischer Historiographie reproduzierte Rohlfs ebenso, wie er sie mit seinen Reiseberichten provozierte.

Um zu dokumentieren, was er sieht, hat er den Berliner Fotografen Emil Salingré an seiner Seite, der nach Rohlfs' Anweisungen an den antiken Stätten Leptis Magna und in der Kyrenaika seine Ausrüstung aufbaut. Salingrés Aufnahmen liefern eine der frühesten Dokumentationen archäologisch relevanter Fundstätten auf dem afrikanischen Kontinent.

Rohlfs läuft in der Vergangenheit des alten Kulturlandes umher und findet, was er sucht, Berenike und die sagenhaften Gärten der Hesperiden. Auch vor dem Lethe glaubt er zu stehen, jenem mythischen »Fluß des Vergessens«, aus dem die Toten trinken, um die Erinnerung an ein früheres Leben zu verlieren, ehe sie in das Totenreich fahren. Nach Taucheira, Kyrene und Ptolemais zieht es den Deutschen, an die Orte und zu den Zeugnissen einer ihm vertrauten Kulturgeschichte. Was er sieht, ist kaum mehr als die Projektion europäischer Arroganz in eine Region, die schon im Altpaläolithikum besiedelt war, lange bevor Griechen und Römer die afrikanische Mittelmeerküste betraten. Dafür zeigt er weniger Interesse, wie er auch nicht die notwendige wissenschaftliche Neugier besitzt, aus vorgefundenen Details andere als die gewohnten Schlussfolgerungen zu ziehen. Er sieht, was er sehen will, und findet, was er zu finden beabsichtigt. Manches davon nimmt er nach Deutschland mit, antike Münzen und griechische Keramik. Einiges davon wird er später in seinem Haus vorzeigen.

Dann hat er genug vom Staub der Geschichte, von den Ruinen aus versunkenen Zeiten. Rohlfs will in das Herz der Sahara vorstoßen, zu den Kufra-Oasen, mitten durch die Libysche Wüste, zwei Millionen Quadratkilometer groß, ein riesiges Areal aus unterschiedlich hohen Plateaus, ausgedehnten Geröllflächen und einem schier endlosen Meer aus Sand. Niederschlagsarmut und extreme Hitze haben das Leben in diesem Teil der Sahara auf ein Minimum reduziert und bieten den Nomaden nur karge Existenzmöglichkeiten in wenigen Oasen, die wie rettende Lebensinseln im uferlosen Sandmeer liegen, weit voneinander entfernt. Nur wenige Wasserstellen gibt es in der Libyschen Wüste, oft braucht es zehn Tage, um von einer zur nächsten zu kommen. Kufra ist etwa 400 bis 500 km von den »Nachbar«-Oasen entfernt.

Über Audjila und Djalo will er nach Kufra, jenem Ort in der Sahara, der den Europäern noch unter einem Geheimnisschleier verborgen lag wie einst Timbuktu. Timbuktu, Mittelpunkt seiner Sehnsucht, Ziel seiner bisherigen Wege durch die Sahara, lag unerreicht und weggeschlossen in seinem Innern; er ist erwachsen geworden, durch Erfahrungen gereift, hat den ersten Ruhm geschmeckt, würde ihn nicht leichtfertig aufs Spiel setzen. Inzwischen sind andere in Timbuktu gewesen, haben der Stadt am

Niger die Geheimnisse genommen und einzig die Wirklichkeit gefunden, keine Legenden. Warum sollte er an Timbuktu festhalten, wenn dabei nichts mehr zu gewinnen war? Ruhm und Anerkennung verwehen so schnell wie Rauch im Wind, er weiß das. Käme er als erster Europäer nach Kufra, würde er seine Karriere festigen. Kufra also. Petermann in Gotha wird die geänderte Reiseroute begrüßen, Preußens König sich damit abfinden müssen.

Von der Mittelmeerküste bewegt er sich auf den alten Karawanenrouten südwärts seinem Ziel entgegen. Noch streift sein Blick üppige Blumenwiesen, umgrenzt von Myrtengebüschen und Lentisken, noch stehen Oleander und Lorbeerbäume am Weg, als würden spanische oder sizilianische Landschaften sich hier fortsetzen. *In der Tat ist es auffallend, dass dieses Land von Europäern unbesetzt, unbesucht blieb, ja selbst erst von neuem entdeckt werden mußte, nachdem Phönizier, Karthager, Griechen, Ägypter, Römer dort schon einheimisch gewesen waren. Wären wir nicht von vornherein gegen jede staatliche Kolonisation, so würden wir Österreich oder Italien zurufen, erwerbt dieses Land und lenkt dort neue Auswanderung hin.*

Rohlfs hat in den Winkelgängen preußischer Diplomatie seine Lektion gelernt, 1869 steht die Einheit des zerrissenen Deutschen Reiches auf der Tagesordnung, ein deutsches Kolonialreich muss warten. Später, nach der Reichsgründung, wird er sagen und auch schreiben, was er denkt: Die Kyrenaika muss von deutschen Kolonisten besiedelt werden. *Wir müssen unbedingt am Mittelmeer eine Kolonie haben, schon der zunehmenden Schiffahrt wegen. Cyrenaica würde aber, glaube ich, am wenigsten die Eifersucht der fremden Mächte erwecken.*

Die Oase Audjila erreicht er auf gefahrvoll schmalem Weg durch die Sebchas, Salzsümpfe, von einer dünnen glitzernden Oberfläche bedeckt, über der Fata Morganas den Kamelreitern ein stürmisches Meer vorgaukeln. In Audjila will niemand die Karawane nach Kufra führen, auch in Djalo nicht. Hinter dieser Weigerung mutmaßt er den Einfluss der Sanussi-Bruderschaft, die den Handel ebenso kontrolliert wie die Karawanenwege aus der Kyrenaika tief in den Fèssan hinein. *Ich war höchst traurig, dass mein Führer, der selbst zum Orden der Sanussi gehörte, sich wei-*

gerte mich zu begleiten, und allein, ich gestehe es offen, wagte ich in dies nicht einzudringen.

Was Rohlfs ein »Wespennest von semitischer Unduldsamkeit« nennt, ist der geopolitische Reflex unabhängiger Berberstämme, die seit mehr als viertausend Jahren in Nordafrika siedeln, von Marokkos und Mauretaniens Atlantikküste über Algerien und Tunesien bis an Libyens Ostgrenze.

Aus Westasien waren sie gekommen, hatten Ägypten durchzogen und als nomadisierende Viehzüchter einen neuen Lebensraum erobert. Die Ägypter zuerst nannten diese Stämme die »Libyer«, die »Westler«, deren Überfällen sie sich oft hatten erwehren müssen. Nomaden anerkennen auf der steten Suche nach Weideplätzen für ihr Vieh keine anderen Grenzen als die naturgegebenen. Das macht sie ebenso stark, wie es sie schwach macht, angreifbar.

Mit Beginn des letzten Jahrtausends vor unserer Zeitrechnung setzte sich das Seefahrervolk der Phönizier an der Mittelmeerküste fest, gründete im heutigen Tunesien Karthago, im Westen Libyens die Niederlassungen Leptis Magna, Oea und Sabratah, auf deren Fundamenten später die »Dreistadt« errichtet wurde, Tripolis. Östlich der libyschen Hauptstadt gingen Griechen an Land, um den Küstenstreifen zu kolonialisieren. Ihre Sklaven erweiterten 630 v. u. Z. einen natürlichen Hafen zur Stadt Cyrene, die dem ganzen Landstrich seinen Namen geben sollte: »Cyrenaika«. Nach den Griechen schickte das römische Imperium seine Legionen auf den afrikanischen Kontinent, um für Rom das fruchtbare Land seiner Provinz »Africa« einzuverleiben. An Roms Machtanspruch gemessen, waren Phönizier und Griechen bescheidene Eroberer, deren Landnahme sich auf einige wenige geographische Küstenpunkte konzentrierte, um den Seehandel im Mittelmeer zu kontrollieren. Rom dagegen strebte die Herrschaft über die damals bekannte Welt an, über das Meer und das dahinter liegende Land. Zum ersten Mal sahen sich die Berberstämme einer Kriegsmaschine aus dem Norden gegenübergestellt, aus einem fremden Kulturkreis, der ihre eigene überlieferte Lebensweise bedrohte. Die Mehrzahl der Stämme zog sich vor dieser Bedrohung in die südlichen Wüstengebiete zurück, in den Fèssan.

Nach den Römern kamen germanische Stämme, nach den Vandalen die Byzantiner; Mitte des 7. Jahrhundert kamen muslimische Araber; mit ihnen kam der Islam. Es brauchte nur drei Jahrzehnte, bis sich die Berber im Fèssan der islamischen Religion unterwarfen und die arabische Lebensweise annahmen, um ihn selbst südwärts weiterzutragen, tief nach »Schwarzafrika« hinein.

Fast neun Jahrhunderte beherrschten verschiedene Araberdynastien den Lebensraum der Berber, bis er in den ersten Jahrzehnten des 16. Jahrhunderts unter die Herrschaft der Türken fiel. 1551 eroberten die Osmanen Tripolis. Drei Jahrhunderte später war die Macht der Osmanen, die den moslemischen Berbern ebenso Religionsfreiheit wie eine autonome Lebensweise gewährten, löchrig geworden. Europäer, auf der Suche nach profitablen Ländereien, betraten Nordafrika und betrieben, was einst Rom betrieb: unter dem Deckmantel der Zivilisierung die Kolonialisierung. Diesmal wichen die Berber der Bedrohung nicht aus, diesmal traten sie ihr entgegen, in islamischen Ordensgemeinschaften organisiert.

Der arabisch-islamische Theologe Sayyid Muhammad ibn Ali as-Senussi gründete 1837 in Mekka die Ordensgemeinschaft der Sanussi. Er wollte den Islam erneuern und den Einfluss des Abendlandes zurückdrängen. Wenig später ließ er sich in der Kyrenaika nieder, um in al-Bayda ein Kloster zu errichten, einen Mutterkonvent, aus dem seine Ideen und Glaubensgrundsätze ins Land getragen wurden. Nach seinem Tod entwickelte sich die Ordensgemeinschaft, geführt von seinem Sohn Sayyid al-Mahdi Muhammar, zum starken Machtfaktor innerhalb Nordafrikas. Loyal gegenüber der osmanischen Oberherrschaft und mit zahlreichen Privilegien dafür belohnt, kontrollierte die Sanussi-Bruderschaft große Gebiete Nordafrikas, die Oasen der Libyschen Wüste ebenso wie die Ansiedlungen im nördlichen Tschad.

Die Bruderschaft lebte ein einfaches Leben zwischen mystischer Versenkung und Erwerb des Lebensunterhalts. Sie beherrschte das Gebet, wie sie die Waffentechnik, den Ackerbau, das Handwerk und den Handel beherrschte; sie gründete eigene Schulen und trug wesentlich zur Kultivierung des Südens bei.

Der Weg zur Erkenntnis der Macht und Herrlichkeit Allahs,

predigte der Ordensgründer, führe nicht allein durch ein dauerndes Studium des Korans, sondern ebenso durch die Meditation. Wie die Derwische erreichen auch die Sanussibrüder die »unio mystica«, die my stische Vereinigung mit dem Geist des Propheten Mohammed. Ibn Ali as-Senussi, so erzählt man sich noch heute, konnte jederzeit mit dem Propheten kommunizieren, daher seien seine Auslegungen der heiligen Texte authentisch. Durch Ibn Ali as-Senussi spricht der Prophet, sagen die Berber.

Im Uebrigen zeichnen sich die Sanussi durch grösseren Glaubenseifer, durch mehr Hass gegen Andersgläubige, durch eine straffe Organisation und Disciplin ihrer Angehörigen und durch grosse Proselytenmacherei aus.

In Djalo scheitert seine Absicht, Kufra zu erreichen. Als die Karawane die Oase erreicht, wird sie von einer Schar Kinder und Jugendlicher umringt. *Christenhunde, ungläubige Schweine, Söhne des Teufels, das waren noch die gelindesten Schimpfworte dieser kleinen Bengel.* Kieselsteine werden geworfen, und Rohlfs' Männer antworten mit der Kamelpeitsche. Das Ganze hätte sich zur gefährlichen Auseinandersetzung aufschaukeln können, wären nicht einige erwachsene Oasenbewohner zwischen die Streithähne getreten. *Um aber ähnliche Scenen zu vermeiden, machte ich die Eltern aufmerksam darauf, wie viele Brüder, Väter oder Verwandte von ihnen in Aegypten oder Bengasi wären, und dass diese dort Alle für meine Sicherheit und selbst für Beleidigungen würden haften müssen. Dies hatte den guten Erfolg, dass wir nun ruhig campiren konnten.* Freunde gewinnt er mit solcher Drohung nicht, mit der auch seine letzte Hoffnung verspielt ist, in Djalo einen wegkundigen Führer nach Kufra zu finden. Rohlfs muss abdrehen, ostwärts ziehen, mitten hinein in die Libysche Wüste, jenes gewaltige Meer aus Sand, deren Dünen sich hoch auftürmen, in der sich schier endlose Kiesebenen erstrecken und Wasserstellen schwer zu finden sind. *Es war 7 Uhr Morgens, am 17. April, als wir Djalo verliessen, wo das Wasser so schlecht und die Leute so unmanierlich und wenig liebenswürdig waren.*

Über eine Ebene aus Kies und grobkörnigem Sand führt die Route vorbei an versteinerten Baumstümpfen und mitten hinein in einen Orkan, der den Tross drei Tage in eine heiße Wolke aus

Staub und Sand einhüllt. Wer in einer solchen Lage genügend Wasser mit sich führt, überlebt. Rohlfs trinkt täglich zwölf und mehr Liter, die Reserven werden aufgebraucht. Wenn sie nicht bald einen Brunnen finden, wird es ihnen ergehen, wie es anderen ergangen ist, deren Überresten sie begegnen, drei, vier Dutzend Skelette, vom Wind abgeschliffen. Dass seine Uhren den Sandsturm nicht überstehen, die Barometer zerspringen, dass sein Reitkamel die Fußfessel zerbeißt und in die Dunkelheit des Orkans davonrennt, ist nicht wichtig. Wichtig ist, dass Mensch und Tier eine Wasserstelle finden. Als sie schließlich einen Brunnen finden, schmeckt sein Wasser gallebitter. Rohlfs hat noch einen Reserveschlauch, sein Dienstpersonal und die Kamelführer dagegen müssen aus dem Brunnen trinken und sich mit unliebsamen Folgen abfinden, einem rumorenden Darm.

Knapp drei Wochen nach Djalo steht Rohlfs am Rand der Oasensenke von Siwa, die Freiligrath als einen »Garten der Glückseligen« besang. »Fremdling, lass deine Stute grasen, / O zieh nicht weiter diese Nacht! / Dies ist die grünste der Oasen; / Im gelben Sandmeer glänzt ihr Rasen, / Gleich wie inmitten von Topasen ein grüner, funkelnder Smaragd!«

Vielleicht kennt Rohlfs den Vers aus seiner Studentenzeit; Siwa, den Schmelztiegel alter Kulturen, kennt er mit Sicherheit. Hier stand das Delphi der Ägypter, das ammonsche Orakel. Semiramis und Kambyses befragten es, und Alexander der Große wurde in Siwa zum Sohn des Sonnengottes erhoben. Ammon, den alten wilden Gott der Ägypter, setzten die Griechen mit Zeus gleich und die Römer mit Jupiter, seinen Tempel nannten sie Jupiter Ammon. *Also war ich da in dieser hochberühmten Oase, welche zu sehen ich mich schon lange gesehnt hatte, diesen geheimnisvollen Fleck, der die Ursache so vieler Opfer gewesen war, welcher so reiche geschichtliche Erinnerungen wach rief. Noch vor 6 Monaten in der Hauptstadt der Intelligenz unserer Zeit, befand ich mich jetzt an dem Orte, wo vor mehr als 2000 Jahren die damals bekannte Welt sich Rat holte, an der Stelle, wo der größte Krieger seiner Zeit sich »Sohn des Zeus« anreden hörte!*

Siwa werde von der Sanussi-Bruderschaft beherrscht, in Benghazi schon hatte man ihm die Warnung mit auf den Weg gegeben.

Einen Revolver in der Hand, steigen er und einer seiner Diener, der das doppelläufige Gewehr geschultert hat, die letzte Düne hinunter. Sie gehen einige Schritte in das Oasenareal hinein, über Korn- und Kleefelder, im Schatten der Feigen-, Granatapfel-, Aprikosen- und Olivenbäume, bis sie einem Alten begegnen. Man habe ihn erwartet, sagt der Mann, und Ismael Pascha, der Khedive im fernen Kairo, habe gedroht, allen, die dem Christen nicht freundlich begegnen würden, eine Sondersteuer aufzuerlegen. Aus einem Graben schöpft der Alte frisches Wasser und reicht gequetschte Datteln zur Stärkung. Rohlfs ist erleichtert. Jetzt kann er den muslimischen Karawanenführer in die Schranken weisen. *Er glaubte, mich als ein willenloses Werkzeug in seiner Hand zu haben, wollte den Beschützer herauskehren, und das um so mehr, je mehr wir uns dem gefürchteten Orte näherten. Unterwegs hatte ich mich allen seinen Anordnungen gefügt, aber ihm jetzt gezeigt, dass er weiter nichts als Wegweiser sei, und ich seiner Rathschläge und seiner Vermittelung mit den Eingebornen nicht bedürfe.* Noch einen Tagesritt vor Siwa hätte er es nicht gewagt, die Ratschläge des Mannes zurückzuweisen.

So marschiert er in die blühenden Gärten der Siwasenke ein, im sicheren Schutz ihrer Bewohner, die eine Extrasteuer mehr als alles andere fürchten. Der Kern des Oasengebietes, das eigentliche Siwa, ist auf einen kleinen Berg gebaut, der aus der grünen Umgebung emporragt. Schmale, dunkle Gassen führen durch die Stadt, deren Einwohner angewiesen sind, die Türen der Häuser geschlossen zu halten, Frauen und Mädchen vor den Blicken eines Christen wegzuschließen. Rohlfs läuft durch eine Theaterkulisse; viel mehr haben ihm in der Ebene die Ruinen aus vergangenen Zeit auch nicht zu sagen, die Tempelruinen und die in den Berg gegrabenen Katakomben. Emil Salingré, der Fotograf, stellt seine Apparatur zwischen die Ruinen, und Rohlfs füllt seine Notizbücher. Er notiert, was er sieht, und wird erst später durchdenken, was er notiert. Zwei Jahre nach seiner Reise wird in Bremen sein Reisebericht »Von Tripolis nach Alexandria« erscheinen.

Nach zwölf Tagen, Mitte Mai 1869, verlässt er Siwa, um mit seiner kleinen Mannschaft nordwärts der Küste entgegenzureiten, deren Linie er ostwärts folgt. In Alexandria, nachdem allerlei zusammengetragene Mitbringsel, Keramiken, kleine Statuen und andere Artefakte, verpackt sind, geht seine fünfte Reise auf dem afrikanischen Kontinent zu Ende.

Salingré brachte eine erste Fotodokumentation antiker Kulturdenkmale nach Deutschland mit, Rohlfs hingegen ausführliche Informationen über die Sanussi-Bruderschaft, vor allem die Bestätigung der von europäischen Geographen ausgesprochenen Vermutung, dass der gesamte Nordrand der Libyschen Wüste unter dem Meeresspiegel liegt. Wie tief die Depression hinunterreicht, konnte er nicht exakt sagen, mal sind es 100 Meter, dann nur noch 25; für eine zweite, dritte Kontrollmessung hat er die notwendige Geduld nie aufbringen können, zudem war sein wissenschaftliches Gerät von den Sandstürmen gezeichnet.

Seine Reise wird in Berlin als neue Sternstunde der deutschen Afrikaforschung gefeiert, und Rohlfs genießt die Anerkennung. Dass die Reise nur dorthin geführt hat, wo andere schon waren, Hornemann oder der Engländer Hamilton, der 1853 in Siwa den Tempel des Jupiter Ammon identifizieren konnte, kann ihn dennoch nicht befriedigen. Als sechster oder siebter Europäer in Siwa angekommen zu sein ist das eine, etwas anderes ist es, als Erster in Kufra anzukommen. Er muss Kufra als erster Europäer erreichen. Viel Zeit bleibt dafür nicht, Rohlfs steht im 39. Lebensjahr und weiß, dass es Jüngere gibt, die über das Mittelmeer fahren, um in das Meer ohne Wasser einzutauchen.

Agent provocateur und Villa mit Dame

»Neulich machte ich die Bekanntschaft eines überaus anziehenden Menschen – Gerhard Rohlfs –, der eben von einer höchst merkwürdigen Reise durch Afrika zurückgekehrt ist. Nachdem ich den schlichten Bericht hörte, den er über seine letzten Abenteuer vor einem ihm zu Ehren gegebenen Festmahl gab, konnte ich seinen Erfolg wohl verstehen. Sein ganzes Wesen ist so einfach, sein Ausdruck so rein und der Klang der Stimme dabei so bestimmt, dass gewiß wenig Menschen nicht von ihm eingenommen sein werden.«

Nicht nur der spätere Reichstagsabgeordnete Georg von Bunsen zeigt sich von Rohlfs beeindruckt, in Berlin stehen ihm alle Türen offen, selbst im preußischen Königshaus. Seine Publikationen erzielen noch keine nennenswerten Einnahmen, doch zahlreiche Angebote, Vorträge zu halten, nähren ihn gut; später, ab 1873, machen ihn seine Bücher wohlhabend, wenn auch nicht reich.

In Vegesack sitzt er in den herausgeputzten Stuben der Leute, gibt seine Abenteuer zum Besten und ist nicht mehr der zum ordentlichen Leben unfähige Ausreißer und Abenteurer, den jeder zu kennen glaubt. Jetzt halten die Honoratioren seiner Geburtsstadt den Hut in der linken Hand, wenn sie ihm die rechte entgegenstrecken. In Berlin wird der ehemalige Fremdenlegionär, den ein Kartograph aus Gotha zum reputierlichen Reisenden machte, im Palais an der Wilhelmstraße, im Schloss Glienicke oder in Sanssouci zum Tee empfangen, der Kronprinz stellt ihm gar eine Hofequipage zur Verfügung. Rohlfs fühlte sich nicht geschmeichelt, er sah sich bestätigt, unabhängig und geachtet als Gesprächspartner in den »höchsten« Kreisen. Anders als Heinrich Barth, dem Preußens König nur einen Hungerlohn gab, bewegte sich Rohlfs auf dem gesellschaftlichen Parkett ebenso sicher wie elegant.

Rohlfs pendelt zwischen Berlin und Bremen hin und her, denkt sich glücklich angekommen, zwei Jahrzehnte nach seiner Flucht aus dem täglichen Einerlei der bürgerlichen Gesellschaft. Es wird Zeit, eine Familie zu gründen.

Bei Hofe entscheidet sich, wo er sich niederlassen wird: in Weimar, von Gotha und Petermann nicht weit entfernt. Sie müssen nach Weimar gehen, Weimar liegt im Herzen Deutschlands, sagt die Prinzessin, als sie ihm den Tee reicht, und fügt noch hinzu, dass sie ihm selbstverständlich einen Brief für den Großherzog, ihren Bruder, mitgeben werde. Doch ehe er an der Ilm heimisch werden kann, muss er eine Vortragsreise absolvieren: Pernau, Riga, Mitau, Dorpat, St. Petersburg, Moskau und Odessa.

Am 1. Mai 1870 steigt der Junggeselle in Riga im Hause des Weinkaufmanns Alexander Schweinfurth ab, des Bruders des Afrikaforschers Georg Schweinfurth. Eine knappe Woche spricht er von Afrika und seinen Reisen; er lässt sich bewirten und beobachtet Leontine Behrens, die neunzehnjährige Nichte des Hausherrn, dann macht er ihr einen Heiratsantrag. Der Kaufmann zieht einige Erkundigungen über den Leumund des Antragstellers ein und ist erfreut, dass die gesellschaftlichen Beziehungen des Bewerbers bis in den preußischen Thronsaal reichen. Man feiert Verlobung, und anderntags reist der Bräutigam in spe nach St. Petersburg, um abermals von Afrika und seiner Saharadurchquerung zu erzählen. Weitere Stationen der Vortragsreise werden abgesagt, und ein Brief nach Vegesack wird zur Poststation getragen. *Ich denke, Eure zukünftige Schwägerin wird Euch gefallen, sie ist hübsch, einfach, kindlich, gut und ohne Ansprüche, 19 Jahre alt. Selbstverständlich musikalisch und gut erzogen.*

Am 16. Juni 1870 wird geheiratet; über Warschau und Berlin fährt das junge Paar nach Weimar, mietet sich eine Wohnung, um sofort nach Vegesack weiterzureisen. Vier Wochen später platzt ein Telegramm des preußischen Auswärtigen Amtes in die Flitterwochen. Leontine Rohlfs, geborene Behrens, muss erfahren, was sie vor der Heirat nicht bedacht hatte, das ungebrochene Verlangen des Gatten, Held großer Schlachten zu sein. In Berlin hatte sich Rohlfs im Juli, mit Ausbruch des Krieges zwischen Frankreich und Deutschland, Preußen als Freiwilliger zur Verfügung gestellt. Die Ehe kann warten, sagt Rohlfs, der Krieg nicht. *Sei nicht traurig, sondern erinnere dich der Frauen der Römer und Griechen, welche ihre Männer zum Kampf anfeuerten, wenn es galt, fürs Vaterland zu streiten, und der alten Deutschen, deren Frauen selbst mit in den Krieg zogen.*

Sechs Tage sitzt Rohlfs in deutschen Eisenbahnwaggons. Fahrpläne und Streckennetze sind hoffnungslos überlastet, 1300 Eisenbahnzüge bringen 550 000 Soldaten und 160 000 Pferde westwärts an die Front. In Berlin wird er im Auswärtigen Amt empfangen, wenig später hat er eine Unterredung mit dem Generalstabschef Preußens. Generalfeldmarschall Helmuth Graf von Moltke erläutert mit großer Geste seine Kriegsstrategie. Die Kampfkraft des Gegners müsse dadurch geschwächt werden, dass man in der französischen Kolonie Algerien eine zweite Front provoziere. Damit soll Napoleon III. gezwungen werden, das in Nordafrika stationierte Material und die Mannschaften von der deutsch-französischen Front fern zu halten. Dazu braucht er einen tapferen Mann, einen gewitzten *agent provocateur*, den er in Rohlfs zu finden hoffe, kenne er sich doch als ehemaliger Fremdenlegionär, der französische Interessen mit der Niederwerfung rebellischer Kabylen habe sichern helfen, bestens aus. Von Tunesien soll er über die offene Grenze nach Algerien gehen und dort die Einheimischen gegen Frankreich aufwiegeln. Schwedens Konsul Tulin, der in Tunis die preußischen Interessen vertrete, sei ebenso informiert wie in die Lage versetzt worden, der Geheimmission jede nur denkbare Unterstützung zu ermöglichen.

Rohlfs bittet sich zur Begleitung den Orientalisten Johann Gottfried Wetzstein aus, der ein koranreines Arabisch spricht und als ehemaliger preußischer Konsul in Syrien mit den diplomatischen Gepflogenheiten der arabischen Welt vertraut ist.

Denkbar ist, dass Rohlfs selbst dem Generalstabschef diese Geheimoperation vorschlug und Moltke dem Plan nur zugestimmt hat. Manche Historiker halten diesen Gesprächsverlauf für wahrscheinlicher, das Ergebnis der Unterredung wäre dadurch kein anderes gewesen.

Mit allen notwendigen finanziellen Mitteln und mit einem Erkennungszeichen, einer vergoldeten Münze mit kleinem Anhänger, ausgestattet, trifft Rohlfs in Neapel Wetzstein, den er in die Pläne des Generalstabs einweiht. So kommen sie nach Malta, um nach Tunesien überzusetzen. Ihr Auftrag jedoch ist den französischen Kolonialbehörden schon entdeckt, noch bevor sie am 19. August 1870 zur späten Abendstunde afrikanischen Boden betreten.

Bereits am 22. Juli ist Frankreichs Gouverneur in Algerien durch den französischen Generalkonsul in Tunesien in Kenntnis gesetzt worden, dass ein gewisser »M. le Docteur Gerhard Rohlfs, consul de la Confédération de l'Allemagne du Nord« von Tunis aus in den französischen Besitzungen unter der muslimischen Bevölkerung Unruhe stiften und Gerüchte verbreiten soll, die Frankreichs Interessen zuwiderlaufen. Die Information kommt aus erster Hand, werden doch alle Telegramme, die der Schwede Tulin aufgibt und erhält, vom tunesischen Postdirektor, einem Franzosen, gesichtet und kopiert. Auch eine am 14. August von Tulin an seinen Kontaktmann in La Goulette, dem der Stadt Tunis vorgelagerten Hafen, aufgegebene Depesche wird abgefangen. »Ich setze Sie in Kenntnis über die mögliche und baldige Ankunft eines preußischen Generals. Achten Sie auf das Einlaufen der Dampfschiffe. Erweisen Sie ihm alle üblichen Ehren und telegraphieren Sie mir in jedem Fall.«

Als die beiden Agenten von Bord gehen, werden sie von Tulins Kontaktmann freundlich begrüßt und vom einheimischen wie dem französischen Geheimdienst argwöhnisch beschattet. Noch am selben Tag ist Paris unterrichtet. »Herr Rohlfs, auf den die Geheimdepesche vom 22. Juli aufmerksam gemacht hat und der von Herrn Tulin erwartet wird, ist gerade aus Malta eingetroffen zusammen mit Herrn Wetzstein aus Sachsen.«

Der türkisch regierte Beystaat Tunesien, gegenüber dem deutsch-französischen Konflikt zur Neutralität verpflichtet, fürchtet weniger Rohlfs' Mission im Nachbarland Algerien als eine vielleicht dadurch ausbrechende Revolte im eigenen. Eindrücklich hat Frankreichs Generalkonsul den amtierenden Minister Tunesiens, Khayreddin, gewarnt. »Sollte es dem preußischen Agenten gelingen, Unruhe zu stiften, ob in Tripolis oder in Algerien, so würde sie sich gewiss auf Tunesien ausdehnen.« Zudem würde die Nichtbeachtung des französischen Gesuches, die Aktionen der preußischen Agenten im Keim zu ersticken, in Paris als Verletzung der Neutralität verstanden werden. Damit sind alle Vorkehrungen getroffen, Rohlfs und Wetzstein nicht aus den Augen zu verlieren.

Fünf Tage bleiben die Deutschen in Tunis, logieren im Gassengewühl der Altstadt, treiben sich auf den Basaren der Stadt herum, kaufen arabische Kleidung, knüpfen mit Einheimischen Kontakte. Khayreddins Männern entgeht nichts, und auch der französische Geheimdienst hält seine Augen offen. Am 25. August versucht Rohlfs, sich der Überwachung zu entziehen. Der Polizeichef informiert seinen Minister, dass »der als hoch gewachsen gekennzeichnete General heutigen Datums, 7 Stunden vor Mittag, eine dreispännige Kutsche für 12 Tage zu 30 Piaster gemietet hat. Vom Hotel aus ist er in Begleitung eines Lastträgers nach Zaghouan gefahren«, einem 60 Kilometer von Tunis entfernten Bergstädtchen. Khayreddin reagiert umgehend, sendet eine Eildepesche an die Bezirksverwalter. »Zwei Individuen preußischer Herkunft, das eine untersetzt, dunkelhaarig und im reifen Alter, das andere hoch gewachsen und schlank, rotblond und jung, waren hier in der Hauptstadt eingetroffen … Ihr seid daher dringend angehalten, alles zu tun, um die beiden Individuen aufzuspüren und sie in eurem Verwaltungsbezirk zu suchen und darauf zu achten, dass keiner mit ihnen verkehrt oder ihnen bei ihrem widrigen Ansinnen hilft.«

Einen Tag später verhaftet die Polizei zwei Marokkaner, die in Verdacht stehen, Rohlfs und Wetzstein unterstützt zu haben. Auf Drängen der Franzosen werden am 27. August auch die beiden Deutschen aus Zaghouan durch eine berittene Polizeieskorte in die Hauptstadt zurückgeholt, die einheimischen Diener der Deutschen ins Gefängnis gesteckt. Rohlfs reagiert empört und fordert die sofortige Audienz beim Bey Khaznadar ein. Als der Bey auf die vorgetragene Beschwerde gelassen antwortet, man habe »bei der jetzigen Zeit schließen müssen, du seist gekommen, das Volk gegen die Regierung aufzureizen, und aus diesem Grunde haben wir deine Reise ins Innere verhindern müssen«, verliert Rohlfs die Contenance. *Sie sind vom französischen Einfluß beherrscht, na dann, in einigen Tagen gibt es kein Frankreich mehr. Dann wollen wir sehen, wie Sie Ihr Benehmen mir gegenüber rechtfertigen.* Der Auftritt beeindruckt den Türken wenig und beschreibt das Ende einer geheimen Dienstreise. Rohlfs und Wetzstein sehen ihre Absichten entdeckt, sich auf Schritt und Tritt observiert, das Netz der Konspiration zerrissen; inzwischen sind alle Kontaktpersonen verhaftet, durch andere nicht zu ersetzen.

Am 2. September 1870 erhält der amtierende Minister Khayreddin vom Polizeichef folgende Meldung: »Die beiden Preußen sind heute um die Mittagsstunde mit allem, was sie an Gepäck hatten, nach La Goulette gefahren, um das Dampfschiff nach Malta zu nehmen.« Es ist ein englisches Schiff, das Rohlfs und Wetzstein auf direkter Route zurück nach Sizilien bringt, in den Hafen von Messina.

Als glänzenden Erfolg seines diplomatischen Geschicks feiert der französische Generalkonsul in Tunesien Rohlfs' Abreise. Sein Triumph wird im selben Augenblick nebensächlich, als ihn die Nachricht erreicht, dass am Tag der Abreise der Deutschen König Napoleon III. auf dem Schlachtfeld bei Sedan vor der Kampfkraft preußischer Truppen kapitulierten musste und zwei Tage später in Paris die Republik ausgerufen wurde. Der Diplomat des französischen Königs stürzt aus dem Hochgefühl in tiefe Ungewissheit, sein Posten in Tunis wird vakant werden.

Der Schwede Karl Tulin dagegen avanciert zum zweifachen Konsul. Preußens König ernennt Tulin zum Generalkonsul Deutschlands in Tunesien. Auch der *agent provocateur* wird nicht vergessen. Im Dezember hält Gerhard Rohlfs die Ernennungsurkunde zum königlich preußischen Hofrat in Händen, unterschrieben vom Preußenkönig Wilhelm, der sich am 18. Januar 1871 die Kaiserkrone aufsetzt und fortan als Wilhelm I. das an diesem Tag gegründete Deutsche Reich regiert.

Im Oktober 1870 ist das Ehepaar Rohlfs zurück in Weimar und führt in der relativen Beschränktheit seiner unmittelbar am Bahnhof gelegenen Mietwohnung einen bürgerlichen Salon. Den großen Tisch in seinem Geburtshaus hat er nicht vergessen: *Das Leinen des Tischtuches zeichnete sich stets durch ein tadelloses Weiss aus, und ebenso die Servietten … ja, wenn Besuch kam, wurden wundervolles Damasttischzeug und Servietten benutzt, schöne Kristallgläser aufgetischt. Vater und Mutter liebten sehr, dass immer hübsch gedeckt war, und Vater selbst war für einen langsamen Mit-*

tagstisch. ›Beim Essen wird man nicht alt‹, pflegte er zu sagen. Alles soll werden, wie es damals war, und doch ganz anders. Einst saßen Verwandte und was sich von Vegesack bis Bremen zur besseren Gesellschaft rechnete, um den Tisch; in Weimar ist die »weite Welt« zu Gast, und Rohlfs fühlt sich in ihrem Zentrum. Großherzog Carl Alexander und dessen Frau kommen, Julius von Payer, der in Grönland war, der Staatswissenschaftler Christopher Negri und immer wieder Franz Liszt und Georg Schweinfurth. Rohlfs' Einladungen zur Plauderstunde werden zum festen Bestandteil des gesellschaftlichen Lebens in der Stadt, vor allem Liszt schätzte die kulinarische Umrahmung der Zusammenkünfte. Leontine Rohlfs' gute Küche spricht sich schnell herum.

Ist Georg Schweinfurth im Haus, zieht sich Rohlfs mit dem fünf Jahre Jüngeren in die Welt seiner Erinnerung zurück. Schweinfurth, der als Privatlehrer in Kairo lebt, hat das Sumpfgebiet des Bahr el Ghasal bereist, die angeblich kannibalischen Assande und den Zwergstamm der Akka besucht. Den Männern gehen die Gesprächsthemen nicht aus. Schweinfurth will in Kairo eine Geographische Gesellschaft gründen; Rohlfs ist von dieser Idee begeistert und aufgerüttelt zugleich. Hat er sich zu früh zur Ruhe gesetzt? Darauf will er die Antwort vorerst nicht finden, wie sie auch immer ausfiele, sie würde ihn beunruhigen. Er hat sich entschieden, hat Leontine geheiratet und baut ein Haus. Leontine Rohlfs, wenn sie nicht in der Küche steht, um das Dienstpersonal zu beaufsichtigen, geht bei ihrem Mann zur Schule, der ihr Bücher und Zeitschriftenartikel vorlegt, damit sie sich bilde. Aufsätze muss sie schreiben und Schönschriftübungen vorzeigen.

Drei Jahre lebt man in der Etagenwohnung, bis der Neubau auf einem Grundstück an der Paulinenstraße, das der Großherzog Rohlfs geschenkt hat, einzugsfertig ist.

Rohlfs ist 42 Jahre alt und hat alle Unruhe früherer Jahre weggeschlossen; er ist angekommen, wo er nie sein wollte: im Gleichmaß des Lebens. »Villa Meinheim« nennt er das großzügig hergerichtete Haus, das voll gestopft ist mit den Mitbringseln aus Afrika und mit Büchern. Später wird die Villa verkauft, in der Belvedere-Allee, Weimars Nobelecke, eine neue gebaut, »Villa Meinheim 2«. Auch dieses Grundstück hat ihm Carl Alexander geschenkt. Vor dem Haus in der Belvedere-Allee greift der Unterkiefer eines Wals in den Himmel, ein Geschenk Vegesacker Bürger an den Sohn ihres Weserdörfchens.

Er arbeitet Vorträge aus, schreibt diesen und jenen Artikel für Fachblätter und Familienjournale, arbeitet an seinen Büchern und steht mit August Petermann in engem Kontakt. Er ist ein Mann der Öffentlichkeit, jedenfalls in Weimar, mit Franz Liszt verbindet ihn eine Freundschaft. Aus Wien schreibt eine Verehrerin, dass sie ihn zu ihrem Erben einsetzen wolle, und der Großherzog von Sachsen-Weimar sucht seine Gesellschaft. »Haben Sie nie empfunden, dass Sie einen hypnotischen Einfluss auf Personen ausüben?«, soll er gesagt haben. Wer von Afrika spricht, von Barth, Hornemann, Livingstone oder Mungo Park, spricht nun auch von Gerhard Rohlfs.

Irgendwann spürt er, dass das Leben am Gleichmaß stirbt, wenn es keine Ziele mehr kennt; in der Bewegung liegt Erfüllung, nicht im Stillstand. Weimar, das Haus, die Anerkennung, die er genießt, die Familie – manchmal wird ihm das Erreichte eng; wie golden ein Käfig auch sein mag, er bleibt doch stets ein Käfig. Darüber kann er mit Leontine nicht reden.

Rohlfs denkt an Kufra, jenen Oasengürtel, der noch immer unerreicht in der Libyschen Wüste liegt, an seine Luftdruckmessungen mit einem heruntergekommenen Federbarometer. Wie tief unter dem Meeresspiegel liegt Siwa, wie tief die von ihm durchschrittene Depression am Nordrand der Wüste, 100 Meter, 50 oder doch nur 25 Meter? Manches ist unerledigt geblieben, was es noch zu erledigen gilt. Ruhm muss er nicht mehr gewinnen, er muss ihn verteidigen. Das ist das eine, das andere ist ein inzwischen verloren gegangenes Gefühl für die eigene Willenskraft, die Karawanen zusammenhält, sein Verlangen nach der Feldherrenposition, das er in Deutschland nicht ausleben kann.

Er muss nach Kufra, muss eine Expedition in die Libysche Wüste zusammenstellen. Niemand käme auf den Gedanken, dahinter einen erneuten Ausbruch aus dem Gleichmaß des geregelten Lebens zu vermuten. Der Mann betreibt, was seine Aufgabe als »Afrikaforscher« ist, nur braucht er dafür Geld, das er in Deutschland nicht findet. *Wer sollte den Aufwand für eine Reise bestreiten, die noch weniger praktische Resultate in Aussicht stellte, die sich durch Gegenden ziehen sollte, die so arm, so leer zu sein schienen, dass selbst Geologen die Achseln zuckten, von Botanikern und Zoologen ganz zu schweigen* Angesichts ökonomisch nicht greifbarer Ergebnisse zeigt selbst die Königlich-Geographische Gesellschaft wenig Neigung, Investitionen in ein solch »unergiebiges Geschäft« zu tätigen. Die Reisepläne, die er vorlegt, finden manches Interesse, ein anerkennendes Schulterklopfen, einen Finanzier finden sie nicht.

Dann kommt Hilfe von unerwarteter Seite, vom ägyptischen Vizekönig Ismael Pascha, und das Meer ohne Wasser wird für Rohlfs wieder beschiffbar.

Durch den Sandkasten Libyens

Ismail Pascha residierte seit 1863 als Statthalter des Osmanischen Reichs am Nil, ehe ihm die Pforte in Konstantinopel vier Jahre später und gegen ein gehöriges Bakschisch den Titel Khedive, Vizekönig von Ägypten, zugestand. Als Khedive setzte er fort, was er als Statthalter begonnen hatte, den intensiven Ausbau der Baumwollkulturen und des Handels. Dagegen konnte selbst die türkische Regierung nichts einwenden, ebenso wenig wie England und Frankreich etwas dagegen hatten, dass der Khedive viel Geld in die Suezkanalaktiengesellschaft steckte. Doch Ismail Pascha spielte im ebenso komplizierten wie explosiven Interessengemenge Nahost Hasard, glaubte sich stark genug, das politische Gemenge kontrollieren und für sich nutzen zu können. Er wollte Ägypten aus dem Osmanischen Reich herauslösen und mit Hilfe der Europäer zur afrikanischen Großmacht ausbauen. England und Frankreich unternahmen manches, um die Macht des Reiches am Bosporus entscheidend zu schwächen – um ihren Einfluss am Nil auszubauen, unternahmen sie weit mehr, denn ein starkes Ägypten lag nicht in ihrem Interesse: ein geopolitisches Strategiespiel, das der Vizekönig verlieren musste. Ismail Pascha setzte auf sein Kanalaktienpaket, baute Kairo und andere Städte prächtig aus, rief immer mehr Männer zum Waffendienst, rüstete die Flotte auf, führte Kriege. Was immer er tat, kostete Geld, das er schon längst nicht mehr hatte, da half es auch nicht, dass er die Jahressteuern gleich zweimal eintreiben ließ. Die Staatskasse ließ sich nicht mehr auffüllen, und das Land am Nil schlitterte ungebremst in den Staatsbankrott. Ohne Gewinn musste Ismail Pascha sein Aktienpaket an die Engländer verkaufen und sie zudem zur Sanierung der Finanzen in seine Regierung bitten. England schickte seinen Generalzahlmeister nach Kairo, versprach viel und hielt wenig. Ein internationaler Gerichtshof wurde in Alexandria eingesetzt, prüfte das Finanzwesen Ägyptens und verurteilte den Khediven, mit seinem Privatvermögen für die Staatsschulden zu haften.

Ismail konnte die Ausführung des Urteils noch einige Zeit verhindern, doch 1878 musste er den größeren Teil seiner privaten Besitzungen dem Staat überschreiben. Das Spiel um die Macht am Suezkanal war endgültig verloren. Im Juni 1879 wurde der Khedive seines Amtes enthoben, sein Sohn Tewfik ins Amt gesetzt, Ismail Pascha des Landes verwiesen. Einen Monat später trafen er und seine Familie in Neapel ein, im Gepäck eine gehörige Abfindung.

Sechs Jahre zuvor, im Sommer 1873, hatte der deutsche Generalkonsul in Kairo den Vizekönig über Rohlfs' Absicht unterrichtet, durch Ägyptens Westgebiete nach Kufra zu gehen. Was niemand wirklich hoffen konnte, geschieht. Ismail Pascha zeigt nicht nur großes Interesse an einer Expedition in die westliche Region seines Landes, er stellt dafür auch eine erhebliche Summe zur Verfügung, 80 000 Mark. Die einzige Bedingung lautet, das Unternehmen müsse von Alexandria aus aufbrechen, nicht von Tripolis, und noch vor dem Jahreswechsel starten. Viel Zeit bleibt Rohlfs für die Vorbereitungen nicht, knapp fünf Monate.

Auf Suchanzeigen, die er in einschlägigen Journalen hat einrücken lassen, melden sich über tausend Männer, alte und junge, selbst Zwölfjährige wollen sich dem Ritt in die Wüste anschließen. Er entscheidet sich für Männer vom Fach, nicht für junge Abenteurer, für den Botaniker Paul Ascherson, den Paläontologen und Geologen Karl von Zittel, den Geodät Wilhelm Jordan, den Fotografen Philipp Remelé und für seinen Diener Walther, den Leontine nun einige Zeit entbehren muss, sowie für weitere vier deutsche Diener.

Petermann schickt Ermahnungen nach Weimar. »Soviel ich mich erinnere«, liest Rohlfs in einem der Petermann'schen Briefe, »ist der Hauptzweck Ihres Unternehmens die Bestimmung der Höhe der Libyschen Wüste und da ich trotz der bewilligten Mittel nicht glaube, dass Sie an ein Nivellement denken, so bleiben gute und zahlreiche barometrische Messungen das nächste Mittel zur Erreichung des Zwecks.« Jordan, der Geodät, würde an die notwendigen Apparaturen denken, Rohlfs hat sich um das Überleben seiner Männer zu kümmern. Er weiß, wie schnell eine Karawane in der Wüste zugrunde gehe kann, denn er hat die traurigen Überreste verdursteter Männer und Kamele gesehen. Solche Bilder wird man nicht mehr los. Quecksilberbarometer oder ein Nivellement retten nicht vor dem Verdursten. Er wird Petermanns Rat folgen, kontrollieren, ob Jordan und die übrigen Herren eine brauchbare wissenschaftliche Ausrüstung zusammentragen. Für die astronomische Ortsbestimmung braucht es einen Theodoliten, den Spiegelsextanten, einen ordentlichen Taschenchronometer und die Äquatorialsonnenuhr. Für die barometrischen Höhenmessungen und andere meteorologische Untersuchungen wird er Großzügigkeit fordern, will nicht noch einmal im ersten besten Sandsturm die Apparaturen verlieren. Er denkt an ein Quecksilber-Reise-Barometer, an acht Aneroide, etwa ein Dutzend Schleuderthermometer, zwei Pinselthermometer, vier Maximum-Minimum-Thermometer, drei Haarhygrometer, nicht zuletzt an den Schönbein'schen Apparat zur Messung des Ozongehaltes der Luft. Messbänder aus Stahl müssen sie besorgen, Messlatten und ein Laufrad, um den zurückgelegten Weg auszumessen; verschließbare Glasröhren sind nötig, um die Wüstenluft einzufangen, ein Fotoapparat mit allem Zubehör, Hunderte gläserner Fotoplatten. Ascherson soll mindestens drei Gitterpflanzenpressen mitbringen und ausreichend Löschpapier; Zittel müsste sich um die Insektenkästen kümmern, um die Spiritusflaschen. Er kann sich nicht auch noch damit beschäftigen, kann nur kontrollieren, später, jetzt sind die Wasserkisten sein Hauptproblem. *So wie der Kapitän eines Segelschiffes nie mit Bestimmtheit vorhersagen kann, an dem und dem Tag werde ich den Hafen erreichen, ebenso wenig kann der Karawanenführer zuverlässig behaupten, an dem oder jenem Punkt wird Wasser zu finden sein oder in so und so viel Tagen werden wir bei einer Oase anlangen. Trotz der mehr als tausendjährigen Erfahrung, wie oft geschieht es, daß die Lebensmittel- und Wasservorräte nicht ausreichen. Durch den Samum, durch die Hitze geht kein Mensch zugrunde, aber wie viele verschmachten alljährlich wegen Mangel an Trinkwasser.*

Wasser in den Schläuchen verdunstet, er hatte es immer wieder erfahren; Wasser in inwandig emaillierten Eisenkisten kann sich wochenlang mit ausreichender Qualität halten. Fünfhundert solcher knapp fünfzig Liter fassenden Kisten lässt er herstellen, jeweils zwei dieser Kisten werden einem Kamel aufgebunden. Fünfundzwanzig Pfund leicht ist eine leere Eisenkiste, 125 Pfund schwer, wenn sie mit Wasser gefüllt wird. Es wird ein kilometerlanger Tross, der sich durch das Dünenmeer schlängelt, wissenschaftliches Gerät, Feldbetten, Tische, Stühle, Zelte, Gewehre, Munition. Rohlfs schöpft aus dem Vollen des löchrigen ägyptischen Staatsetats. *Da war aber auch alles Nöthige, um auf der Reise mit allem europäischen Comfort zu speisen. Ein ganzes Silberservice. Porzellan, Glas und Kristall und eine vollkommene Küche. Da waren Schafe, Puter und grosse Käfige mit Hühnern, da waren Hunderte von Büchsen mit eingemachten Pasteten, Gemüsen und Lekkereien, da war Champagner, französische, deutsche und spanische Weine, Liqueure und Bier, da war Kaffee, Thee, Chokolade und Cigarren … Fast bedauerte ich diesen Luxus und Aufwand.* Fast, nicht wirklich, nur insoweit, als ihn die Organisation der Expedition ein wenig zum Zahl- und Futtermeister abstempelte, zudem wollte er die Annehmlichkeiten des bürgerlichen Lebens nicht entbehren, auch nicht in der Sahara. Er wird sich im großen Sandmeer an den Tisch setzen, als sei zwischen der Tafel in der Villa »Meinheim« und dem Klapptisch auf dem Sand kein Unterschied. Er wird dinieren, nicht nur an den bevorstehenden Feiertagen, und er wird zum Jahreswechsel die Tafel mit Magnesiumfeuer schmücken.

Am 27. November 1873 gehen Mannschaft und Gerät in Alexandria von Bord eines Dampfers der deutschen Lloyd-Reederei, einige Tage später wird das Expeditionskorps vom Khediven glanzvoll in Kairo empfangen. Das Institut d'Egypte lädt Rohlfs zu einer Sitzung ein, damit er seine Reisepläne vortrage, und beauftragt ihn, die Existenz eines alten Nilbettes zu überprüfen, um vielleicht neue Aufschlüsse über das prähistorische Leben dieser Region zu bekommen. Über sein eigentliches Ziel, die Kufra-Oasen, spricht Rohlfs wenig, hat er sie erst erreicht, kann er die vorgegebenen Aufgaben noch immer erledigen.

Am 7. Dezember startet die Expedition mit dem Zug des Khediven nilaufwärts nach Minieh, von dort weiter mit dem Schiff nach Siut, dem eigentlichen Ausgangspunkt der Expedition. Hier wird die Gofla, die Karawane, endgültig zusammengestellt, werden über einhundert Araber als Treiber, Auflader oder Fütterer für einhundert Kamele verpflichtet. Rohlfs hat wenig Mühe, was an Kamelfutter und Dienstpersonal noch fehlt, zu bekommen; der von Ismail Pascha ausgestellte Schutzbrief verleiht seinen Anforderungen den nötigen Nachdruck. »Die Ausfertigung dieses Firman muß in Empfang genommen und befolgt werden als eine Ansprache an sämtliche Untertanen und Behörden und Älteste der Dörfer und Städte sowie die arabischen Stämme, welche herumziehen in dem Umkreis unseres Gebietes, des Khedivischen. Es sei zu wissen bei ihnen insgesamt, dass der Träger des Firmans Herr Rohlfs … sich in die Gegend der Sahara von El Barkah auf dem Wege über El-Uahat begiebt mit Genossen … von wegen einer Expedition in selbige Sahara und die Uadis, um manche Pflanzen zu entdecken, welche in der Pharmazie angewendet werden und noch genauere Bestimmungen herauszubringen im Fache der Geographie. So wird verordnet, dass bei ihrem Umher- und Durchziehen und ihrem Aufenthalte, an welchen Orte es sei, ihnen Lasttiere und eine höfliche Behandlung und Unterstützung zuteil werde in allem, was ihren Unterhalt erleichtert und zur glücklichen Ausführung ihres Vorhabens dient, bei ihrem Aufbruche und ihrem Marsche. Dieser Firman ist ihnen behändigt worden, damit er, wo es nötig ist, vorgezeigt werde zur Einsicht und zur Befolgung des Inhalts.«

Am 18. Dezember beginnt der Marsch nach Westen, und bald ist die Vegetationsgrenze erreicht. Früher als geplant müssen die Kamele von dem mitgeführten Futter versorgt werden, und auch der erste Wüstensturm, der den Sand in Ohren, Mund, Augen und Nase wirbelt, lässt nicht lange auf sich warten.

Eine Stunde braucht der Riesentross jedes Mal, ehe er sich in Bewegung setzt, manchmal mehr. So lange sitzen die Deutschen beim morgendlichen Milchkaffee, ordnen ihre Instrumente, später, gegen zehn Uhr, wird ein kaltes Frühstück verteilt, etwas Hühnerfleisch, Biskuit, Schokolade, Käse, Datteln. Spätestens dann sind die Streitereien der Kameltreiber untereinander beendet. Im Allgemeinen legt sich das Gezänk darüber, ob das eigene Kamel mehr Gepäck aufgeladen bekommt als ein anderes, schnell, dennoch muss Rohlfs gelegentlich die Treiber anbrüllen, um sie zu beruhigen. Dann hat er die Hand auf der Pistolentasche. Einmal zieht er den Revolver, richtet ihn gegen einen der weißen Diener, weil dieser einen Befehl verweigert. Er schieße ihn augenblicklich nieder, wenn er nicht ausführe, was ihm befohlen sei, schreit er.

Täglich sind sie acht bis neun Stunden unterwegs, machen keine Pause, schaffen dreieinhalb Kilometer in der Stunde, nicht mehr als fünfundzwanzig am Tag. Zittel, der Paläontologe, rennt jeden Hügel hinauf, bietet sich ihm doch aus der Höhe vielleicht eine bessere Übersicht auf bisher unbekannte paläontologische Funde. Der Geodät Jordan steigt immer wieder von seinem Kamel, um Ortsbestimmungen vorzunehmen oder das Messrad zu kontrollieren, das von dunkelhäutigen Nubiern geschoben wird. Einzig Ascherson, der Botaniker, ihn nennen die Männer Abu Haschisch, Vater des Krauts, arbeitet vom Kamelrücken aus. Er muss nur auf eine Pflanze zeigen, und die Männer reichen ihm das Gewünschte in die Höhe.

Rohlfs notiert die Topographie der Route, ist beschäftigt *mit der Führung des Ganzen, denn bei der streitsüchtigen Natur der Araber gab es täglich, ja stündlich etwas zu ordnen. Gewöhnlich marschierten wir bis eine Stunde vor Sonnenuntergang. Es war dies schon deshalb besser als den ganzen Tag auszunutzen, weil es vorteilhafter war, die Kamele bei Tageslicht abzufüttern, weil die Zelte im Dunkeln sich nicht gut aufschlagen ließen, weil die Vorrichtungen zur Mahlzeit besser getroffen werden konnten und vor allem, weil Jordan dann die benötigte Zeit hatte, seinen Theodolit zur Beobachtung des Polarsterns genau zu stellen.*

Die Tagesmärsche in der endlosen Einöde ermüden, und eine Einsenkung, die das ausgetrocknete alte Nilbett hätte sein können, finden sie nicht. Als Ebene liegt das Land vor ihnen, eher leicht ansteigend, bis sie an ein Wirrwarr aus Felsblöcken kommen, eine senkrecht 200 Meter abfallende Kalksteinwand, die sie nur mühsam heruntersteigen, immer in Angst, die Kamele könnten in die Tiefe stürzen. Zwei, drei Tiere werden mit einem Seil aneinander gebunden und hinuntergeführt. Die Karawane steckt Stunden in dem steilen Abbruch und ist froh, den Abstieg ohne Verluste überstanden zu haben. Andere waren weniger glücklich, in den Schluchten und Rissen der Wand liegen zahllose Kamelknochen.

Am 24. Dezember schlägt der Tross wie gewöhnlich mit Sonnenuntergang die Zelte auf. *Unsere deutschen Diener bekamen jeder ein Geldgeschenk und eine Flasche Wein und wir selbst feierten den Tag mit deutschem Rebensaft vom Rhein bei unserem gemeinsamen Mahle. Es wurden Gedichte vorgelesen, wir toasteten auf das Wohl unserer Frauen, unserer Freunde daheim und blieben ungeachtet wir einen anstrengenden Marsch hinter uns hatten, bis spät in die Nacht zusammen.* Aus seiner Proviantkiste stellt der Expeditionsleiter eine Flasche Hennessy auf den Tisch.

Am 30. Dezember erreicht der Tross die Oase Farafra, deren Einwohner beim Anblick der nahenden Karawane in niedrige Gebäude aus Stein und Lehm flüchten. Die Ängstlichkeit der Farafraner, die von der Ankunft der Karawane nicht unterrichtet waren und glaubten, es kämen Männer, zu rauben und zu plündern, ist nach Rohlfs' Geschmack, der seinen Einzug in die Oase generalstabsmäßig durchführt, als wäre der Wüstenflecken noch immer, was er längst nicht mehr ist, ein zum Fort, zum Gassr, ausgebauter militärisch starker Stützpunkt. Fünfzig Jahre zuvor musste der Franzose Caillaud, der die Oase nicht betreten durfte, diesseits des durch Lehmmauern umgrenzten Dattelpalmenwaldes auf dem heißen Steingeröll quartieren. Gleiches würde ihm nicht widerfahren. Es bereitete Rohlfs sichtliches Vergnügen, die Oasenbewohner in Angst und Schrecken zu versetzen. *Voran trabten auf Reitkamelen der Hadj Omar, einer unserer Araber-Schichs und sein Bruder. Die anderen Araber aber waren alle zu Fusse und wir Deutschen hatten grösstentheils auch vorgezogen zu gehen. Ich gab dann Ordre mit dem Schiessen zu beginnen und sofort waren alle Waffen in Thätigkeit. Wir sahen, wie zuerst einige der Einwohner aus dem Gassr kamen, andere aber oben auf die Mauer liefen, eifrig auszulugen, in welcher Absicht wir kämen; wie ein gestörter Ameisenhaufen gestaltete sich der Ort, sobald wir zu schiessen anfingen, es bildeten sich Gruppen, einige holten Gewehre, die Weiber liefen händeringend von einem Haus zum anderen und angesichts einer so verschwenderisch mit Pulver umgehenden Truppe glaubten die Farafrenzer, diesmal sei wohl ihr letztes Stündlein gekommen.*

Der militärisch geplante und ebenso exakt durchgeführte Scheinangriff auf Oasenbauern zeigt die erwartete Wirkung. Alle

Wünsche der Expedition werden erfüllt. Rohlfs hat erfolgreich eine Schlacht geschlagen, und der Sieger fühlt sich den Besiegten überlegen. *Gegen mich hegten sie den bittersten Hass. Ich bemerkte, wenn ich allein durch die Gärten ging die stechenden Augen der Fanatiker, aber sie sahen auf meinen Revolver, sie bemerkten, dass ich immer vorbereitet war und so blieb es stets nur bei der löblichen Absicht.* Alles war ihm ein Spiel wie in den Kindertagen, Räuber und Gendarm. Doch weiß er auch, dass solche Spiele nur allzu rasch in eine tödliche Wirklichkeit umschlagen können.

Von Farafra westwärts marschierend, will er Kufra erreichen, doch die kleine Oase bietet weder der Mannschaft noch den Kamelen genügend Nahrung, als dass man in Farafra das Basislager hätte einrichten können. Also bricht man vier Tage später wieder auf und erreicht am fünften Tag die Oase Dakhla, das ehemalige Rohstoffgebiet der Pharaonen. Dakhla, mit seinen drei Moscheen und der Ruine eines von Römern gebauten Tempels, den Bildnisse von Nero, Vespasian und Titus schmücken, wird zum Hauptquartier der Reise. Das Problem in Farafra, ausreichend Wasser und Kamelfutter für den langen Weg nach Kufra aufzutreiben, ist auch in Dakhla nicht zu lösen, jedenfalls nicht für Europäer, die gewohnt sind, ständig aus dem Vollen zu schöpfen. Dass der Weg von Dakhla durch das vegetationslose Sandmeer nach Kufra eine traditionelle Karawanenstraße ist, weiß Rohlfs nicht, will es vielleicht auch nicht wissen, er kann es sich jedenfalls nicht vorstellen. Er rechnet mit 25 Tagesmärschen. Ein Kamel frisst täglich etwa zwölf Pfund Futter; es braucht 300 Pfund, um nach Kufra zu kommen. Kein Kamel kann dieses Gewicht tragen. Zudem gibt es auch in Dakhla nichts anderes als Datteln, davon wird kein Kamel satt. Rohlfs muss Bohnen, Reis und Stroh vom Nil heranschaffen lassen. Man richtet sich auf einen längeren Aufenthalt ein.

Der Ausweg heißt Deponierung ausreichender Wasser- und Futtermargen entlang der vorgesehenen Route. Das verlangsamt die Reisegeschwindigkeit der Karawane, erhöht jedoch deren Überlebenschance.

Jordan ist der Erste. Am 16. Januar 1874 bricht er mit zwanzig Kamelen, 30 Wasserkisten und einer drei viertel Tonne Kamelfutter auf, um zwei Tagesmärsche weiter westwärts ein erstes Depot anzulegen. Der Weg ist ebenso öde wie heiß, führt durch Geröll und in ein Sandmeer hoher Dünen. Damit sie den Rückweg nicht verfehlen, schichten seine sechs Kameltreiber in mehr oder weniger regelmäßigen Abständen Steinzeichen auf. In einem verlassenen Beduinenlager, in dem einige Eisenwerkzeuge und ein Kamelsattel herumliegen, richtet er das erste Nachschublager ein und schickt die Treiber mit den Kamelen nach Dakhla zurück, während er sich die Zeit mit astronomischen und meteorologischen Messungen vertreibt, gemeinsam mit seinem deutschen Diener. Zwei Tage später erreicht eine weitere Nachschubkarawane Jordans Lagerplatz, um unter seiner Leitung nach vier Tagesmärschen ein zweites Depot anzulegen. Und wieder findet er zu seiner Überraschung Wegemarkierungen, von Menschenhand gruppierte Steine, sichere Anzeichen dafür, dass eine Karawanenstraße Dakhla und Kufra verbindet. Er folgt der Spur drei Tage, findet Tonscherben und weitere Indizien, dass eine Art Straßennetz die Libysche Wüste durchzieht, von dem Europa keine Kenntnis besitzt. Am Materiallagerplatz angekommen, wartet er auf die nachrückende Mannschaft unter der Führung des Paläontologen Zittel. Als sie eintrifft, geht es gemeinsam weiter. Wieder schichtet man Steinpyramiden auf. So geht es drei Tage, dann geht nichts mehr.

Der Sand ist zu 200 Meter hohen Dünen aufgeworfen. Durch dieses Dünenfeld mit schwer beladenen Kamelen weiterzuziehen scheint beiden unmöglich, oder nur parallel zu den Dünenkämmen, durch die Gassi und quer zur Windrichtung. Die festere Luvseite der Dünen kämen sie mit den Tieren vielleicht hinauf, doch jeder leeseitige Schritt über den Kamm hinaus könnte Sandlawinen lostreten. Die Männer fürchten im Sand begraben zu werden. Zittel und Jordan könnten dem Bauplan des riesigen Ergs folgen, nur zwischen den Dünen marschieren, wie in einem Labyrinth; auf Umwegen erreichten sie dann ihr Etappenziel, wenn überhaupt. Das kann einen Tag dauern. Sie entscheiden sich, nichts zu entscheiden, schlagen ihr Lager auf und erleben ein in diesem Teil der Sahara seltenes Ereignis, einen starken Regen. Innerhalb von zwei Tagen fallen sechzehn Millimeter Niederschlag. Als Rohlfs mit seiner Gruppe nachrückt, regnet es noch immer, und er gibt dem Ort den Namen »Regenfeld«. Für spätere Reisende deponiert er eine Nachricht, die er mit einer zwei Meter hohen Pyramide, aufgeschichtet aus eisernen Kisten und einigen Steinen, gegen Sturm und Hitze sichert. *Ob jemals wieder der Fuss eines Menschen diese Stätte betreten wird?*

Fünfzig Jahre später rollen drei Citroën-Raupenschlepper und ein geländegängiger Ford durch die Wüste, und der ägyptische Prinz Kemal-el-Din Hussein findet am 22. Februar 1924, was er sucht: Das »Regenfeld« und Rohlfs' Nachricht auf blau liniertem Quartpapier in einer Rotweinflasche. Eine Flaschenpost, in den Wüstensand geworfen. *Lagerplatz der von Gerhard Rohlfs geleiteten Expedition in die Libysche Wüste. Auf diesem Punkte, dessen Breite – 25° 11´ 10´´ und dessen Länge – 14° 42´´ von Berlin astronomisch bestimmt, und dessen Meereshöhe – 450 Meter barometrisch gemessen worden ist, hat die Expedition vom 2. – 5. Februar 1874 in der Stärke von sieben Mann mit 15 Kamelen gelagert. Wegen eines am 2. und 3. Februar gefallenen Regens, welcher 16 Millimeter Wasserhöhe lieferte, wurde diese Gegend ›Regenfeld‹ benannt. Regenfeld den 5. Februar 1874. G. Rohlfs. K. Zittel. W. Jordan.* Auf modernen Landkarten ist der geographische Punkt noch heute eingezeichnet, zu Ehren der Rohlfsschen Expedition.

Der Prinz notiert eine Abschrift der Nachricht, fügt eine Notiz über seine eigene Expedition hinzu und siegelt beide Texte in eine Champagnerflasche ein, die er in das Alam, die Steinpyramide, einfügt. Das Original nimmt er mit nach Kairo und stellt es gerahmt in eine Vitrine.

1933 steuert László E. Almásy einen schweren Ford nach einem in den Wagen eingebauten Flugzeugkompass durch das »Große Sandmeer«, besessen von der Idee, genau diesen Alam zu finden. Leichter ist es, die Nadel im Heuhaufen zu finden als einen Alam in der Libyschen Wüste. Almásy ist Pilot und versteht sein Handwerk. Zudem ist er nicht das erste Mal mit einem Wagen im Sand unterwegs. 1926 hatte er für die Grazer Automobilwerke den Testwagen »Steyr XX« nilaufwärts in den Sudan gefahren. Später wird der 1895 in Borostyánkö geborene Spross einer österreichisch-ungarischen Adelsfamilie mit einer einmotorigen Maschine die

Wüste aus der Luft erkunden, im Zweiten Weltkrieg für das deutsche »Afrikakorps« Geheimkommandos anführen. Wiederum ein halbes Jahrhundert später liefert er als »Englischer Patient« die fiktive Vorlage zu einem Spielfilm.

Auch Almásy findet die Steinpyramide und gräbt die Champagnerflasche aus, die er dem König von Ägypten überreichen wird; fertigt eine Abschrift des Rohlfsschen Dokumentes, fügt einen Bericht über die eigene Wüstenfahrt hinzu und baut das Alam wieder auf. Im Umfeld des Wegzeichens gräbt er noch einige geflochtene Sattelkörbe aus, ein paar Sardinenbüchsen, Holzkohlenstücke und eine eiserne Wasserkiste der Rohlfsschen Expedition.

Gerhard Rohlfs muss sich entscheiden, die Expedition droht ihr Ziel zu verfehlen. Nach Kufra müssten sie die quer zur Marschrichtung liegenden hohen Dünenzüge überwinden, allen scheint das unmöglich. *In Abständen von 2 bis 4 Kilom. folgte eine Dünenkette der anderen und jede Kette war über 100 Meter hoch … Das Kamel, so stark, so geduldig es auch ist, hat doch nur eine bestimmte Summe von Kräften und wenn man gesehen hat, wie schwer es demselben wird, Sanddünen zu übersteigen, wird man begreifen, dass es die größte Thorheit gewesen wäre, sich in ein solches Sandmeer hineinzuwagen. Wir hatten keinen Grund, die Thiere irgendwie zu schonen, und dass dies überhaupt nicht geschehen ist, geht wohl zur Genüge daraus hervor, dass wir 20 Kamele verloren.*

Damit wird Rohlfs 1875 in seinem Buch »Drei Monate in der Libyschen Wüste« die Entscheidung gegen Kufra begründen, als ein Versagen der Tiere. Dass ein Kamel in diesen Dünenfeldern ohne große Schwierigkeiten zurechtkommt, wenn es nur normal beladen ist, will er nicht wahrhaben. Andere Karawanen vor und nach ihm sind den Weg gegangen, vor dessen Schwierigkeiten er jetzt zurückschreckt. Jordan stand mit einem Fuß auf der alten Wüstenstraße nach Kufra, von der sie nun abbiegen. Dahinter wird die Arroganz europäischer Saharareisender sichtbar, deren Reisevorbereitungen alle Erfahrungen nordafrikanischer Völker eher ignorieren, wo sie sie hätten ausnutzen sollen; jenes irreale Gefühl einer zivilisatorischen Überlegenheit, die alle Geschichte, alle Kultur der Wüstenbewohner negiert.

Im »Regenfeld« bricht das logistische System, das der Expedition den Weg nach Kufra erzwingen sollte, zusammen, *ein ununterbrochenes Sandmeer machte alles zu Schande.* An eine Umkehr will Rohlfs nicht denken, es entspricht nicht seinem Naturell, einen einmal eingeschlagenen Weg zurückzugehen, er will die Flucht nach vorn ergreifen, nordwärts zur Oase Siwa marschieren. Nun liegen die Dünenketten parallel zur beabsichtigten Route, und der Tross kann zwischen zwei Dünen weiterziehen. Der deutsche Diener Morlock wird mit einem Kamel in das letzte Depot mit der Anweisung zurückgeschickt, es mit der dort stationierten Wachmannschaft aufzulösen, nach Dakhla zurückzukehren und die anderen auf der Route liegenden Nachschubmagazine mitzunehmen.

Als sie am 6. Februar aufbrechen, vom Regen gestärkt, müssen sie gegen einen kalten, starken Nordwind ankämpfen, der durch die Gassi Wolken aus Sand und Staub fegt. Sie gehen auf einer Linie dicht hintereinander, Stunde um Stunde. Bliebe einer zurück, würde er die anderen aus dem Blickfeld verlieren. Als sich der Sturm legt, nur noch leichte Sandschleier über den Dünen tanzen, ist die Stille ebenso erdrückend wie die steigende Hitze des Tages.

Kann man sich etwas Trostloseres denken, etwas Langweiligeres, als die Gegend, welche wir jetzt zu durchziehen hatten? Rechts und links 80–100 Meter hohe Sanddünen, etwa ½ Stunde voneinander entfernt. Und in dieser von den beiden Sandketten gebildeten Thalrinne bewegt sich unsere Karawane. Da ist kein Fels, kein Gor, um etwas Abwechslung in die Szenerie zu bringen. So wie die Gegend hier aussieht, so sieht sie nach 4-, nach 8-, nach 10stündigem Marsche noch aus. Am ersten Tag marschieren sie neun Stunden, am zweiten nur acht. Rohlfs hat auf all seinen Wegen durch die Sahara die endlosen Weiten der Ergs nie gemocht, diesen seltsamen Zustand extremer Vereinzelung irgendwo im Raum zwischen Himmel und Sand, der ihm nicht von dieser Welt zu sein scheint. Diesmal ängstigt ihn die Einsamkeit inmitten unzähliger Sandkörner, und Bilder steigen auf, Leontine, seine Bibliothek in Weimar, die Geschwister; er sehnt sich nach menschlicher Nähe.

Dann stehen sie vor felsigem Gestein, das aus dem Dünenfeld herausragt, eine Trutzburg im unendlichen Sandmeer. Auf einer

Felsplatte sonnt sich eine größere Schlange und flüchtet sofort, als die Männer in ihr Blickfeld treten. Man hebelt die Steinplatte aus und tötet das Tier durch kräftige Schläge auf ihren Kopf, mit dem Revolverknauf. Noch bevor die Schlange ihren Platz in einem der mit Spiritus gefüllten Glasbehälter erhält, wird eine erste, vorläufige Sektion vorgenommen. *In ihrem Magen fand Zittel nur einige Sandkörner. Trotzdem besaß das Thier eine reiche Fettablagerung, von dem es wohl während des Winterschlafes zehrte.* Den Geologen und Paläontologen Zittel packt Ehrgeiz, er schlägt kleinere Stücke aus dem Fels heraus und findet, was er sucht, Artefakte aus vergangenen Erdepochen, immer wieder Ammoniten. »Ammoniten-Berge« tauft Zittel die Hamada mitten im Großen libyschen Erg. Als sie anderntags weiterziehen, liegen zertrümmerte Straußeneier auf ihrem Weg. *Unbeschreiblich reich musste das Leben in einer anderen Zeitepoche hier pulsiert haben.*

Sie kommen aus der Hamada herunter und tauchen wieder in ein Erg ein, dessen Einöde beängstigend ist, notiert Rohlfs. *Am 10. Februar schrieb ich in mein Tagebuch: ich habe nichts zu bemerken, als dass wir stetig abwärts schreiten und uns in einem Sandmeer befinden.* Ihre Marschordnung ist, wie sie schon in den letzten Tagen war. Das stärkste Kamel, von einem Mann geführt, marschiert voran, die übrigen, untereinander mit Stricken verbunden, folgen auf einer Linie, die Lastkamele ebenso wie die Reitkamele. Ihren Reittieren haben die Männer Namen gegeben, Rohlfs ritt das »Riesenkamel«, Zittel den »Baron« und Jordan den »kleinen Kelb«, den »kleinen Hund«.

Irgendwann muss das Sandmeer an sein Ufer kommen.

Die Kamele waren am 26. Januar das letzte Mal getränkt worden und ließen sich noch immer leicht führen. Am 12. Februar werden ihnen einige eiserne Wasserkisten vor die Schnauzen gestellt, damit sie sich satt saufen. Die Männer haben genügend Wasser und auch sonst eine stets ausreichende Mahlzeit, *so war unser Tisch immer gut besetzt und auch Wein fehlte nicht. Einen großen Genuss gewährten gleich nach der Ankunft ein Gläschen Hennessy-Cognac und einige Biscuits dazu.*

Man isst aus Büchsen, trinkt aus Eisenkisten und Flaschen. Was leer gegessen und leer getrunken ist, wird *als lästiger Ballast zurückgelassen. Und noch nach Hunderten von Jahren werden leere Flaschen, Wasserkisten und Büchsen den Weg bezeichnen, den wir durch das libysche Sandmeer genommen haben.*

Am 19. Februar 1874 kündigt erster, spärlicher Pflanzenwuchs die Oasensenke Siwa an, 36 Tage nach Dakhla. Rohlfs notiert, fünf Jahre nach seinem ersten Einzug in die am Fuß eines Gebirges zwischen tiefblauen Salzseen gelegene Oase: *So war denn der abenteuerlichste Marsch, der je in der Wüste Sahara gemacht ist, aufs Glänzendste gelungen.* Dass auf der alten, von jeher begangenen Karawanenroute zwischen Dakhla und Siwa schon vor ihm manche Abenteuer erlebt wurden, nimmt er nicht zur Kenntnis.

Wieder werden die Tempelruinen besucht, und Rohlfs bedauert, dass Remelé nicht dabei ist. Hätte man neue Fotos, könnte der unaufhaltsame Verfall antiker Baudenkmale aus dem Vergleich mit Salingrés Fotomappen aller Welt dokumentiert werden. *Die Eingeborenen haben kein Verständnis für das Altertum und seine Ruinen, im Gegenteil, sie halten es noch für etwas Verdienstliches, die Bauten der Ungläubigen zerstören zu helfen.*

Fünf Tage bleiben sie in Siwa, nehmen immer wieder Luftdruckmessungen vor, deren Ergebnisse Rohlfs veranlassen, die von ihm fünf Jahre zuvor gemessene Depression der Oase auf etwa 25 Meter unter dem Meeresspiegel zu korrigierten.

Am 25. Februar steht die Karawane aus Siwa abmarschbereit, quert salzige Schlammsümpfe, deren dünne Salzkruste für die Kamele nur auf einem schmalen, hart ausgetretenem Pfad passierbar ist. Einem alten Mann und einem Kind begegnen sie, die von einer Pilgerreise aus Mekka nach Benghazi zurückkehren. Neun Monate waren die beiden unterwegs, barfuß und ohne je ein Kamel benutzt zu haben. Man gibt ihnen Wasser und Nahrung. Dankbar, fromme Segenssprüche aufsagend, gehen der Alte und der Junge weiter. Hat Rohlfs während dieser Begegnung gespürt, wem die Wüste gehört, den beiden Wanderern, nicht ihm? Vielleicht hat er nur den Kopf geschüttelt über solcherart religiösen Fatalismus, dem kein Weg zu weit ist und keine Sonne zu heiß.

Anfang März erreicht die Mannschaft Sitrah, eine Oase an der Peripherie eines von Wasservögeln bevölkerten salzigen Wüstensees. Jordan zieht mit drei Kamelen nach Bacharieh, um weiter nach dem alten Niltal zu suchen; während Rohlfs und Zittel über Farafra nach Dakhla marschieren.

Sie entdecken eine Art Einfriedung, ein von Reisigholz umgrenztes Gehege, in dem ein Haufen Tonscherben liegen. Zwei, drei Stunden nach der ersten Entdeckung unzweifelhafter Spuren eines längeren Aufenthaltes von Menschen stoßen sie auf einen zweiten, größeren Scherbenhaufen *Vielleicht war hier eine der Etappen irgendeines Heerzuges, denn es ist wegen Mangel an Brunnen und Quellen kaum denkbar, dass hier bleibende Ansiedlungen waren.*

Die Scherbenhaufen sollten Fach- und Hobbyarchäologen in helle Aufregung versetzen. Rohlfs vermutete, dass er auf die Überreste eines großen Wasserdepots gestoßen sei, von einem gewaltigen Heer angelegt. Das könnte nur die Truppe des Perserkönigs Kambyses II. gewesen sein, der 525 v. u. Z. Ägypten unterworfen hatte und dessen Militärmaschine bei dem Versuch, die Tempelanlagen des Gottes Ammon in Siwa zu erobern, angeblich von einem Sandsturm überrascht und verschüttet wurde.

1935 rüstet ein deutscher Vermessungsingenieur eigens eine Expedition aus, um Rohlfs' Vermutung als Tatsache zu bestätigen. Obwohl das Unternehmen keine stichhaltigen Beweise für die Rohlfs'sche Annahme lieferte, geisterte der Rohlfs'sche Scherbenhaufen ein halbes Jahrhundert hindurch als Kambyses' Wasserdepot weiter durch die Fachpresse; und noch immer ist die Herkunft der Scherben umstritten. Jüngste Forschungen zeigen, dass die Bruchstücke der Gefäße aus verschiedenen Jahrhunderten stammen, aus griechisch-römischer Zeit und der späteren arabischen. Schriftzeichen wurden auf einzelnen Tonscherben gefunden, Firmenlogos, die die Entstehungszeit einzelner Wassergefäße eindeutig ausweisen – sie wurden im zehnten Jahrhundert produziert, nicht früher.

Nahe liegende Erklärungen sind oft gültige Erklärungen. Der Ort muss von jeher den Karawanen zwischen Siwa und Dakhla als Rastplatz gedient haben, bot er doch den Kamelen eine spärliche Futterweide. Auf Rastplätzen wird manches Porzellan zerschlagen, das niemand wegräumt.

Am 14. März sind Rohlfs, Zittel und Jordan in Dakhla wieder

vereint, von Ascherson und Remelé, deren Aufgabe es war, den Nachschub auf der Kufraroute zu organisieren, freudig begrüßt. Als sie über den Abbruch des Vorhabens, Kufra zu erreichen, informiert worden waren, hatten sie sich mit sich selbst beschäftigt, Ascherson mit der Fauna und Flora der Oase, Remelé mit Fotomotiven. Die nächsten vier Tage vergehen mit Vorbereitungen zur Abreise. Am 18. März, abends, tanzen die Einwohner von Dakhla auf den staubigen Gassen vor ihren Häusern, und vor der Stadt brennen Feuer. Aus Kairo hatten sie mit Kurier die Prophezeiung eines weisen Mannes erhalten, dass in der hereinbrechenden Nacht zum 19. März ein Erdbeben ihre Stadt erschüttern werde. Der Prophezeiung setzten sie mit ihren Tänzen und Gesängen eine Art mythische Beschwörung des Bösen entgegen. Dakhla bleibt die ganze Nacht hindurch ruhig, und Ascherson notiert in sein Tagebuch, dass kein Anlass sei, »in unserem Civilisationsdünkel über diese unwissenden Moslime die Nase zu rümpfen. Wie oft haben bei uns in den letzten Jahrzehnten Prophezeiungen und ›Berechnungen‹ des Weltunterganges Angst und Schrecken selbst in Kreisen sogenannter Gebildeter verbreitet!«

Am 20. März, sieben Uhr früh, verlässt die Mannschaft Dakhla ostwärts. Zwei Tage weiter, mit Sonnenaufgang, wird die deutsche Fahne auf dem Lagerplatz gehisst und 101 Schüsse erschrecken die Wüste. *Wie für alle Deutsche, die es redlich mit Kaiser und Reich halten, war für uns der 22. März ein großer Feiertag.* Es wird deutsch gesungen – »Heil dir im Siegerkranz« und »Die Wacht am Rhein«. Ein dreifaches Hoch donnert aus deutschen Kehlen. *Inmitten der trostlosen Wüste mussten wir uns hierauf beschränken, an ein Verweilen war nicht zu denken, so gern ich auch Kaiser's Geburtstag zu einem Ruhetag für die ganze Karawane gemacht hätte.*

Den Nil erreicht die Karawane zum Monatsende, um sich einzuschiffen. In Rodah, am 15. April früh, die Kamele sind bereits in Siut verkauft, die einheimische Begleitmannschaft verabschiedet worden, wird alles Gepäck in einen Eisenbahnwagen verladen, den der Khedive fürsorglich hatte bereitstellen lassen. Nachmittags liegen die Burg von Kairo und die Cheops-Pyramide bereits vor ihnen.

Es giebt sentimentale oder blasirte Touristen … denen nun gar eine Eisenbahn im Angesicht der Sphinx und zur Seite des heiligen Nilstroms als ein anachronistischer Greuel erscheint. Ich kann versichern, dass wir nach mehr als vierteljähriger Wüstenreise und nach zehntägiger Haft in den engen und unreinlichen Nilbarken, das Schienengeleise mit Jubel begrüssten und der Pfiff der Locomotive uns als die schönste Musik erschien.

Rohlfs' Expedition kehrt aus der Libyschen Wüste mit einer Fülle geographischer, geologischer, botanischer, meteorologischer und ethnologischer Daten zurück, mit neuen Erkenntnissen über die Geographie, die Botanik und das Klima der durchzogenen Wüstenregion. Der Geodät Jordan kann eine detaillierte Karte für den ägyptischen Oasengürtel in der Ostsahara vorlegen, deren Qualität lange Jahre hindurch unerreicht blieb. Remelé wiederum, der Fotograf, hat die Topographie der westlichen Nilregion auf zahllosen Fotoplatten dokumentiert und sie für Kartographen wissenschaftlich verwertbar gemacht.

Mit dieser Ausbeute zeigt sich Ismail Pascha zufrieden, und auch das Kairoer Institut d'Egypte sieht seine Erwartungen erfüllt. Rohlfs' siebte Reise nach Afrika kann nachweisen, dass ein auf den Landkarten eingezeichnetes altes Nilbett nicht existiert. Der Khedive, ehe Rohlfs sich in Alexandria an Bord des Dampfers begibt, verabschiedet die Deutschen mit einem prachtvollen Diner.

Über Neapel kehrt er nach Weimar zurück und ist wieder ein gefragter Mann im höfischen Gesellschaftsleben der Stadt. Von Abenteuern in der Wüste muss er erzählen, im privaten Kreis und vor großem Auditorium; für Petermann diesen und jenen Aufsatz schreiben. Aus den Vereinigten Staaten erreicht ihn ein lukratives Angebot, eine Einladung zu einer großen Vortragsreise quer durch den Kontinent, von New York bis nach San Francisco. Er verschiebt die Reise auf den Herbst nächsten Jahres, denn er will erst sein Manuskript fertig stellen, das er dem Kasseler Verleger Theodor Fischer in die Hand versprochen hat. »Drei Monate in der Libyschen Wüste«, mit Beiträgen von Ascherson, Jordan und Zittel, er kann nur hoffen, dass seine Begleiter sich an die vorgegebenen Termine halten.

Sein Tagesablauf ist streng geregelt. Mit der Sonne steht er auf und geht eine Stunde im Ilmpark spazieren, nimmt dann ein Bad, liest die Tageszeitung, trinkt einen ersten Kaffee. Bis elf Uhr arbeitet er an seinen Manuskripten, ehe ihn Leontine Rohlfs zum Frühstück ruft. Danach sitzt er wieder am Schreibtisch, geht gegen 14 Uhr mit seiner Frau spazieren, kehrt in sein Arbeitszimmer zurück, um sich Punkt 17 Uhr zur Hauptmahlzeit an den gedeckten Tisch zu setzen. Die Stunden danach hat er sich für das Studium naturwissenschaftlicher und philosophischer Neuerscheinungen freigehalten, jetzt muss er sie für manche Recherche nutzen, um sein Manuskript zu aktualisieren. Um 21 Uhr verschließt er das Tintenfass, legt die Feder hin, dann steht die Villa »Meinheim« bis Mitternacht Besuchern offen.

Rohlfs schläft nur wenige Stunden, anders wäre das tägliche Arbeitspensum auch nicht zu erledigen. Jetzt zahlt sich aus, dass er auf seinen Reisen jedes Detail, jede Begebenheit nicht nur notierte, sondern ausformuliert aufschrieb. Das Buchmanuskript wächst schnell, und nur gelegentlich muss er in seine umfangreiche Bibliothek greifen, um ein Faktum zu recherchieren. Er sitzt gern am Schreibtisch. Hier kann er seinen Wegen durch die Wüste nochmals nachlaufen, Biegungen und Umwege korrigieren, plötzliche Abbrüche zur eigenen Willensentscheidung umformulieren. Hier wird Rohlfs zum Schöpfer seiner selbst, der in seinen Reisebeschreibungen zugleich als *dramatis persona* und Regisseur agiert, der die »Entschleierung Afrikas« als Theaterstück inszeniert.

Die Beiträge seiner Begleiter liegen termingerecht vor, und Rohlfs hat wenige Mühe, sie in das Manuskript einzufügen. Ascherson, Zittel und Jordan haben sich an seine Vorgaben gehalten, ihre Texte sind beschreibend und verzichten auf jegliche Reflexion über ihr Fachgebiet hinaus. Es ist an ihm, die Ergebnisse der dreimonatigen Expedition in der Libyschen Wüste zusammenzufassen und etwaige Fragestellungen für künftige Erkundungen zu formulieren. Fragen, auf die er gern die Antwort selbst wüsste, darauf etwa, wie jene Schlange, die Zittel in den »Ammoniten-Bergen« seziert hatte, überleben konnte. *Wovon lebte das Thier? Vielleicht von Vögeln, welche zahlreich den Boden bedecken und vom*

Wandern erschöpft bald ihr Grab in der Libyschen Wüste finden. Vielleicht auch sind kleine Insekten, Eidechsen, Mäuse, Springmäuse vorhanden. Wie kann die Schlange, wie können Mäuse, Insekten und Vögel in der lebensfeindlichen Wüste überleben?

Strategien des Überlebens II

Den Pflanzen gleich haben auch die Tiere der Wüste lernen müssen, das lebensspendende Wasser zu rationieren.

Die 50 bis 70 Gramm leichte Wüstenspringmaus gehört zu den kleinsten Säugetieren, die sich den Wüstenbedingungen angepasst haben. Ortsgebunden lebt sie tief im Bau, wo selbst an den heißesten Tagen die Temperatur nie über 30 Grad steigt. Eifrig sammelt sie sich einen Nahrungsvorrat von Samenkörnern zusammen, den sie in ihrem Bau hortet. Diese Samen ephemerer Wüstenpflanzen decken zugleich den gesamten Flüssigkeitsbedarf des Winzlings, der darüber hinaus nichts trinken muss. Ihr Stoffwechsel setzt aus 100 Gramm gefressener Nahrung etwa 50 Gramm Wasser frei, damit kommt die Springmaus zurecht. Die nachtaktiven Tiere filtern zudem aus ihrem Urin und Kot alle Feuchtigkeit heraus und schlafen mit der Schnauze im Vorratshaufen, so dass die Feuchtigkeit des Atems in den Vorräten gespeichert und beim Fressen wieder zurückgewonnen wird. Um in ihrer Erdkammer ein feuchtes Mikroklima zu stabilisieren, verschließt die Wüstenmaus den Eingang des Baues mit einem schützenden Erdklumpen.

Als schnelle und ausdauernde Flieger sind in der Sahara Flughühner ständig auf der Suche nach einem vielleicht vom Regen oder vom Grundwasser aufgefüllten Wasserloch. Ihre Eier legt das Senegalflughuhnweibchen in einer Nistmulde, einer natürlichen Vertiefung poröser Oberflächensteine ab, die als schlechte Wärmeleiter die Bodentemperatur bei maximal 45 Grad Celsius stabil halten. Die luftgefüllten Hohlräume der Steine saugen den Morgentau auf, der im Laufe des Tages verdunstet und die Nistmulde zusätzlich kühlt. Der Hahn erweist sich als geschickter Wasserträger, da die Nistplätze von den Wasserstellen oft mehrere Kilometer entfernt liegen und die geschlüpften, durstigen Jungvögel nicht in der Lage sind, das überlebenswichtige Nass zu erreichen. Brust- und Bauchgefieder mit Feuchtigkeit voll gepumpt, fliegt er zurück zum Nachwuchs, stellt sich schwanzgestützt groß auf, und die Küken saugen das Wasser aus seinem Gefieder wie aus einem Schwamm. In Jahren lang anhaltender Trockenzeiten, wenn ephemere Pflanzensamen nicht austreiben, lassen die Flughühner eine oder mehrere Bruten ausfallen. In feuchteren Jahren erholt sich dann die Population.

Zu den regenärmsten Gebieten der Erde gehört die Namib-Wüste an der Südwestküste Afrikas. Hier regnet es durchschnittlich nur alle zehn Jahre, eine dauerhafte Vegetation kann in der Namib nicht existieren. Die Überlebenschance für Fauna und Flora ist gleich null, die Nahrungskette zerrissen. Und doch existieren im Sandmeer der Namib die unterschiedlichsten Tierarten, ein Heer von Insekten, insbesondere verschiedene Käferarten. Nahrung treibt ihnen der Wind zu, das Wasser trinken sie aus der Luft.

Ein heißer Ostwind weht der Namib aus dem Innern des Kontinents abgestorbene, zerstaubte Pflanzenpartikel und Samenfetzen zu, die sich im Windschatten der Dünen ablagern. Unablässig durchwühlen auf dürren Beinchen Tausende Käfer die steilen Leeseiten der Dünen nach organischen Nahrungspartikeln. Wasser finden sie dabei nicht. Schlägt der Wind um, kommt er aus Westen, vom Atlantik her, ziehen Nebelschwaden die Dünenhänge hinauf, stehen die Käfer auf den Graten der Dünen und neigen sich dem heranziehenden Nebel entgegen, den Körper hochaufgerichtet. Feuchtigkeit kondensiert auf dem Rückenpanzer der Tiere, verschmilzt zu kleinen Tropfen, die über Rücken und Nackenschild dem Käfer in den geöffneten Mund laufen. Die Käfer der Namib trinken den Nebel.

Andere Arten betreiben eine eigene Trinkanlage. Morgens, wenn der Sand noch kühl ist, graben sie quer zur Windrichtung lange Rinnen in den Dünenhang, in denen sich dann der aufsteigende Nebel verfängt und dreimal mehr Feuchtigkeit zurücklässt als auf der glatten Sandfläche. Der Baumeister des Drainagesystems muss nur die Rinne entlanglaufen, um die in ihr gesammelte Feuchtigkeit aufzusaugen. Schlangen, Eidechsen oder Geckos reicht es, die Feuchtigkeit des morgendlichen Nebels, der sich auf den noch nachtkühlen Körpern niederschlägt, von ihrer schuppigen Haut zu lecken.

Der Sand der Wüste ist in steter Bewegung, er fließt, vom Wind bewegt; um sich auf ihm fortzubewegen, braucht es spezielle Techniken. Dünengrillen besitzen vergrößerte, schneeschuhartige Füße; Sandechsen bevorzugen einen eigenartigen Wechselschritt, um sich Bauch und Füße nicht auf dem heißen Boden zu verbrennen; die sich schlängelnde Viper hebt in stets wechselnder Abfolge eine Körperwindung vom Boden hoch und zur Seite, während sie sich mit der noch aufliegenden vom Sand abstemmt.

Die meisten Reptilien und Insekten der Wüste sind nachtaktive Tiere, die, sobald die Sonne über den Horizont steigt, in den schützenden Sand abtauchen, andere wiederum tauchen nur kurzzeitig aus ihm auf, sind Schwimmer im Sandmeer. Die Sandskinke der Sahara sieht einem Fisch nicht unähnlich und benimmt sich auch so. Ihr Körper ist von glatten Schuppen bedeckt, ihre Schnauze keilförmig zugespitzt, Arme und Beine dieser Echsenart sind extrem zurückgebildet und ähneln Fischflossen. Wie Aale im Wasser schlängeln sich die Skinke durch den Sand, 30 Zentimeter unter der Oberfläche. Um die Atmung muss sich dieser Sandfisch nicht sorgen, der lockere Sand lässt genügend Luft durch. Im Sand der Namib lebt auch ein Verwandter der Maulwürfe und Igel, der blinde Goldmull. Auf der Suche nach Nahrung gräbt er sich mit kräftigen, flossengleich abgeplatteten Pfoten durch den Sand; sehen muss er dabei nichts, seine Augen sind extrem zurückgebildet, dafür ist sein Gehör umso ausgeprägter.

Zu den Strategien des Überlebens gehört die Reduktion aller Lebensfunktionen. In mittleren und hohen, nördlichen Breiten bestimmt der Winterschlaf den jährlichen Rhythmus vieler Tierarten, in der Wüste ist solcher »Kälteschlaf« eine stete Gratwanderung zwischen Leben und Tod. Der Stoffwechsel wird auf einen minimalen Rest heruntergefahren, die Atmung fast eingestellt, die Körpertemperatur extrem reduziert. Die übliche Körpertemperatur einer Wüstenspringmaus liegt bei 39 Grad, während des Trockenschlafes fällt sie auf 15 Grad.

Jedes Jahr im Oktober machen sich in Europa Schmetterlingswolken auf, der kommenden Winterkälte südwärts zu entfliehen, die hell-ziegelrot und dunkelbraun, schwarz und weiß getupften Distelfalter, Cynthia cardui. Es sind schnelle, ebenso ausdauernde wie wendige Flieger, doch ehe sie das tropische Afrika erreichen, müssen sie zweitausend Kilometer Wüste durchqueren. Mit Sonnenuntergang stürzen die Falter zu Boden, leblose Körper, die Flügel zusammengeklappt, todesstarr, doch beim ersten Sonnenlicht falten sie ihre Flügel auseinander, flattern mit der einsetzenden Morgenbrise weiter, südwärts ihrem Ziel entgegen. Die nächtliche todesähnliche Kältestarre spart die angelegten Fettreserven für den Flug auf.

Für Gerhard Rohlfs war die Wüste, was sie vielen ist, Inbegriff der Lebensfeindlichkeit, daher erwartete er auch nicht, in dieser Landschaft Strategien des Überlebens zu finden. Von der Schlange im libyschen Sandmeer war er gewiss überrascht, seine Ansichten über die Wüste konnte sie jedoch nicht erschüttern. Sand ist Sand, Kies ist Kies, und Fels ist Fels; viel mehr war ihm die Sahara nicht. Die Lebensformen in der Sahara existieren unauffällig, dem Durchreisenden verborgen, und oft nur für kurze Zeit, wenn ihre Lebensbedingungen günstig ausfallen. Sie zu finden braucht Zeit und Geduld; Rohlfs hatte beides nicht.

Einmal Amerika und zurück

Im Oktober 1875, die Beschreibung seiner Libyenreise ist in Druck gegangen, überquert Rohlfs an Bord der »Main«, eines Dampfers des Norddeutschen Lloyd Bremen, den Atlantik.

Als Kind hatte er den weserabwärts ziehenden Seglern nachgesehen, sich an Bord der vorbeifahrenden Schiffe geträumt, um auf großer Fahrt die Abenteuer in fernen, unbekannten Welten zu bestehen. Jetzt hat ihn die Neue Welt eingeladen, von seinen Abenteuern im unbekannten Afrika zu berichten. Rohlfs ist begeistert, von sich und von Amerika, seine Briefe an Leontine sind voller Emphase. *Neuyork, 24. 10. 75. Wir stellen uns den Amerikaner immer als einen mit den Beinen auf dem Tische liegenden Lümmel vor, der raucht und spuckt. Und nirgends noch sah ich ein feineres Benehmen.*

Der, dem das Fluidum des Weimarer Hoflebens an seinem Gehrock anhaftet, taucht in die Sphäre des Kapitals ein, in den Glanz eines zu Reichtum aufgestiegenen Bürgertums. *Es ist unglaublich, welcher Luxus hier getrieben wird, die Brillanten, die tagtäglich von den Damen getragen werden, würde man bei uns nur in Gesellschaft anlegen. Gestern war ich beim Fürsten der Neuyorker Kaufleute, bei Mr. Stewart, zum Essen. Nicht nur bewohnt er in Neuyork im nobelsten Stadtteile das schönste Gebäude, sondern ist auch inwendig kaiserlich eingerichtet. Natürlich waren die Speisen dementsprechend und der Weine so viele, dass die Gläser weggenommen und frische für andere Weine hingestellt wurden … Ein prachtvolles Parfüm haben die Amerikaner als Zusatz zu ihren Mundspülschalen beim Dessert, und die Schalen selbst sind immer Kunstgegenstände.* Ihn fasziniert der Aufwand, den die Neue Welt um seine Person macht, wie er sich andererseits mit der Lebensart der Reichen und Schönen gleichsam identifiziert. *So bin ich denn mitten in die amerikanischen Kreise geraten, in die selten ein Deutscher, und wenn er auch jahrelang hier ist, hineinkommt. Und noch dazu in die aristokratischsten und feinsten.* Ohne Distanz berichtet er vom gesellschaftlichen Glanz privater Empfänge, beispielsweise beim Besitzer zweier Kaufhäuser am Broadway: *Frau Stewart rieselte von Brillanten, in den Ohren hatte sie ein Paar Solitairs, wie man sie … in den Schatzkammern der gekrönten Häupter suchen muss, jeder war mindestens 50 000 Dollar wert. Dazu die anderen Schmuckgegenstände, Medaillons, Ringe usw. Auch Frau Bigelow, die ich zu Tisch führte, hatte ein fürstliches Kollier um.*

Den privaten Einladungen folgen Vorträge und Reisen quer durch die Staaten. *Gestern abend habe ich meinen ersten Vortrag gehalten und einen durchschlagenden Erfolg gehabt. Alle Blätter, an der Spitze der Herald, bringen die schmeichelhaftesten Referate.* In St. Louis feiert Rohlfs den Jahreswechsel in das Jahr 1876 auf der Farm des deutschen Emigranten Friedrich Hecker. Der Jurist war in Folge der Revolution von 1848 als führendes Mitglied der revolutionären Volksvertreter und Demokrat zum Tode verurteilt worden, hatte der Vollstreckung des Urteils jedoch durch Emigration entkommen können. Über diesen Mann, einst Weggefährte des die staatsbürgerliche Gleichheit einfordernden Volksaufstandes, schreibt der Liebling des Weimarer Hofes: *Hecker ist wohl roh in seinem Äußeren, ungeschliffen in seinen Ausdrücken und sucht sogar etwas darin, sich durch Kraftausdrücke, Flüche usw. stets auszuzeichnen, aber eine gerade und ehrliche Natur.*

Am 28. März 1876 absolviert Rohlfs zum Abschluss seiner sechsmonatigen Reise den letzten Vortrag; Mitte April ist er in Weimar zurück und stürzt sich in die Bearbeitung mehrerer Manuskripte, als wolle er die »Ernte« seiner unruhigen Jahre einfahren.

Rohlfs ist 45 Jahre alt, hat sein Auskommen und alles erreicht, wonach er seit seinen Kindertagen strebte; er ist in der deutschen Öffentlichkeit berühmt und unter Europas Geographen anerkannt. Er muss nicht mehr vor sich selbst fliehen, er braucht sich nur noch zu verwerten. Und: Er muss nicht mehr nach Kufra, wozu auch, seinen Lesern gilt er auch so als der deutsche Livingstone.

Aus den Archiven der Kolonialpolitik

Alles was groß und gut in Europa ist, sollte auf afrikanischen Boden verpflanzt und unter der Sorgfalt der internationalen Pioniere gehegt und entwickelt werden. Reisende und andere Männer der Wissenschaft sollten jeglichen Beistand erhalten, der Handel sollte eingeführt und entwickelt und natürlicher Weise das Christenthum, gleich welchen Glaubens, ausgebreitet und ermuthigt werden.

Was ist wirklich der Erfolg gewesen? Einige Jahre sind vergangen, und auch jetzt noch haben wir das großartige lächerliche Schauspiel, dass das vereinigte Europa mit dem Kopfe blödsinnig gegen eine Mauer läuft und sich gänzlich unfähig zeigt, die bestehenden Schwierigkeiten zu beseitigen, und sich selber zum Gelächter der umdüsterten Neger macht, die es aufzuklären unternahm.

Joseph Thomson. 1882

Die Verabredung der Europäer

David Livingstone starb am südlichen Ufer des Bangweulusees, von seiner schottischen Heimat weit entfernt. Seine Männer schnitten das Herz aus dem Leichnam und begruben es an Ort und Stelle; den Körper schlugen sie in Kattun, umwickelten ihn mit Baumrinde und trugen ihn ostwärts, nach Sansibar, wie er es bestimmt hatte. Neun Monate trugen sie ihn. Zwei Monate später wurden die sterblichen Überreste in der Londoner Westminsterabtei beigesetzt.

Zentralafrika hatte er durchquert, den Tanganyika-See gesehen und den Sambesi kartographiert. Die rätselhaften Nilquellen hatte er nicht gefunden und doch geglaubt, sie entdeckt zu haben, noch in seiner Todesstunde am 1. Mai 1873.

Nach Afrika war Livingstone als ein Mann der Kirche gegangen, um den ›Ungläubigen‹ den ›rechten‹ Glauben beizubringen und die ›Segnungen‹ europäischer Zivilisation. Er war nicht der erste Kirchenbote des Abendlandes, doch der Erste unter jenen, die mit der Bibel in der Hand christlichen Kaufleuten und Königshäusern Wege in neue, profitable Märkte wiesen. Europa trauerte um David Livingstone. *Er*, schreibt Rohlfs, *hat den Anstoss gegeben zu einer wirklichen Periode der Entdeckungen, in welcher wir seit fast einem Jahrzehnt leben, um den schwarzen Continent zu entschleiern. Neidlos sagen wir es, dieser Afrikareisende war kein Deutscher, sondern ein Engländer.*

Auch Leopold II., der König der Belgier, *dieser hochherzige und uneigennützigste Förderer afrikanischer Interessen*, wie ihn Rohlfs nannte, trauerte um Livingstone, dessen Vermächtnis er wahren wollte. Drei Jahre nach Livingstones Tod rief Leopold Europas Geographen, Afrikareisende und manch wichtigen Geldgeber nach Brüssel zu einer Konferenz »zur Erforschung und Regeneration Afrikas« zusammen, um die »Entschleierung« des Kontinents besser zu koordinieren.

Die er rief, kamen. Aus Deutschland jene Afrikaspezialisten, die seit 1873 in der »Deutschen Gesellschaft zur Erforschung des äquatorialen Afrika« Mitglieder waren, Gerhard Rohlfs, Georg Schweinfurth, Ferdinand von Richthofen und Gustav Nachtigal.

Damals hatte der Geograph und Ethnologe Adolf Bastian, Initiator der Deutschen Afrikagesellschaft, markige Worte gefunden. »Nach der politischen Geltung eines Volkes bemisst sich die Höhe der Verpflichtungen, die ihm in Lösung der Culturaufgaben obliegen. Seit Deutschland wieder den ihm gebührenden Sitz im Rathe der Nationen eingenommen hat, muss es auch in der Pflege der Wissenschaft mehr noch wie früher voranstehen, ziemt es ihm vor allen, in der Leitung geographischer Unternehmungen, die neue Gegenden der Kenntnis gewinnen sollen, an die Spitze zu treten, denn solche Erwerbungen werden in der Geschichte unter dem Namen desjenigen Volks verzeichnet, das zuerst kühn und entschlossen sich die Bahn nach ihnen brach.« So traten die Deutschen in Brüssel auf, »kühn und entschlossen«.

Die Konferenz endete mit der Gründung einer »Internationalen Afrikanischen Assoziation«, der IAA, eines von den Europäern maßgeschneiderten Mäntelchens, unter dem der belgische König eine Art privates Kolonialreich im Kongobecken errichten wird. Das offiziell verabschiedete Papier nennt andere Gründe, beschreibt die IAA als global-strategische Notwendigkeit, um die unbekannten Teile Afrikas »wissenschaftlich zu erforschen, die Eröffnung von Zugängen zu erleichtern, welche die Zivilisation in das Innere des afrikanischen Kontinents dringen lassen, und Mittel zur Abschaffung des Sklavenhandels in Afrika zu suchen«. Der »Wettlauf um Afrika« war offiziell eröffnet, ein Wettlauf, in dem sich Deutschland zurückgesetzt fühlte, sei es doch, so formulierte es der Kolonialpolitiker Carl Peters, »bei der Verteilung der Erde, wie sie vom Ausgang des 15. Jahrhunderts bis in unsere Tage hin stattgefunden hat, leer ausgegangen«.

Aus Brüssel zurückgekehrt, gründeten die Konferenzteilnehmer eine deutsche Sektion der IAA, die »Deutsche Afrikanische Gesellschaft«, die 1878 mit der bestehenden »Gesellschaft zur Erforschung Äquatorial-Afrikas« zur »Afrikanischen Gesellschaft in Deutschland« fusionierte, zu deren Vorsitzendem Gustav Nachtigal bestimmt wurde. Zielstellung und Zielrichtung künftiger

Expeditionen waren damit vorgegeben: Zentralafrika, insbesondere das Kongobecken.

Innerhalb eines knappen Jahrzehntes, bis sich die deutsche Abteilung der IAA auflöste, entsandte die Afrikanische Gesellschaft mehrere Expeditionen nach Katanga und Angola, nach Timbuktu und an den Niger, aber auch nach Marokko, in die Kufra-Oasen und die Haussa-Länder. Die Ergebnisse all dieser Forschungsreisen, insbesondere ein umfangreiches Kartenmaterial, wurden von der Gesellschaft zur Erforschung Äquatorialafrikas und ihrer Nachfolgerin in einem »Korrespondenzblatt« und in den »Mitteilungen der Afrikanischen Gesellschaft« veröffentlicht.

Für die Publikationen, vor allem für die Expeditionen erhielt die Gesellschaft das notwendige Geld aus einem so genannten »Afrikafonds«, den Reichstag und Bundesrat des Deutschen Reichs »für die auf die Erschließung Inner-Afrikas gerichteten wissenschaftlichen Unternehmungen« bewilligt hatten, jährlich 200 000 Reichsmark. Der Fonds wurde vom Reichsamt des Innern verwaltet, bis ihn Reichskanzler Otto von Bismarck 1880 seinem Auswärtigen Amt unterstellte, um den »reichspolitischen Interessen« in Afrika Nachdruck zu verleihen und die von der »Afrikanischen Gesellschaft« organisierten wissenschaftlichen Unternehmungen besser nach politischen und ökonomischen Gesichtspunkten zu kontrollieren. Bismarck zufolge gab es in der Wüste nichts zu erforschen.

Gerhard Rohlfs, der die Brüsseler Konferenz als glanzvolles Ereignis am Königshof genoss, hielt sich aus den nachfolgenden Rangeleien um die Verwaltungsstrukturen der Afrikagesellschaft ebenso heraus wie aus der notwendigen, aber mühsamen Kapitalbeschaffung für die Realisierung künftiger Projekte. Mit seinem Bruder, dem Medizinhistoriker Heinrich Rohlfs, gründet er 1878 das »Deutsche Archiv für Geschichte der Medicin und medicinische Geographie«, für das er mehrere Aufsätze schreibt, vor allem Beiträge zur Geschichte der Medizin in Marokko.

In diese Arbeitsphase hinein erreicht ihn der Auftrag der »Afrikanischen Gesellschaft in Deutschland«, eine Expedition zur »Erforschung des nördlichen Teils des Beckens des Kongo und der angrenzenden Gebiete, insbesondere der Wasserscheide des

Schari und Benue, sowie beider Flüsse gegen den Kongo hin« zu organisieren. Ausgestattet mit 30 000 Mark, soll die Reise in ein Gebiet führen, das sieben Jahre später deutsches »Schutzgebiet« werden wird. Der Zusammenhang einer geographischen und ethnologischen Erkundung Afrikas mit der Kolonialisierung des Kontinentes kann deutlicher nicht sein.

Obschon er sich für das Kongobecken herzlich wenig interessiert, nimmt Rohlfs den Auftrag sofort an, der Weg in die Kufra-Oasen scheint wieder offen. Er will erledigen, was unerledigt geblieben ist, Kufra, endlich Kufra den Europäern »erobern«, mit ein, zwei Dutzend jungen Wissenschaftlern. Er entwirft eine Route, die, von Tripolis ausgehend, durch die Libysche Wüste über Kufra führen muss, um irgendwo im Kongobecken anzukommen.

Gustav Nachtigal, der Vorsitzende des Gremiums, wird sich erinnern, wer ihm den Einstieg in den Kreis der Afrikareisenden ermöglichte. Nachtigal aber ist nicht der Vorstand der Gesellschaft, und der entscheidet gegen Rohlfs' Pläne, nicht wegen der beabsichtigten Reiseroute, sondern weil man keine umfangreiche Expedition von Wissenschaftlern zu finanzieren beabsichtige. Rohlfs ist empört und gibt einen Brief an Nichtigal auf die Post: man *schreibt mir also, dass die Deutsch-Afrikanische Gesellschaft, oder vielmehr der Vorstand derselben, einstimmig meinen Plan verworfen habe, was die Zusammensetzung beträfe: man wolle keine Gruppen von Wissenschaftlem aussenden, sondern nur Einzelreisende. Ich habe ihm geantwortet, dass man mir aus dem Fonds der Afrikanischen Gesellschaft eine Summe zur Expedition zur Verfügung stellen solle und mir selbst die Zusammensetzung derselben überlassen. Man kennt die Route, die ich zu nehmen wünsche. Was will man denn nun mehr? Wieder alles von hier am Leitseil haben? Hat denn diesen Stanley, Schweinfurth oder mich jemand gefragt, wieviel Spargelbüchsen nimmst Du mit? Ich fühle indes mehr und mehr heraus, dass die Afrikanische Gesellschaft meine Dienste nicht will; aber warum schreibt man mir das nicht offen, anstatt mich jetzt seit ½ Jahr hinzuhalten.* Der Brief zeigt Wirkung. Nachtigal macht seinen Einfluss geltend; die Gesellschaft akzeptiert den Umweg, wie sie die Mehrausgaben akzeptiert; Rohlfs kann mit den Vorbereitungen beginnen, wenn er seinen Mitarbeiterstab in eng bemessenen Grenzen hält.

In der Weimarer Villa stapeln sich Bewerbungsschreiben, und er kann aus dem Vollen schöpfen. Er wählt den Zoologen Anton Stecker, der auch mit den astronomischen Geräten umzugehen weiß, und als Gehilfen den Schlosser Franz Ecker und den Uhrmacher Karl Hubmer. Auf eigene Kosten wird Leopold von Csillagh, ein Ungar, die Expedition begleiten.

Leben und Sterben eines Geographen

Jede Reise beginnt mit einem Abschied, auch diese, Rohlfs' achte auf den afrikanischen Kontinent, die ihn in das Kongobecken führen soll und über die Oase Kufra nicht hinauskommen wird. Es ist der 6. Oktober 1878.

Ein Abschied ist nie leicht, aber diesmal wurde derselbe besonders schmerzvoll, da einige Tage vorher die Nachricht von Petermanns Tode einlief. Die Geographische Gesellschaft beauftragte mich, dieselbe bei der Beisetzung des großen Gothaer Geographen zu vertreten; eine traurige Aufgabe, die ich ohnedies auch erfüllt haben würde, welche aber jetzt, so unmittelbar vor der Abreise, für mich tief ergreifend war. Hatte doch von allen Reisenden keiner dem Verschiedenen so nahe gestanden wie ich, hatte vielleicht niemand so viele gute Rathschläge, so viele moralische Unterstützung von ihm erhalten wie ich, und weiss keiner vielleicht mehr als ich, was er gelitten und wie er gekämpft haben mag, ehe er zu dem verzweifelten Entschluß kam, sich das Leben zu nehmen … Friede seiner Asche.

Warum einer sich das Leben nimmt, der im 57. Lebensjahr steht, seit Jahren als Nestor der modernen Kartographie geachtet ist, als Förderer großer Expeditionen nach Nordafrika und in das nördliche Polarmeer, kann der zehn Jahre Jüngere nicht verstehen. Genie und Wahnsinn liegen dicht beieinander; vielleicht wird er darin eine Ursache gefunden haben, da er an einem nasskalten Herbsttag sich in den Trauerzug einordnet. Oder darin, dass dieser Suizid in der Familie Petermann nicht der erste ist, man munkelt über eine erbliche Disposition. Beide Motive liefern keine hinreichende Erklärung. Kartographen und Verlagsleute haben andere Erklärungen zur Hand, die Rohlfs, als Enfant terrible in die Strukturen der eben entstehenden geographischen Wissenschaften nur locker eingebunden und eine mögliche Universitätskarriere ohnehin nicht anstrebend, weniger interessieren.

Mit Gründung des Deutschen Reichs und der Afrikanischen Gesellschaften, insbesondere aber durch die Einrichtung zahlreicher Lehrstühle und die Entwicklung der Hochschulgeographie, verlor die Perthessche Verlagsanstalt in Gotha ihre dominante Stellung. Zugleich schossen in vielen Städten geographische Fachblätter wie Pilze aus dem Boden, Konkurrenten im Verlagsgeschäft. Mehr noch als vom wachsenden Konkurrenzdruck wurde Petermann von dem sich wandelnden Charakter der Forschungsreisen betroffen. Hatte er sich bisher als Initiator der Unternehmungen verstanden, als Anreger, sah er sich nun als Hilfstruppe an den Rand der Forschungsreisen gedrängt, als kartographischer Auswerter des gelieferten Materials. Ohnehin wurden spektakuläre, transkontinentale Entdeckungsreisen seltener und immer häufiger durch kleinräumige, speziell ausgerichtete Expeditionen ersetzt. All diese Veränderungen schleuderten das Gothaer Verlagshaus aus der Mitte des geographischen Kosmos an dessen Peripherie, ein eruptiver Vorgang, den Petermann als Niedergang seiner großen Kunst erlebte. Viele glaubten daher, dass wiederum der Geograph glaubte, diesen Niedergang nicht überleben zu können.

Am 25. September 1878 setzte Petermann seinem Leben ein Ende.

Dem Toten hat Rohlfs alles zu verdanken, Ansehen, Reputation, vor allem die Wiedereinordnung in das »bürgerliche Leben«. Ohne Petermann hätte er sich in Vegesack wahrscheinlich nicht sehen lassen können, wäre er geblieben, was er war: ein Ausreißer und Abenteurer, zum bürgerlichen Leben unfähig. Seine Karriere als Afrikareisender hatte fünfzehn Jahre zuvor begonnen, als Petermann das Tagebuch seines ersten Marokkoaufenthaltes in die vielbeachteten »Mittheilungen aus Justus Perthes' Geographischer Anstalt« aufnahm. In gekürzter Fassung und kräftig redigiert, gewiss, doch das störte ihn wenig, wusste er sich doch in guten Händen. Er ist nicht der Mann, der geduldig Instrumente aufbaut und exakte Messungen durchführt, er kennt sich. Sein Interesse gilt dem Ziel, nicht dem Weg; der Oase, nicht der Wüste. Stets war er überrascht, wenn Petermann aus den knappen Notizen, die er ihm lieferte, schöne Karten zeichnete, nach allen Regeln der Kunst. Wo der, den er jetzt zu Grabe trägt, diese Kunst gelernt hatte, wusste Gerhard Rohlfs nur skizzenhaft.

1822 in Thüringen, im damals preußischen Bleicherode geboren, absolvierte August Heinrich Petermann als Stipendiat die »Geographische Kunstschule« in Potsdam. Hier lernte er das Handwerk eines Kartographen. Als ebenso gelehriger wie talentierter Schüler wurde er bald an die angesehenste kartographische Anstalt Großbritanniens berufen, Johnston & Co. im schottischen Edinburgh. Später, als Mitglied der britischen Royal Geographical Society, übersiedelte er nach London und entwickelte als selbständiger Unternehmer eine erfolgreiche kartographische und publizistische Tätigkeit. Er schrieb für die Encyclopaedia Britannica und zeigte darüber hinaus wachsendes Talent, Forschungsexpeditionen zu organisieren. Es war Petermann, der Heinrich Barth und Adolf Overweg die Teilnahme an der englischen Afrika-Expedition unter James Richardson ermöglichte.

London, auf dem Weg zur Weltmetropole, war Ausgangs- und Endpunkt zahlreicher bedeutender geographischer Entdeckungsreisen in alle vier Himmelsrichtungen. Hier liefen die Dossiers zusammen, die Großbritannien benötigte, um sich ein Empire zu erobern. Petermann, kurzfristig zum Sekretär der Royal Geographical Society gewählt und in die Gilde der Hofgeographen von Queen Victoria aufgenommen, erhielt die Forschungsergebnisse aus bislang unbekannten Erdteilen gleichsam aus erster Hand und hatte wenig Mühe, sie als brillanter Zeichner in Aufsehen erregendes Kartenmaterial umzusetzen, das seiner kleinen Verlagsanstalt aus der Druckpresse gerissen wurde.

Nicht nur England, ganz Europa war vom Reisefieber erfasst. Reisebeschreibungen und Kartenmaterial wurden dem Bildungsbürgertum zur Modelektüre. Kein Familienjournal kam ohne Nachrichten aus den entlegenen Weltgegenden mehr aus, jeder Bürger wollte mitreden können, und wenn er schon nicht selbst hinter seinem Ofen hervorkam, versetzte ihn die Lektüre der Reiseberichte unerschrockener Männer in unerreichbare, aufregende Landschaften. Auf der Ofenbank sitzend, durchlebte noch der Ängstlichste Abenteuer, die er in seine Träume mitnahm. Da paarte sich Spießigkeit mit Sendungsbewusstsein, und eine Hybris wurde geboren, genährt selbst von seriösen Editionen – »Brockhaus Conversationslexikon«, Leipzig 1868: »Die Völker welche die Wüste umwohnen oder ihre Oasen in Besitz genommen, sind Handelsleute oder Räuber, je nach der Stufe ihrer geistigen Ausbildung. Die See fördert den Übergang zur Cultur, die Wüste wirkt hemmend auf dieselbe.« Oder: »Wo der Charakter der Neger in seiner Ursprünglichkeit sich erhalten findet, da ist er schnell leidenschaftlich zu erregen, aber ebenso rasch wieder zu besänftigen, kindlich, ja kindisch, ausgelassen fröhlich, bei großer Bedürfnislosigkeit meist träge, wenigstens nirgends den Werth der Zeit kennend.«

Noch bevor Afrika unter den Kolonialmächten aufgeteilt wurde, hatte sich ein Konsens im Abendland ausgebreitet. Die Europäer wähnten sich den Afrikanern kulturell, geistig, technologisch überlegen – eine Ansicht, der auch Rohlfs' Reiseberichte nicht widersprachen. *Als ich 1873/74 die große deutsche Expedition in die Libysche Wüste führte, konnten meine sämtlichen Deutschen jeden Tag Konservenfleisch und Gemüse genießen ... Für die nicht europäischen Diener hat man nicht nötig, außer für Wasser, für irgend welche Getränke wie Kaffee oder Thee zu sorgen, höchstens dass man vielleicht aus besonderem Wohlwollen einen alten oder besonders treuen Diener ein Täßchen Mokka zukommen läßt. Für mich selbst hatte ich stets einige Flaschen Hennessy im Vorrat.*

Für derartige Details, Rohlfs musste es gespürt haben, wenn er mit Petermann sprach, hatte der Kartograph kein Verständnis. Ihm war das Wesen wichtiger als der Schein, das geographische Detail, nicht deren ethnographische Auslegung. Liefern Sie mir Fakten, hatte er gesagt, anderes nichts; für deren Interpretation will ich schon sorgen. Rohlfs nahm ihm solche Worte nicht übel, auch nicht die steten Ermahnungen, Beobachtungen und Messungen exakt durchzuführen. Über den wissenschaftlichen Eifer des Mannes hatte er oftmals lächeln müssen, wusste er doch, was Petermann scheinbar nicht wusste: Ein Expeditionsführer konnte sich Beobachtungen und Messungen organisieren. *Wie heute die Verhältnisse liegen, sollte der Reisende, der eigentliche Pionier der Erforschung, wenn irgendwie möglich sich immer von einem Stabe wissenschaftlicher Forscher begleiten lassen. Und man soll nicht nur auf die Gelehrsamkeit der Mitreisenden sehen, sondern auch darauf, dass ein jeder gut erzogen ist.*

Für August Heinrich Petermann, seit 1854 Mitarbeiter im Perthes'schen Verlagshaus, war der Forschungsreisende nicht »Pionier«, er war ein Teilchen im Räderwerk geographischer Erkundungen, deren eigentliche Sternstunde in der intensiven Arbeit des Kartographen lag. In der Redaktionsstube der Geographischen Anstalt zu Gotha, gebeugt über Routenskizzen der Reisenden, über Tagebücher und altes Kartenmaterial, entdeckte Petermann das eigentliche Bild der Erde, ohne je zu größeren Unternehmungen aufgebrochen zu sein. Das taten andere für ihn, er war der geduldige Goldwäscher, der das Gold aus den Reiseerträgen anderer herausschöpfte, Gran für Gran.

»Rastlos nach dem unerforschten Innern längst gekannter Continente wandert der Mensch, trotz Seuche und Gefahr, furchtlos ob der starren Natur durchbricht er die Geheimnisse der ewig eisumgürteten Gegenden des Erdballs; die höchsten Gipfel der himmelstrebenden Gebirge muss er ermessen, und mit seinem meilenlangen Senkblei den Grund des Meeres, wo es am tiefsten, erfassen. Die Phänomene der Luft, der Fluth, des Innern seiner Erde muss er ergründen und auf ihre einfachen Naturgesetze reduciren; des gelben weltregierenden Metalles verborgene Schlupfwinkel prophetisch verkünden, und die naturgerechten Stätten der ihm unentbehrlichen Pflanzen und Thiere in Gürtel-Linien um die Erde legen. Das ist das Reich der heutigen Geographischen Wissenschaft, eine wunderbare große Welt menschlichen Wissens, von der es unseren Vätern kaum geahnet.« Petermann hatte sein Credo im ersten Heft seiner Mitteilungen verkündet.

Rohlfs war von solcher Leidenschaft nach Erkenntnis, ihm war das Erlebnis wichtiger als dessen Durchdringung, für langwieriges, geduldiges Reflektieren hatte er wenig Sinn. Rohlfs jagte dem Abenteuer in der Natur nach, Petermann suchte die Naturgesetze. Das eine ist ohne das andere nicht denkbar. Hatte er sich nicht vor fünfzehn Jahren in Marokko einer Karawane angeschlossen, die von Taroudant südostwärts ziehend, ein Gebirge querte, von dem er annahm, es sei ein Ausläufer des Atlas? *Unglücklicher Weise waren meine Schuhe gänzlich unbrauchbar geworden … In der dunklen Nacht stiess ich nun jeden Augenblick gegen einen Stein, und es schien mir eine Ewigkeit bis die Morgenröthe anbrach. So scharf markirt der südwestlich vom Atlas sich abzweigende Gebirgszug, vom Sus-Thale gesehen, sich ausnimmt, so wenig ist er es in der That, man kommt südöstlich fortgehend in keinen Gebirgszweig, sondern in ein zerrissenes Gebirge.* – Dass er als »Entdecker« des Anti-Atlas, südlich des Hohen Atlas, von der Pariser Geographischen Gesellschaft mit der Goldenen Medaille ausgezeichnet wurde, hatte er Petermanns exakter Auswertung seiner Reisenotizen zu verdanken. Das sollte der Beginn seiner Karriere werden, ein Ritterschlag, der den Abenteurer in den Kreis bedeutender Afrikareisender aufnahm. Dank Petermanns Hilfe geriet er ins Rampenlicht der Öffentlichkeit, und er wird den Mann, den er auf dem Gothaer Friedhof zu Grabe trägt, nicht vergessen. Ein trefflicher Mann, sagt er, und Leontine Rohlfs, die ihn begleitet, wird ihn verstanden haben.

Von La Valetta braucht die »Lombardia« gut vierundzwanzig Stunden, um den Hafen von Tripolis anzulaufen. Die Überfahrt war geruhsam, und Leontine Rohlfs, die ihren Mann bis zum eigentlichen Aufbruch der Expedition begleitet, ist beeindruckt von der Entschlossenheit, mit der ihr Gatte seine Ansichten anderen Passagieren gegenüber äußert. *Es ist in der That unbegreiflich, wie bis zu unsern Zeiten an diesem alten Culturbecken, von wo einst durch die hoch civilisirten Aegypter, Griechen und Römer die Menschheit zuerst die Segnungen humaner Ideen erhielt, jene asiatischen Barbaren im Besitze der schönsten Länder der Erde bleiben konnten! Und wie haben jene asiatischen Semiten den ganzen Nordrand von Afrika verwüstet? Dort, wo einst Wälder standen und das Klima so feucht war, dass Elefanten existiren konnten, finden wir jetzt vermengte Einöden!*

Leontine fährt zum ersten Mal über das ruhige »alte Kulturbecken«, dessen Geschichte ihr Mann ihr immer wieder erörtert, wie er ebenso von seiner Hoffnung spricht, dass *Marokko, Tunis und Tripolis europäischen Mächten anheimfallen, um dann einer bessern Zukunft entgegenzusehen. Die einstmals so blühenden Städte Karthago, Cyrene, Leptis, Caesarea und andere werden dann zu neuem Glanze emporblühen. Es kann das aber nur geschehen, wenn die am Mittelmeer gelegenen Länder eine gemeinsame Action nach dem auf sie wartenden Süden unternehmen*. Mit groß ausholender Geste teilt der Gatte Nordafrika unter den Spaniern, Franzosen und Italienern auf. England habe schon zu viel, sagt er, und das Deutsche Reich werde sich seinen Teil noch nehmen. *Die Zukunft gehört vorläufig den dem Protestantismus huldigenden germanischen Völkern.*

Sie wird ihrem Mann geglaubt haben.

Der lange Marsch

Tripolis zeigt sich Anfang November 1878 von seiner schönsten Seite. Eine makellos weiße Silhouette, von der Sonne beschienen, von einem Palmenwald umgrenzt, leuchtet auf das Meer hinaus. Nicht lange, dann zerfasert das Bild, tauchen verfallene Forts auf und schlanke Minarette. Leontines anfängliche Begeisterung schlägt schnell in Beklemmung um. Wie Stecker, Czillagh und die beiden deutschen Gehilfen Hubmer und Ecker steht sie ratlos auf der Pier herum, inmitten zahlreicher Ausrüstungskisten und wild gestikulierender Einheimischer. Niemand scheint von der Ankunft der Rohlfs'schen Expedition unterrichtet worden zu sein. Zehn Jahre zuvor war Tripolis noch über eine Telegrafenleitung mit Europa verbunden, daran erinnert sich Rohlfs ungern, an seinen Aufenthalt als *agent provocateur*, jetzt existiert die Kabelverbindung nicht mehr. *So etwas kann doch nur in solchen Ländern vorkommen, welche unter der Regierung der türkischen Efendis stehen. Man schreitet nicht vorwärts, sondern fällt zurück in Barbarei*, sagt Rohlfs und bittet um etwas Geduld, er werde alles regeln, die Konsuln würden sich seiner erinnern.

Frau Rohlfs lässt sich nicht beruhigen, es war ein Fehler, den Gatten in die ›Barbarei‹ zu begleiten, wie es ein Fehler war, vor Reiseantritt die Weimarer Villa zu verkaufen und die Möbel auf den Speicher zu stellen. Sie hatte sich vor der Einsamkeit im großen Haus gefürchtet, gewiss, doch wohin soll sie sich in ihrer Furcht wenden, wenn der Gatte aus Tripolis aufbricht und sie allein zurückbleiben soll?

Der belgische Konsul quartiert die Mannschaft notdürftig in ein »Casino« ein, das Ehepaar Rohlfs nimmt in der Villa des österreichischen Konsuls Quartier. Die nächsten sechs Wochen sind mit der Anmietung der Kamele und der Mannschaft ausgefüllt, dann zieht der Tross stadtauswärts in die kleine, unweit von Tripolis gelegene Oase Al in Sarah, und die Eheleute nehmen voneinander Abschied. Leontine Rohlfs kehrt nach Tripolis zurück in das Haus des italienischen Konsuls Marquis de Goyzetta, um später die von ihrem Mann eintreffenden Nachrichten nach Berlin zu expedieren. Drei Jahre, so rechnete Rohlfs schon in Weimar, wird er unterwegs sein.

Es ist der 22. Dezember 1878, und die Stimmung der Mannschaft ist gut, bis ein Kurier, der von Benghazi nach Tripolis unterwegs ist, schlechte Nachrichten für Rohlfs hat. Beduinen hätten sich in einem Hinterhalt verschanzt, um die Karawane zu überfallen und auszurauben. Rohlfs hat Gewehre genug, doch seine Kameltreiber werden unruhig und wollen nicht weitergehen. Er lässt die Karawane lagern und schickt einen Boten zum türkischen Gouverneur nach Tripolis, mit der Bitte um militärischen Beistand, wenigstens bis in das Oasengebiet Djofra. Sechs Tage später hat er eine Abteilung von sechzig Kavalleristen an seiner Seite und braucht sie dann doch nicht, das Gerede vom geplanten Überfall erweist sich als Verleumdung.

Ohne Schwierigkeit erreichen sie Sokna, den Hauptort der Djofra-Oasen. Wie Jahre zuvor in Farafra inszeniert Rohlfs ein militärisches Spektakel. Die Kavallerie – »Jalla ja Uled! – »Auf Söhne!« – stürmt in Linie der Oasenstadt entgegen, die langen Flinten mit aufgesteckten Bajonetten über die Köpfe schwenkend. Wie auf Kommando kommt die Abteilung zum Stehen, feuert eine Salve in die Luft und stürmt ebenso wild galoppierend wieder zurück. Dann feuern alle, die Expeditionsmitglieder und die Männer ihrer Schutztruppe. *Die Phantasia erreichte aber ihren Höhepunkt, als bald darauf eine grosse Deputation, theils berittene Leute, theils Fussgänger, aber alle mit ihren Festgewändern angethan, aus Sokna kam. Man hätte glauben können, es fände eine Schlacht statt, so gross war die Pulververschwendung. Das gehört indessen dazu, und je mehr Pulver einer verbrauchen lässt, desto höher steigt er im Ansehen der Untergebenen.*

In Sokna muss sich der weitere Weg der Expedition entscheiden. Der kürzeste Weg in die Kongoregion führt über die Karawanenstraße erst nach Murzuk, dann südwärts. Vor mehr als zehn Jahren ist ihn Rohlfs schon gegangen, jetzt interessiert ihn die Karawanenroute ins Fèssangebiet nicht, denn sie führt ihn von Kufra, seinem eigentlichen Ziel, weg. Leopold von Csillagh, der sich um des offiziellen Reiseziels willen, Zentralafrika, der Expedition angeschlossen hatte, will eine andere Route nicht mitgehen, sieht sich getäuscht und trennt sich von Rohlfs. Allein gelassen, schlägt er sich nach Murzuk durch, findet dort niemanden, dem er sich hätte anschließen können, und muss enttäuscht nach Tripolis zurückkehren. Später wird Rohlfs erfahren, dass der junge, kräftige, doch unerfahrene Mann aus Graz auf dem Rückweg irgendwo zwischen Ghadames und Tripolis starb. *Herr Leopold von Csillagh, der vielfache Erfahrungen im Reisen besass und bereits die Vereinigten Staaten von Amerika besucht hatte, schien allerdings für Ertragung afrikanischer Unbill gut disponirt zu sein. Er hatte jedoch seinem sonst eisernen Körper offenbar viel zugemuthet, ohne zu bedenken, dass man das Gleichgewicht in der Constitution des menschlichen Körpers bei grossen Anstrengungen nur durch vorzügliche und reichliche Nahrungsmittel aufrecht erhalten kann.*

Dass er einen Mann verliert, damit hat er gerechnet, weniger damit, dass er einen gewinnt. In Sokna spricht ihn ein junger Tubu an, dem er einst als Kind in Murzuk Quartier gegeben hatte, Ali Gatroni, Sohn Mohammed el Gatronis, dessen Dienste er sich gut erinnert. Er habe gehört, so der junge Gatroni, dass ein Deutscher durch die Sahara unterwegs sei, also sei er aus dem Fèssan nach Sokna gekommen, um Gustav Nachtigal oder Gerhard Rohlfs zu dienen, wie es sein Vater getan habe.

Mehr als sechs Wochen lagert die Expedition in Sokna und unternimmt kleinere und größere Exkursionen ins Umland. Auf einem dieser Ausflüge geraten der Zoologe Stecker und der Gehilfe Hubmer in einen Sandsturm, und nur mit großer Kraftanstrengung können die beiden die Stützstange eines kleinen Zeltes festhalten. Einen Gibli haben beide schon kennen gelernt, ein Elmsfeuer dagegen nicht. Die dichte Staubwolke ist voller Elektrizität, und Stecker, der die Zeltstange mit beiden Händen umklammert, stehen die Haare vom Kopf ab wie ein leuchtender Borstenkranz. Wenn seine Fingerspitzen die Zeltwand berühren, kann er auf ihr feurige Schriftzeichen schreiben. Nähert sich Hubmer dem Körper des Zoologen, springen auf den Gehilfen lange Funken über, als würde er sie aus Stecker herausziehen.

Bei gewittrigen Wetterlagen, wenn sich zwischen der Atmosphäre und dem Boden eine extrem hohe Spannungsdifferenz aufbaut, ist ein Elmsfeuer eine oft zu beobachtende Naturerscheinung. Dann kommt es an Kirchturmspitzen, Schiffsmasten oder Bergspitzen zu Funkenentladungen. Die Luft ist ionisiert, und ein flammenähnlicher, blaßblau flackernder Lichtschein entsteht entlang elektromagnetischer Feldlinien. Seefahrer kennen die bis zu einem halben Meter flackernden Lichter, die länger als eine Minute die Mastspitzen und die Enden der Rahen umkränzen. In der Wüste ist das Elmsfeuer eher die Ausnahme. Bei einem Sandsturm, weiß Rohlfs, *muss sich nun in allen Körpern eine grosse Menge von Elektricität ansammeln, hervorgebracht durch die Reibung, welche der Sand und die kleinen Steinchen erfahren, wenn sie mit grösserer Geschwindigkeit über den felsigen Boden vom Orkan dahingeschleift werden.* Irgendwann sind die Unterschiede der angesammelten Spannungsfelder so groß, dass es zu den Entladungen kommen muss. In Sokna, das vom Sandsturm minutenlang ebenso verdunkelt wurde, konnte Rohlfs kein Elmsfeuer beobachten, er registrierte nur *eine allgemeine Abgespanntheit.*

Rohlfs will nach Audjila. Da war er schon, auf seiner Reise von Tripolis nach Alexandria, und der Ort ist ihm in guter Erinnerung. 1869 kam er von der Küstenregion in die Oasenstadt, jetzt muss er eine Route nehmen, die ihm unbekannt ist. *Während wir bis Sokna durch Gegenden zogen, welche Reisende vor uns erforscht hatten (Hornemann, Barth, Vogel ...), betraten wir von jetzt an vollkommen jungfräuliches Gebiet. Der Weg vor uns war noch von niemand begangen worden.* Er ist auf den Karawanenführer angewiesen und auf Steckers Fähigkeit, vom nächtlichen Sternenhimmel die geographische Position der Karawane exakt abzulesen. Sorgsam werden die geographischen Daten notiert, Wegmarken und Brunnen in die Routenskizze exakt eingezeichnet.

Im Eiltempo marschieren sie vorwärts, täglich 50 Kilometer, und finden noch Zeit, Gazellen zu schießen, die auf kargen Grasflächen äsen. In einiger Entfernung, außerhalb der Reichweite ihrer Gewehre, beobachten die Männer Antilopen. Südlich ihres Weges sehen sie die Ausläufer des Schwarzen Gebirges. *Aus Sand- und Kalkstein aufgebaut, mit mächtigen Versteinerungsschichten durchsetzt, ward es von vulkanischen Durchbrüchen auseinander-*

gerissen, die es mit ihren schwarzen lavaartigen Massen überzogen und die Namen »ater, assod, ssoda, schwarz« herbeiführten. Wegen seiner Farbe und Zerrissenheit hat das Gebirge einen äusserst trostlosen, mitunter aber auch grossartigen Charakter. Ausser einem aus dem Gebirge von der Jagd heimkehrenden Araber von Sokna begegneten wir keiner Seele, verloren aber drei Neger, welche sich weigerten, weiter mitzureisen.

Am 20. März 1879 donnern Schüsse in einem Wadi voller Talha-Akazien, wieder lässt eine Expedition den deutschen Kaiser hochleben. *Die Gesundheit unsers Heldenkaisers konnten wir nur in Kaffee oder Limonade ausbringen, da alle Spirituosen fehlten. Die erstaunten Diener und unsere Führer glaubten, wir schössen einen Marabut* (Heiligen – d.Verf.) *ein, bis ich ihnen sagte, wir feierten das Miludhfest unsers Kaisers, des Sultans von Brussia.*

Rohlfs liebt dieses Ritual, es stärkt das Gemeinschaftsgefühl der deutschen Expeditionsmitglieder, kräftigt seine Führungsposition und, auch daran will er nicht zweifeln, es flößt der arabischen Mannschaft Respekt ein.

Unangenehmer als fehlende Spirituosen ist das ohne Not ungenießbare, stark schwefelhaltige Wasser der Brunnen. An salzhaltigen Brunnen hat er oft gelagert, er kennt das Problem jeder Oase. Wasser, einmal aus der Tiefe heraufgeholt, verdunstet in der Glut der Sonne schnell und lässt eine Kruste aus Salz zurück. Ein ewiger Kreislauf; um das Salz aus den Gärten oder den Feldern herauszuwaschen, muss immer neues Wasser heraufgeholt werden, Wasser, das wieder aussalzt. Aus natron- oder bittersalzhaltigen Brunnen hat er getrunken, wenn es nötig war; diese schwefligen Brunnen sind ihm Löcher in die Unterwelt. Zwei, drei Meter stülpen sie sich blasenförmig über den Boden, und ein unangenehmer Gestank weht aus ihnen heraus, Schwefelwasserstoff. Der Brunnengrund, in knapp zwei Meter Tiefe, ist von einer schmutzig-schlammigen, faulig stinkenden Brühe bedeckt. *Gewiss war es nicht angenehm, von diesem mineralischen Wasser, welches schmeckte, als hätte man faule Eier damit gemischt, trinken und damit seine Nahrungsmittel, seinen Kaffee kochen zu müssen.* Wenige Tagesmärsche weiter erreichen sie die Brunnen der Oase Djibbena und *eine andere noch unangenehmere Cur: das Wasser des Brunnens Djibbena enthielt so viel schwefelsaure Magnesia, dass wir nicht aus noch ein wussten. Dies nahm erst in Audjila sein Ende.*

Am 2. April 1879 lagert die Karawane einen Steinwurf weit vor Audjila, das Wasser schmeckt besser, doch die eigentlichen Probleme beginnen erst. Die Oase ist nicht mehr, was sie vor zehn Jahren war, als er sie das erste Mal betrat. Damals hatte man ihn gastfreundlich aufgenommen, jetzt will niemand etwas von ihm wissen, und jene, von denen Rohlfs etwas will, reagieren feindselig. Er lässt die Zelte abbrechen, um, unter dem Gespött der Einwohner, in die Nachbaroase Djalo weiterzuziehen, und kommt vom Regen in die Traufe. Wieder sind es zuerst die Kinder, die ihn verhöhnen und Steine nach ihm werfen. Seinen Hund, den er bei sich hat, muss er auf den Arm nehmen, um das Tier vor den Steinwürfen zu schützen. Als Rohlfs von einem kleineren Kieselstein am Kopf getroffen wird, zieht er den Revolver, und die Kinder rennen davon.

Niemand will seinen Schutzbrief sehen und niemand den Europäer nach Kufra führen. Er muss das Lager außerhalb der Oase aufschlagen, ohne den Hund, der plötzlich mit Schaum vor der Schnauze stirbt. Mit Nachforschungen über die Todesursache des Tieres kann er sich nicht aufhalten, aus Südsüdwest zieht ein mächtiger Samum heran. Das Morgenlicht trübt sich ein, und die Luft speit ein donnerndes Getöse aus.

An einen Sandsturm kann man sich gewöhnen. Manchmal jedoch liegen Vögel in der Wüste, mit gebrochenem Genick – ein ganzer Vogelschwarm, der auf seiner Route von Nord nach Süd oder von Süd nach Nord die Orientierung verlor und vom Sandsturm erschlagen wurde. Kamele riechen den herannahenden Sandsturm, schließen ihre schlitzförmigen Nüstern, ihre Augen tränen, um selbst staubfeine Partikelchen aus den Augen herauszuspülen. Ein Samum hat noch keinen Mann umgebracht, doch noch jeden gezwungen, sich ihm willenlos zu überlassen. *Immer röter wurde die Sonne, immer drückender die Hitze, das Atmen war fast unmöglich in der heißen, trockenen Luft. Jetzt kam das Gespenst herangebraust. Ohne Kommando machten unsere Kamele kehrt, damit der Sturm ihnen den scharfen, die Haut zerschneidenden Sand nicht in die Augen wehte, ohne Kommando knieten sie nieder. Völlige Dunkelheit umhüllte uns; der mehrere hundert Fuß hoch aufgewirbelte Staub verdunkelte die Sonne wie bei einer Sonnenfinsternis. Wir hockten oder legten uns an die Rücken der Kamele, um den ersten Stoß des Staubwindes abzuhalten. Mundhöhle und Kehle wurden unerträglich trocken, Ohren, Augen und Nase mit feinem Sand erfüllt.*

Die Winde der Sahara haben viele Namen: Chergui, Chili, Gibli, Habub oder Harmattan, Irifi, Kharif, Khamsin, Samum oder Schirokko, je nachdem, aus welcher Gegend sie heranziehen. Rohlfs hat sie alle erlebt. *Die entfesselten Windsfurien tobten immer mehr, dicke Wolken – war es Sand oder waren es Wasserdämpfe? – wirbelten mit jagdzugmässiger Geschwindigkeit über unsern Köpfen dahin, donnerähnliches Getöse erdröhnte zuweilen, und dann und wann hörte man das Krachen einer geknickten Palme. Da auf einmal ertönte ein lautes Geschrei meines Gefährten: sein ganzes Zelt mit einem Theil der darin befindlichen Gegenstände riss sich los und flog davon, und viel hätte nicht gefehlt, so wäre er selbst mit durch die Lüfte getragen worden. Glücklicherweise fing sich das Zelt an einem Palmenbusch und übrigens ging auch nichts verloren. Um aber die Verwirrung voll zu machen, ergoss sich, als der Orkan den höchsten Punkt erreicht hatte, plötzlich ein Sturzregen über uns, der zwar nur einige Secunden anhielt, aber vollkommen hinreichte, uns bis auf die Haut nass zu machen.*

300 Palmen knicken wie Streichhölzer um. Einen solchen Sandsturm hat es in Djalo lange nicht mehr gegeben, sagen die Alten, die überzeugt sind, dass Allah sie bestrafen wollte, weil sie Ungläubige in der Oase dulden.

Wenig später kehrt Rohlfs zurück nach Audjila, wo er sich gemeinsam mit dem Gehilfen Hubmer und seinem Diener in das einzig sichere Steingebäude der Oase einquartiert, einem Kastell, dem Gefängnis des Ortes. Anton Stecker muss mit der Karawane nordwärts nach Benghazi marschieren, um vom türkischen Gouverneur der Kyrenaika Unterstützung anzufordern. Wochenlang sitzt Rohlfs nun herum, untätig, als sei er selbst ein Gefangener. *Ausser sprachlichen Uebungen, die freilich zugleich interessante Aufschlüsse über ethnographische Verhältnisse gaben, hatte ich wenig geistige Anregung.* Die Nachrichten, die er aus Benghazi erhält, sind schlecht. Er habe, schreibt ihm Stecker, »die ganze Gegend in einer revolutionären Stimmung« vorgefunden. Die Stämme aus der Umgebung der Stadt, vor allem die Suya und Morharba, hätten die Gerstenfelder von Benghazi geplündert und »alles, worauf sie kamen, total vernichtet«. Täglich komme es zu gewalttätigen Auseinandersetzungen, »gegen welche seitens des hiesigen Gouverneurs, Mohammed Raif Bei, gar nichts vorgenommen werden kann, da die Besatzung von Bengasi äußerst mangelhaft ist«. Von diesem Türken sei ein energisches Eintreten für die Expedition nicht zu erwarten, zumal er kurz vor seiner Ablösung stehe. Der neue Mann sei von Konstantinopel schon unterwegs, Ali Kemali Pascha.

Aus solchen Nachrichten kann er sich wenigstens manche Reaktion der Oasenbewohner erklären, auch jene marodierenden Grüppchen bewaffneter Männer, die seinen Weg nach Audjila kreuzten. Stets, wenn ein Gouverneur durch einen anderen ersetzt wird, ist eine Erhöhung der Abgaben an die Heilige Pforte zu erwarten. *Ganze Stämme hatten sich nämlich aus ihrer Heimat entfernt, um aus dem Bereiche der türkischen Regierung zu kommen, welche die Steuern so gewaltig erhöhte und mit so großer Willkür eintrieb, dass sie lieber vorzogen, alles aufzugeben, als länger solchen Erpressungen ausgesetzt zu sein.*

Er will selbst nach Benghazi, Stecker ist ohne Erfahrung im Umgang mit der Administration; er will den neuen Gouverneur in die Pflicht nehmen, ihm den in Konstantinopel ausgestellten Schutzbrief vorzeigen. Ehe er aufbricht, lässt er die Vorräte, Waffen und die Instrumente der Expedition im Hause eines loyalen Scheichs einmauern, auch die Geschenke Kaiser Wilhelms I. an die Stammesfürsten der Kongoregion.

Anfang Juni trifft Rohlfs in Benghazi ein und will das ganze Unternehmen kurzerhand aufgeben. Er ist achtundvierzig Jahre alt und längst nicht mehr der Draufgänger von einst. Er ist müde und hat wenig Neigung, das Postengeschachere unter dem neuen Gouverneur abzuwarten, ehe sich Ali Kemali Pascha mit seinen Angelegenheiten beschäftigen wird. Der »Afrikanischen Gesellschaft« in Berlin schickt er ein offizielles Schreiben mit der Bitte, ihn von seiner Aufgabe als Leiter der Expedition zu entbinden, da er annehmen muss, er werde erst im Herbst weiterkommen. Die Kyrenaika befände sich im Zustand einer nicht vorhersehbaren Unruhe, die ihm die Durchführung seiner Mission unmöglich mache. Ein zweiter, privater Brief geht an Gustav Nachtigal, in dem er sich über die mangelnde Kooperationsbereitschaft muslimischer Kaufleute beklagt, die mit ihren Karawanen aus der Kyrenaika durch die Wüste nach Kufra ziehen, ohne dass er sich ihnen hätte anschließen können. Dahinter stecke der Sanussiorden, der einen Hass auf ihn schüre, als sei er ein Türke und nicht Untertan des deutschen Kaisers. Der Expedition, schreibt er noch, würde er sich durchaus auch weiterhin zur Verfügung stellen, nach wie vor sei Kufra sein Ziel, das er auch zu erreichen hoffe, nicht aber als Leiter des Unternehmens, das ihm angesichts undurchsichtiger Verhältnisse aus den Händen zu gleiten drohe. Er sei als Forscher durch den Kontinent gegangen, nicht als Administrator, er habe einen Ruf zu verlieren.

Nachtigal beruhigt die Aufregungen der Vorstandsherren und sucht einen Kompromiss: »Dein Entschluss, zurückzutreten, hat den Vorstand auf das Peinlichste überrascht, und wir sind übereingekommen, die Sache vorläufig geheim zu halten, in der Hoffnung, dass du von deinem Entschluss noch zurückkommen mögest. Dass die Medschabra, diese engherzigen Kaufleute, so weit in ihrem Hasse gehen sollten, Euretwegen in diesem Jahr überhaupt nicht nach Wadai zu gehen, kann ich mir kaum denken. Da du sowieso der Expedition noch deine Kräfte widmen, also noch länger dort bleiben willst, so kann ja ein Geheimhalten deines Entschlusses recht wohl geschehen, und ich bitte dich, das ebenfalls zu tun.«

Ehe noch Nachtigals Antwort in Benghazi eintrifft, hat Rohlfs alle Verzagtheit angesichts ungewohnter Konflikte schon überwunden. Der neue Gouverneur zudem hat von seiner Regierung strikte Anweisung erhalten, die deutsche Expedition nicht nur zu unterstützen, sondern nach allen Kräften auch für ihren Schutz zu sorgen. Früher als erwartet ruft Ali Kemali Pascha die in Benghazi anwesenden Scheichs der Stämme zu einer Konferenz zusammen. Die Scheichs erklären sich bereit, der Expedition nach Kufra ein sicheres Geleit zu gewähren, gegen ein angemessenes Entgelt. Das

Gefeilsche über die Höhe der von Rohlfs zu entrichtenden Summe zieht sich tagelang hin, bis der Gouverneur kurzerhand drei Scheichs wegen angeblicher Schulden inhaftieren lässt. Sie sollen ihm als Geiseln für die Sicherheit der Expedition bürgen. Unter diesem Zwang wird ein Vertrag aufgesetzt, der den Scheich des Suya-Stammes, Bu Bekr Bu Guetin, gegen eine geringere als jene zuvor eingeforderte Summe verpflichtet, die Karawane der Deutschen nach Kufra zu führen. Für die Einhaltung der Vereinbarung werde die türkische Regierung der deutschen zudem eine Bürgschaft übergeben, versichert Ali Kemali Pascha.

Die Sachlage ist damit nicht wirklich geändert, im Gegenteil. Die massive Einmischung des türkischen Gouverneurs stärkt die Fraktion jener, die im Rohlfs'schen Unternehmen nichts anderes sehen als den Beginn einer geplanten Expansion der Europäer bis nach Kufra. Erst kommen die Forschungsreisenden, sagen die Sanussibrüder, dann die Kaufleute, schließlich die Gewehre.

Rohlfs' Weg nach Kufra ist ein Balanceakt auf morschem Seil. Längst hat sich herumgesprochen, dass er seine Schätze, die in Audjila eingemauert lagern, mit sich führen wird. Das macht ihn verwundbar, reicht doch der Arm des Gouverneurs über Benghazi kaum hinaus.

Aus der Stadt am Meer bewegt sich die Karawane unter dem Geleitschutz berittener Araber vom Stamm der Suya südwärts, ein pittoreskes Bild. Über einem weißen Hemd und den weißen Hosen tragen die Suya-Araber einen schwarzen Baumwollburnus, über der Schulter ein grellrotes, mit Goldlitzen umsäumtes Tuch. Das Steinschlossgewehr mit aufgestecktem Bajonett haben sie geschultert, Pistole und Dolch stecken im Gürtel. Die Zügel halten sie mit der rechten, einen kleinen Sonnenschirm in der linken Hand, manchmal rufen sie ihren Hunden einige Befehle zu, um die Tiere eng neben ihren Pferden zu halten. Jedem Pferd ist ein kleines Lederkissen aufgeschnallt, auf dem ein Falke sitzt. Rohlfs traut diesen Männern nicht, weil er sie nicht versteht und weil er keinem Araber traut. Sie sind, schreibt er in seiner Reiseschilderung, *wie die übrigen Araber Afrikas: Treue gilt ihnen nur, wenn es mit ihrem Vortheil übereinstimmt; ein gegebenes Wort halten sie, wenn sie Nutzen davon haben; Lüge ist ihnen so zur zweiten Natur geworden, dass sie auch aus Vergnügen und ohne Vortheil die Unwahrheit sagen; eitel, hinterlistig, prahlerisch, grausam, geizig, geldgierig, ideenarm, ohne Sinn für Kunst, arbeitsscheu, abergläubig: das sind ihre Haupteigenschaften, denen man nur eine gute gegenübersetzen kann: Gastfreiheit, die sie aber wegen ihrer Armuth selten ausüben können. Dazu kommt ein ekelhafter, auf entsetzlichste Unwissenheit basirter Fanatismus. Die Araber sind stets Parasiten gewesen und werden es bleiben.*

In solchem Urteil, veröffentlicht 1881 in seinem Buch »Reise von Tripolis nach der Oase Kufra. Ausgeführt im Auftrage der Afrikanischen Gesellschaft Deutschland von Gerhard Rohlfs«, bricht sich ein chauvinistischer Hochmut Bahn, der auch gegen jene zu Felde zieht, die *bezüglich der Vollendetheit dieses semitischen Volks nur aus Büchern schöpften, aber nicht von Angesicht zu Angesicht sahen. Wie kann ein Volk noch schön bleiben, von welchem wir geschichtlich nachweisen können, dass sich seit länger als Mohammeds Zeiten bis heute Männer und Weiber mit Hunderttausenden von schwarzen und andern Sklaven und Sklavinnen vermischten!*

Wieder in Audjila, um die eingemauerten Hinterlassenschaften zu bergen, drängen ihn die Suya, den türkischen Gouverneur aufzufordern, die inhaftierten Geiseln freizusetzen. Zwischen Ali Kemali Pascha und Rohlfs war ausgemacht, dass nur jene Nachrichten die wahre Ansicht des Schreibers wiedergeben, die in englischer oder französischer Sprache verfasst werden. Rohlfs schreibt den geforderten Brief in Arabisch und ist sich darüber im Klaren, *dass er keine Beachtung finden würde, was andernfalls für mich von den schlimmsten Folgen hätte sein können.*

Mit über einhundert Kamelen zieht die Karawane von Audjila über Djalo tiefer in die endlos sich ausbreitende, ebene Steinwüste hinein. Vor Rohlfs' Mannschaft liegen unter einer unbarmherzigen Sonne drei-, vierhundert Kilometer Steinwüste. Manchmal schließen sich andere Karawanen dem Zug an, oft nur eine knappe Wegstrecke, um sich von ihr wieder zu trennen.

Gewöhnlich ist der Trupp eine Stunde nach Sonnenaufgang schon unterwegs, ehe eine halbe Stunde Rast eingelegt wird. Die Deutschen essen in Wasser eingeweichten Zwieback, Datteln,

Käse, etwas Schokolade, während sich die Suyas mit einer Schüssel Datteln begnügen. Dann geht es weiter bis Sonnenuntergang, das Signal für die Hauptmahlzeit. *Wir tranken nun Limonade, assen das Fleisch einer ganzen Büchse, ferner Zwieback mit Butter, einen Zwiebelsalat, etwas Datteln oder andere trockene Früchte, während die Suya und unsere Diener tüchtig Someta zu sich nahmen,* geröstete Gerste, mit Mehl, Salz, Pfeffer und etwas Fett vermischt. Nach einer halben Stunde werden die Kamele in Marschordnung gebracht, und weiter geht es, dem nächsten Morgen entgegen.

Vier Nächte bleiben Mensch und Tier ohne Schlaf, niemand spricht mehr. Die Männer taumeln mehr, als dass sie vorwärts gehen. Mancher schläft im Gehen, andere haben sich wie ein Sack über das Kamel geworfen. Einige sinken einfach nieder oder fallen vom Reittier herunter. Am 1. August sichten einige Suyas, die auf den Sätteln der Pferde stehen, am Horizont der Steinwüste Sandberge. Vier Tage und vier Nächte sind sie unterwegs, um in Eilmärschen die nördlichste der Kufra-Oasen zu erreichen, Taiserbo, täglich 95 Kilometer. Es wird höchste Zeit, frisches Wasser aus einem Brunnen zu schöpfen, wie salzig es auch schmecken mag.

Endlich also in Kufra, dem legendenumwobenen Oasengürtel, den noch kein Europäer erreicht hat. *Aber jetzt waren wir doch in Taiserbo, der nördlichsten Insel von Kufra. Wir glaubten bislang, dass wir nur einen von einigen Palmen umgebenen Brunnen vorfinden würden, so aber hatten wir bereits von Norden nach Süden innerhalb der Oase über 30 km zurückgelegt und lagerten nun angesichts des alten Stammschlosses Djrángedi, von dem aus die früheren Sultane der Tebu in Taiserbo ihr Volk beherrschten.*

Eine Woche bleiben sie, dann marschieren sie weiter, einer etwa 100 Kilometer entfernt liegen Oase entgegen, von deren Existenz Rohlfs zum ersten Mal hört. *Wer Entdeckungsreisender ist, wird ermessen können, mit welcher Freude wir daran gingen, diese Oase zu erreichen, von deren Existenz man absolut keine Kenntniss gehabt hatte. War die Oase gross, klein? Das waren die Fragen, die wir oft genug unsern Begleitern vorlegten, aber wir erfuhren nichts Bestimmtes, nur dass sie am Fusse eines Bergs und an der Seite eines Sees liegen sollte. Ein See mitten in der Libyschen Wüste!* Um nach Busema zu kommen, muss eine leicht ansteigende Kiesebene durchschritten werden, die sich südwärts zu großen, harten Sandwellen aufbiegt. Dann sehen sie den blauen See mitten in der Wüste, mehrere Kilometer groß, und an seiner Südküste die Oase. Doch die schäumende Brandung erweist sich als Trugbild, als Fata Morgana, die nördliche Küstenlinie ist weiß vom auskristallisiertem Salz, und nur die flirrende Hitze gibt der starren Kruste den Anschein einer Bewegung. Vom Schilf dicht umstanden, reichen an manchen Stellen Palmen dicht an den See heran, einige Feigenbäume wachsen an seinen Ufern, und in der etwa einen Kilometer breiten Uferzone leben ganze Vogelscharen, Falken, Störche, Schwalben, der Wiedehopf. Das Seewasser ist stark salzhaltig und nicht genießbar, doch nur wenige Schritte von ihm entfernt sickert süßes Wasser in ein Loch, das sie in den Boden graben.

Der Weg in die Oase Kebabo, die Hauptoase im Kufra-Becken, ist nicht kürzer als der von Taiserbo nach Busema und führt über 100 Meter hohe Dünen. Schnell sind die Kamele erschöpft, und einige werfen ihr Gepäck ab, oft müssen unsichere, schnell nachrutschende Stufen in den Dünenhang gegraben werden, um den Tieren einen Tritt zu ermöglichen, *und bald darauf erblickt man im Süden die imposante Kette des Djebel Neri, welche von Ost nach West verläuft, von schwärzlicher Farbe ist und den Kufra-Archipel in eine nördliche und südliche Hälfte theilt.*

Rohlfs geht durch das Freilichtmuseum der Großen Wüste, deren Exponate er erstaunt beschreibt, ohne deren Entstehungsgeschichte zu verstehen. Später wird er von merkwürdigen Gebilden erzählen, von Blitzröhren oder den Gehäusen des Röhrenwurms, von versteinerten Würmern, vom Wüstenlack und seltsamen Kugeln, *bald mathematisch rund, bald knorpelig und oval, manchmal hohl, manchmal mit hellem Sand gefüllt, zuweilen voll von derselben glasigen Masse, aus der die Rinde der Kugel besteht; dann auch aus derselben Masse fladenartig aufgewickelte fusslange und fussdicke Röhrengebilde. Der ganze Boden ist davon bedeckt.*

Am 13. August 1879 erreichen sie unter der Führung von Scheich Bu Bekr Bu Guetin die nördliche Peripherie der Oase Kebabo, eine Ansammlung verschiedener kleinerer Ortschaften. Die Karawane findet in einem Palmenwald einen Lagerplatz und wird von dessen Besitzer, Scheich Krim Bu Abd el Rba, gastfreundlich begrüßt. Die Ankunft der Europäer spricht sich schnell herum, und noch am selben Abend treffen sich Vertreter aller Orte zu einer Aussprache, an der die Deutschen nicht teilnehmen. *Es wurde unfern unseres Lagers eine mehrstündige lebhafte Sitzung gehalten, die sich zuweilen zu einem wahren Höllenlärm steigerte. Ich glaubte damals, es handle sich um interne Angelegenheiten, wie solche ja so häufig zu langen und lauten Erörterungen Veranlassung geben. Aber mitnichten. Wie ich später erfuhr, hatten jene Sendlinge einfach unsere Auslieferung verlangt, um uns zu töten. Unser Hab und Gut sollte geteilt werden.*

Was zwischen den Männern besprochen wurde, weiß Rohlfs nicht wirklich; also resümiert er in seinem Reisebericht Vermutungen und Aussagen aus dritter Hand. Dass der Stamm der Suya ungeduldig auf jene drei Scheichs wartet, die aus der Geiselhaft in Benghazi noch immer nicht freigesetzt sind, schreibt er in diesem Zusammenhang nicht. Dass die Suya sein Leben gegen die Freiheit ihrer Leute eintauschen wollen, mag er nicht denken; dass er in die Auseinandersetzung des Stammes mit der türkischen Fremdherrschaft hineingeraten ist, ebenso wenig.

Der gastfreundliche Scheich Abd el Rba kann ihn überzeugen, dass sie im nahe gelegenem Dorf Boema sicherer seien, abseits der stark frequentierten Karawanenroute, vor allem vor den Tubus, die im Gepäck der Expedition große Geldmengen und andere Schätze vermuten. Rohlfs gibt seinem Gastgeber Recht und vertraut sich und die anderen abermals jenem Mann an, der sie von Benghazi nach Kufra geführt hat. Scheich Bu Guetin begleitet Rohlfs' Umzug nach Boema, und Rohlfs sitzt in der Falle. Bu Guetin hat die Erpressung des türkischen Gouverneurs nicht vergessen, wie er jenen Brief nicht vergessen hatte, den Rohlfs in Audjila schreiben musste. Der Gouverneur ist weit, der Deutsche dagegen in seiner Hand.

Zwei Tage nachdem die Expedition ihren Standort gewechselt hatte, stürmt eine Gruppe Bewaffneter das Zeltlager, unter Führung eines Schwiegersohnes Bu Guetins, und fordert eine größere Geldsumme, um die geringe Summe, die Rohlfs in Benghazi bezahlt habe, dem geforderten Wegegeld anzugleichen. Da Rohlfs weitere Zahlungen ablehnt, wiederholen sich die nachdrücklich vorgetragenen Forderungen mit jedem folgenden Tag. Als die Männer um Bu Guetin Nachricht aus Benghazi erhalten, dass die drei Geiseln keinen anderen als Rohlfs für ihr Schicksal verantwortlich machen, spitzt sich die Situation gefährlich zu. *Ich weiß, wir treiben einem großen Unglück entgegen.* Rohlfs versucht noch, Nachrichten über seine Lage aus Kufra nach Benghazi mit einem eigens gemieteten Kurier abzuschicken. Der hat nicht anderes zu tun, als das Schriftstück Bu Guetin zu überreichen. Rohlfs sitzt fest, und die Nachrichten aus Benghazi über den Zustand der Geiseln werden auch nicht besser.

Am 24. August 1879 kommen alle Scheichs der Kufra-Oasen abermals zu einer Beratung zusammen und entschließen sich, die Deutschen als Faustpfand festzusetzen. Er habe sich als ihr Gefangener zu betrachten, sagt man Rohlfs, ihm werde widerfahren, was ihren Brüdern in Benghazi widerfährt. Sollte sich die Nachricht bestätigen, dass sie in Ketten liegen, werde man ihm Ketten anlegen; sollten sie getötet worden sein, werde man ihn töten.

Abermals wird ein Brief an den Gouverneur nach Benghazi geschrieben und abermals in arabischer Sprache. Rohlfs will einige Worte in Französisch hinzufügen, doch die Männer zerreißen das Schriftstück, denn sie vermuten darin geheime Mitteilungen. Er versucht zu erklären, dass der Pascha einen arabisch geschriebenen Brief nicht ernst nehmen werde, wenn er ihm nicht seine Ernsthaftigkeit in einer europäischen Sprache mitteile. Rohlfs redet sich um Kopf und Kragen, gibt er doch nichts Geringeres zu, als dass sein erster Brief an den Gouverneur nutzlos und ein Betrug war. Das Schicksal der Expedition liegt längst nicht mehr in seiner Hand.

Am 11. September dringen zwei, drei Dutzend Männer in das Lager ein und fordern tausend Taler. *Die drohenden Gebärden, die fremden Gesichter, von denen wir viele zum ersten Mal sahen, das Geldgierige in ihren Mienen, das Schreien und Schimpfen der Rotte hätte mich trotzdem kaum bewogen, ihrem Verlangen nachzugeben. Erst als ich sah, dass sie wirklich Ernst machten und mein Leben sowie das meiner drei Landsleute auf dem Spiel stand, wich ich.*

Am 12. September erfährt Rohlfs von Scheich Abd el Rba, dass die Expedition in der kommenden Nacht ausgeraubt werden soll. »Falls du Widerstand leistest, bist du verloren. Ja, tötest du nur einen Suya, dann hast du auch alle andern Stämme gegen dich, selbst meine Leute würden sich dann gegen dich wenden, denn dann wird es nicht heißen, du habest dich zur Wehr gesetzt, sondern als Christ einen Muslim getötet, und du weißt, was das bedeutet.«

In seiner Nähe, sagt der Scheich, sei Rohlfs einige Tage sicher, also müsse er in sein Lager kommen. Mit Anbruch der Dunkelheit werde sein Schwiegersohn Rohlfs dorthin führen.

Einzeln verlassen die Deutschen ihr Lager, zuerst Hubmer, dann Eckart, zuletzt Stecker. Rohlfs schleicht als Letzter davon, mit Smeida, dem Schwiegersohn. *Es war ein fürchterlicher Marsch, um so entsetzlicher, als wir in einen Sebcha geriethen, dann wieder zwischen Had und Binsen uns durcharbeiten mussten, ausserdem der Sack platzte, in welchem Hubmer einige hundert Maria-Theresienthaler trug.*

Zwei Stunden später plündert Bu Guetin mit großem Gefolge das Lager, das bis auf die Diener verlassen war. Die wissenschaftlichen Instrumente, Aufzeichnungen und Sammlungen, Landkarten und Tagebücher werden zerstört, Kisten aufgebrochen, das Harmonium und eine Spieluhr zerschlagen, Cognac und Weinflaschen geleert. Ali Gatroni, der nach der Plünderung in das Lager kommt, erzählt von Männern, die wie im Rausch alle erbeuteten Patronen verschossen und, weil sie in den Kisten nur 300 Mariatheresiataler fanden, das Erdreich nach weiterem Geld durchwühlten.

Der nächtliche Exzess bewirkt einen Stimmungsumschwung in den Kufra-Oasen, deren Bewohner sich nunmehr freundlich gesinnt zeigen. Der Scheich eines Nachbarortes spricht sein Bedauern über das Vorgefallene aus, andere sammeln für die Ausgeraubten Lebensmittel und Gebrauchsgegenstände. Selbst Sidi el Madhi, Chef der Sanussi-Bruderschaft, schickt aus Dscharabub, dem Hauptsitz des Ordens, die Weisung, der deutschen Expedition Gastfreundschaft zu erweisen.

Rohlfs beginnt über die Herausgabe ihrer Ausrüstung zu verhandeln, kann einen Teil der Ausrüstung freischlagen, doch das von der »Afrikanischen Gesellschaft« vorgegebene Ziel, nach Zentralafrika vorzustoßen, ist nun nicht mehr zu realisieren. Dafür erreichen ihn aus Audjila mehrere Nachsendungen, Zeitungen, Briefe und eine Kiste mit *12 Flaschen Puntinghammer Lagerbier aus Graz, das mir meine Frau geschickt hatte. Deutsches Bier in Kufra!*

Am 9. Oktober verlässt die Mannschaft die Oase Kufra Richtung Benghazi. *Ich sehne mich jetzt sehr nach Ruhe und hoffe sie zu finden ... Ich bin sehr gealtert, dies eine Jahr mit den vielen Emotionen und Sorgen hat mich grau gemacht. Die Kleidungsstücke schlodдern an meinem Körper. Aber was ist ein Leben ohne Aufregung: Für Tausende möchte ich solche Tage, wie ich in Kufra erlebte, nicht noch einmal durchmachen, und doch freue ich mich, dass ich sie erlebte.*

Mit seiner Ankunft in Benghazi werden die Geiseln aus dem Gefängnis entlassen, und Rohlfs kehrt über Kairo und Alexandria nach Europa zurück, vorerst nach Italien, um sich als ›Entdecker‹ der geheimnisvollen Kufra-Oasen feiern zu lassen. »Mit Kufra«, sagt Schweinfurth, »prangt Rohlfs' Name in majestätischer Einsamkeit und Oede!« Als Held wird er gefeiert, der einem von der Sanussi-Bruderschaft organisierten heimtückischen Anschlag erfolgreich Widerstand geleistet habe.

Tatsächlich dokumentiert Rohlfs' Kufra-Abenteuer nichts anderes als die herrschende Unkenntnis der Europäer über gesellschaftspolitische und religiöse Strukturen nicht nur in der Libyschen Wüste. Weil er als erster Europäer der Neuzeit die Kufra-Oasen erreichen konnte, wurden die wenigen von Rohlfs vorgelegten Routenskizzen, die spärlich vorhandenen geographisch relevanten Anmerkungen zur wissenschaftlichen Entdeckungsreise von außerordentlichem Rang aufgewertet. Ein halbes Jahrhundert später, 1930, zerstörten italienische Bomber Kufra, schickte Mussolini Hunderte Soldaten mit 5000 Kamelen, 400 Lastkraftwagen und 20 Flugzeugen durch die Wüste zur »heldenhaften« Eroberung Kufras. Auf Rohlfs' Kartenmaterial haben sie dabei nicht zurückgegriffen.

Der nächtliche Überfall der Suya-Araber sollte nicht ohne ein außenpolitisches Nachspiel bleiben. Reichskanzler Bismarck, durch Rohlfs von der Garantieerklärung des Gouverneurs in Benghazi informiert, erreichte durch eine nachdrückliche politische Intervention von der türkischen Regierung eine Ausgleichszahlung in Höhe von 16 000 Talern zu Gunsten der »Afrikanischen Gesellschaft in Deutschland«.

Postbote des Kaisers

In Rom, kurz vor den Weihnachtstagen 1879, sind Gerhard und Leontine Rohlfs wieder vereint und glücklich, dass er den lebensbedrohlichen Ereignissen im Kufra-Becken entkommen ist. Abgemagert und mit grauem Haar steht er vor Leontine, die sich um den Gesundheitszustand ihres Mannes Sorgen machen muss und doch froh ist, ihn wiederzusehen. Widersprüchlich waren die Nachrichten gewesen, die sie in Tripolis über das Schicksal der Expedition erhalten hatte, von Raubüberfällen war die Rede, auch von der Ermordung der Deutschen. Als Italien seinen Konsul auswechselte, hatte Leontine ihr Gastquartier verloren und war schon im August nach Vegesack in den Schutz der Familie gereist, von weiteren Nachrichten abgeschnitten, selbst von den schnell durch die Sahara laufenden Gerüchten. Erst Rohlfs' Telegramm aus Kairo, seine Aufforderung, ihm nach Rom entgegenzureisen, hatte sie aus ihrer nervösen Unruhe erlöst. Jetzt hat sie ihn wieder, und alles wird gut; ihr Mann wird sich erholen, und die Eheleute werden in Weimar ein neues Haus bauen.

In Rom kann das Ehepaar einen Freund begrüßen, Franz Liszt, im Palais der Fürstin Wittgenstein dinieren und dem König von Italien seine Aufwartung machen. Umberto I. will von den geographischen und ethnographischen Gegebenheiten im Kufra-Becken aus erster Hand unterrichtet sein. Rohlfs genießt die römischen Tage, ehe er in den kalten Norden nach Weimar zurückkehrt, in eine Mietwohnung, bis das neue Haus in der Belvedere-Allee bezugsfertig ist.

Das Leben läuft wieder in geordneten Bahnen, alle Abenteuer in der Libyschen Wüste sind überstanden und nur in der Erinnerung noch virulent. Gerhard Rohlfs ist ins Gleichmaß der Tage zurückgekehrt. Von der Ilm reist er mehrmals an die Spree, um in Berlin Vorträge zu halten und seinen Gönner Otto von Bismarck zu besuchen, dem der Mann verwendungsfähig scheint.

Bismarck, vom diplomatischen Geschick des Afrikareisenden

weniger überzeugt, ist beeindruckt von dessen unbedingtem Diensteifer, mit dem Aufträge aus dem Kaiserhaus widerspruchslos erledigt werden. Rohlfs fühlt sich geschmeichelt, wenn er zum Essen ins Bismarcksche Haus geladen wird. *Die Fürstin hatte ein sehr grossgeblümtes, dunkelseidenes Kleid an, in den Ohren haselnussgroße Brillantknöpfe. Sie ist immer die deutsche Hausfrau geblieben: sie zündet z. B. selbst das Feuer im Kamin an.* Ist Rohlfs in Berlin, schreibt er täglich nach Weimar. *Bei Tisch sagte dann Bismarck plötzlich: »Haben Sie alle Lust zum Reisen verloren?« – Ich: »Lust bleibt mir immer, aber man wird alt und Entdeckungsreisen kann ich nicht mehr machen.«* Er hat eben seinen 49. Geburtstag gefeiert, als er das sagt, und die Ereignisse in Kufra sind ihm in allzu guter Erinnerung. Dieses Abenteuer hat ihm die Lust auf weitere gründlich ausgetrieben. Irgendwann fällt bei Tisch das Wort Abessinien. Bismarck sagt wenig und wie nebenbei, er wolle ihn nach Abessinien entsenden, in diplomatischer Mission, zuvor jedoch wären einige eher interne Informationen aus der »Afrikanischen Gesellschaft« hilfreich, er selbst wolle mit Professoren und Doktoren nicht korrespondieren.

Am 15. Juni 1880 schreibt Rohlfs nach Weimar: *Heute morgen ging ich zu Bismarck und gab meine Karte ab, dann zu Nachtigal, der mich sehr freundlich empfing, aus dessen Reden ich aber doch merkte, wie unangenehm es ihnen allen ist, dass Bismarck mich schickt.* Dann steht Rohlfs dem Reichskanzler Rede und Antwort. Mit wem steht die Gesellschaft in Verbindung, wer besorgt die Korrespondenz? Dass die Gesellschaft dem Reichsamt des Innern verbunden ist, weiß Bismarck ohnehin, hat ihn bisher nur am Rande interessiert. Jetzt aber, da europäische Politik im Orient, in Asien und auf dem afrikanischen Kontinent aneinander und durcheinander gerät, will er Kontrolle über alle außerdeutschen Aktivitäten haben. Afrika ist Ausland, warum wird das nicht vom Auswärtigen Amt besorgt? Von jetzt an soll das Auswärtige Amt die Sache leiten. Rohlfs denkt sich als Gesprächspartner in die hohe Politik des Kaiserreiches eingeweiht. Bismarck aber diskutiert und argumentiert nicht, Bismarck verfügt, und seine politische Strategie ist eindeutig: »Es würde ein Triumph unserer Staatskunst sein, wenn es uns gelänge, das orientalische Geschwür offen zu halten und dadurch die Einigkeit der Großmächte zu vereiteln und unseren eigenen Frieden zu sichern.« Leontine Rohlfs erfährt den Ausgang der Audienz ihres Gatten in Bismarcks Kabinett aus den Briefen: *»Und nun zu Abessinien. Wann wollen Sie reisen?« – Ich: »Ich hoffe, im August fertig zu sein.« Dann noch ein kräftiges Händeschütteln und ich war entlassen.*

Mit dieser Reise, der neunten auf den afrikanischen Kontinent, tritt Gerhard Rohlfs offiziell in den Dienst der deutschen Außenpolitik ein. Doch so gern er sich im Glanz des diplomatischen Parketts spiegelt, so wenig tauglich wird er sich für die Winkelzüge auf solchem Feld erweisen, später, als deutscher Generalkonsul in Sansibar. Diese Mission dagegen scheint ohne alle Schwierigkeit. Rohlfs ist nichts anderes als der Postbote, der dem Negus Negesti einen Brief des deutschen Kaisers Wilhelm I. übergeben soll. Reisen Sie vorsichtig, hat Bismarck noch gesagt und hinzugefügt, dass er in kleinen Etappen reisen und sich nicht überanstrengen solle.

Im großen Ganzen ist das alte Äthiopien ein entdecktes Land zu nennen, beruhigt Rohlfs Leontine, in dem er vor zwölf Jahren schon unterwegs war, als die Engländer für ihre Königin gegen Theodorus marschierten. Es wird eine angenehme Reise werden, sagt er, und wird damit Recht behalten.

Anfang November trifft das Ehepaar Rohlfs in Kairo ein. Leontine soll sich vom deutschen Generalkonsul ein wenig das alte Ägypten zeigen lassen, während ihr Gatte und Anton Stecker am 6. November 1880 von Suez mit einem Dampfer unter italienischer Flagge durch den Kanal ihrem Bestimmungsort entgegenfahren.

Der Zoologe ist gezwungenermaßen an Rohlfs' Seite, eher unfreiwillig, hatte er doch nach der in Kufra gescheiterten Kongo-Expedition von der deutschen Afrikanischen Gesellschaft den Auftrag erhalten, durch die Sahara auf den bekannten Wegen in das Sultanat Bornu an den Tschadsee zu ziehen, um bestehende Kontakte aufzufrischen. Anton Stecker sollte zu Ende bringen, was Rohlfs als Auftrag übernommen hatte.

Was Stecker denn in der Wüste vorhabe, da gebe es doch nichts zu erforschen, hatte Bismarck Rohlfs gefragt und Stecker aus der Wüste nach Kairo beordert, auf Rohlfs' ausdrücklichen Wunsch, um die Personage der Diplomatenreise zu vergrößern. Georg Schweinfurth wird später als Replik auf Bismarck aussprechen, was andere stillschweigend akzeptierten, die zunehmende Politisierung der deutschen Geographie. »Die Wüste, das aufgeschlagene Buch der Geologie und Erdkunde! Weder Nachtigal noch irgend jemand vom Vorstande der Gesellschaft hätten es gewagt, unter den rollenden Augen des Fürsten einem Irrtum desselben bescheiden erklärend, ja auch nur in schüchternster Weise entgegenzutreten. Das war die Wissenschaft im Jahre 1880!« Die geographische Wissenschaft des 19. Jahrhunderts war stets der verlängerte Arm europäischer Politik und lange vor 1880 in Abhängigkeit zu den Strategiespielen der Regierungen gebracht. Als die Geographie in die Hörsäle deutscher Universitäten einzog, waren Geographen und Geldgeber gleichermaßen überzeugt, dass sich aus der Liebhaberei nur dann eine Wissenschaft entwickeln würde, wenn ihr früher oder später ein praktischer Nutzen erwachsen und sich Entdeckungsreisen auch auszahlen würden. Bereits 1872 hatte die damalige Afrikanische Gesellschaft die Berliner Kaufmannschaft aufgerufen, gemeinsam nach Afrika zu gehen, um der politischen Stärke des Deutschen Kaiserreiches Rechnung zu tragen. »Die deutschen Geographen«, heißt es in dem Aufruf, »sind entschlossen, das Ihre zu tun. Ihnen aber fehlen die materiellen Mittel, die es zur Ausführung des Planes bedarf. Diese können nur in kaufmännischen und industriellen Kreisen beschafft werden, und von ihnen wird nicht umsonst auf Unterstützung gerechnet werden, denn eng verschwistert sind der Handel und die Geographie.« Die Berliner Kaufleute waren an solchen Versprechungen nicht interessiert und die Geographen weiterhin auf stattliche Zuschüsse angewiesen. Der Fall Anton Stecker wiederum ist ein Indiz, dass sich der deutsche Reichskanzler der geographischen Wissenschaften annahm. Ob er wollte oder nicht, Stecker wurde nach Abessinien, dem heutigen Äthiopien, befohlen. Zoologische Studien, sagt Rohlfs, könnten in jedem Land betrieben werden.

Den Untergang Theodorus' II. hatte Rohlfs 1868 miterlebt, die Inthronisierung Johannes IV. nur am Rande wahrgenommen. Ras Kassai, unter Theodorus Statthalter in der abessinischen Provinz Tigre, ein machtbesessener Mann, hatte sich zum eigenen Vorteil der englischen Intervention angeschlossen und der »Strafexpedition« die Provinz als Aufmarschgebiet zur Verfügung gestellt. Dafür rüsteten die Engländer die Truppen Kassais großzügig mit modernen Gewehren und anderem Kriegsmaterial aus und unterstützten tatkräftig seine Bemühungen, den durch den Selbstmord Theodorus' verwaisten abessinischen Kaiserthron zu besetzen. Dass der Statthalter zuvor den Widerspruchsgeist des Fürsten von Tigre besiegen musste, indem er ihm die Augen ausstach, kümmerte die Briten wenig. Sie glaubten in Ras Kassai einen Mann gefunden zu haben, der englischen Interessen nicht im Wege stehen würde. Kassai aber, als Johannes IV. auf den Thron gesetzt, führte die von Theodor eingeleiteten Reformen weiter, um das Land unter der Krone zu einen. London beobachtete diese Entwicklung mit Sorge. England hatte nicht Theodor gestürzt, um es nun mit Johannes zu tun zu bekommen. Über die weitere Behandlung des Falls »Abessinien« ist man sich an der Themse durchaus im Klaren, auch dieser König der Könige würde englischem Militär nichts Entscheidendes entgegenzusetzen haben. Vorerst jedoch kann man das Pulver trocken halten und sich beruhigt zurücklehnen, denn Johannes' Truppen sind in einen Krieg mit den Ägyptern verwickelt.

Khedive Ismail Pascha, der Rohlfs die Reise in die Libysche Wüste finanziert hatte, sah sich angesichts seiner notorisch leeren Staatskasse veranlasst, seinem Herrschaftsbereich ebenso die westlichen Küstengebiete des Suezkanals wie das nördliche Abessinien zuzuschlagen. Ihm bot sich wiederum der Schweizer Werner Munzinger an, der sich 1868 als Führer der britischen Militärexpedition einen Namen gemacht hatte. Munzinger, nach dem Sturz Theodors zum französischen Konsul in Massaua avanciert, hatte ehrgeizige Pläne. Verheiratet mit einer Abessinierin, der Sprache wie ein Einheimischer mächtig, wollte er Vizekönig von Äthiopien werden, vielleicht gar Negus Negesti. Die Briten, deren Interventionstruppen er effizient bis an das gesetzte Ziel geführt hatte, winkten dankend ab. Ein in Äthiopien gekrönter Schweizer passte wenig in das Empire, und die Franzosen, in dieser Region Afrikas ohnehin nur am Rande präsent, zeigten von vornherein kein Interesse, aus einem Konsul einen König zu machen. Um seine Fähigkeiten unter Beweis zu stellen, okkupierte Munzinger 1873 mit ägyptischer Hilfe zwei abessinische Provinzen, die er zu Festungsanlagen ausbauen ließ – Vorposten eines geplanten Feldzuges zur Unterwerfung Abessiniens. Der Schweizer arbeitete entsprechende Strategien aus und erhoffte sich, als Oberkommandierender einer gewaltigen ägyptischen Militärmaschinerie im Erfolgsfall mit der Regentschaft als Vizekönig belohnt zu werden. Der ägyptische Khedive schätzte Munzingers strategisches Geschick, fürchtete dagegen dessen machtpolitische Ambitionen. Als sich 1875 der von Munzinger geplante Feldzug in Bewegung setzte, um eine Zangenbewegung auszuführen, befehligte der Schweizer nur jene Truppenteile, die entlang der Suezküste nach Abessinien vorstoßen sollten. Das Unternehmen endete in einer vernichtenden Niederlage, Munzinger selbst wurde getötet. Im Folgejahr schickte Ismail Pascha sein Militär abermals südwärts, diesmal unter dem Oberbefehl seines Sohnes Hassan. In Gura setzte sich Hassan fest und hätte unbeschadet lange Zeit in dem befestigten Stützpunkt bleiben können. Er zog jedoch tiefer nach Abessinien und in ein militärisches Debakel hinein, und einzig die Bestechlichkeit eines abessinischen Kriegers sicherte ihm die Flucht aus der Niederlage und das Leben.

Nach dem Sieg über Ägypten stand Johannes auf dem Zenit seiner Macht, die nach der Absetzung des ägyptischen Vizekönigs Ismail Pascha nunmehr von den Engländern selbst bedroht wurde. In diesem Augenblick wandte sich der Negus Negesti an alle europäischen Regierungen, um mit ihrer Hilfe den noch immer vorhandenen Kriegszustand zwischen Abessinien und Ägypten zu befrieden.

Das war die Stunde des Außenpolitikers Otto von Bismarck, der in der verworrenen politischen Gemengelage eine treffliche Möglichkeit deutscher Außenpolitik erkannte. Gemäß dem Motto: »Wenn zwei sich streiten, freut sich der Dritte«, hatte er Englands Politik in Ägypten stets unterstützt, gegen Frankreichs Interesse. Nun sah er die Chance, Deutschlands Gewicht am Horn von Afrika bedeutend zu festigen und eine die eigene Machtposition stärkende Schiedsrichterrolle zu übernehmen, gegen Englands Interessen. In dieses Strategiespiel wurde Rohlfs als kleines

Rädchen eingefügt, als Kurier Kaiser Wilhelms I., dessen Antwortschreiben er zu übergeben hatte, und als Bismarcks Mann, der Johannes' Verhältnis zum Deutschen Kaiserreich eruieren sollte. Rohlfs musste nur funktionieren, mehr wurde von ihm nicht erwartet.

Es ist kein schwieriges Unternehmen, eher eine vergnügliche Informationsreise, ausgestattet mit dem damaligen Komfort, einem geräumigen Leinwandhaus mit allen Bequemlichkeiten, einschließlich Bad und Küche. Wo immer Rohlfs auf seinem Weg in das abessinische Hochland lagert, wird die deutsche Flagge gehisst und viel über die politische Großwetterlage debattiert. Der äthiopische Kaiser schickt ihm Aufmerksamkeiten entgegen und eine Eskorte, die ihn durch die Schluchten und über die Berge ins Landesinnere führt, nach Debra Tabor, der kaiserlichen Residenz. Rohlfs übergibt das kaiserliche Antwortschreiben, in dem Deutschland dem Negus Negesti seine vollen Sympathie versichert, Wilhelm I. für Frieden zwischen Abessinien und Ägypten plädiert und seiner Hoffnung Ausdruck verleiht, dass zwischen beiden Ländern eine gute, fruchtbare Beziehung erwachsen werde. Konkret ist das Ganze nicht, nicht die erwartete tatkräftige Unterstützung gegen Englands Ostafrikapolitik. Man tauscht Geschenke aus, und Johannes hat mancherlei Fragen an Rohlfs – welche Macht der Kaiser in Deutschland besitze und warum England seine ägyptischen Vasallen nicht zwinge, den christlichen Glauben anzunehmen. Viele Antworten erhält er in diesem Gespräch nicht. *Was soll ich darauf erwidern, da selbst bei den gebildetsten Abessiniern der Gedankengang ein so himmelweit von dem unsrigen verschiedener ist, dass es äußerst gefährlich gewesen wäre, demselben zu folgen, geschweige denn zu widersprechen.* Rohlfs wächst in die eher unverbindliche Haltung des Diplomaten hinein. *Dabei legte er mir die Frage vor, ob ich als sein Bevollmächtigter für ihn Frieden schließen wolle. Ich erwiderte, falls meine Regierung dies gestatte, würde ich es als eine große Ehre und für eine meiner schönsten Aufgaben betrachten, Frieden zwischen zwei Völkern zu stiften.*

Am 17. Februar 1881 verlässt der Kaiser mit seinem Gefolge die Residenz, und Gerhard Rohlfs tritt am folgenden Tage ohne große

Eile die Rückreise an. Er besucht den 3100 Quadratkilometer großen Tanasee, den Quellsee des Blauen Nils. Anton Stecker, der den See kartographiert, wird noch drei Jahre in Ostafrika bleiben, während Rohlfs über Gondar, Aksum, die alte Königsstadt, und Massaua, wo er sich an Bord einer Nilbarke begibt, Suez erreicht. Er wird vom Vizekönig Tewfik, Sohn des abgesetzten Khediven Ismail Pascha, empfangen, der von einem Appell zum Frieden nichts hält, weil England vom Frieden zwischen Ägypten und Äthiopien nichts hält.

Im Mai 1881 ist Rohlfs zur Berichterstattung wieder in Berlin, gemeinsam mit Leontine. Er wird von Bismarck und von Wilhelm I. empfangen. *›Nun herzlich willkommen, aber tüchtig verbrannt ...‹ – Dann zog er mir einen Stuhl unter dem Tisch hervor, und als er sich einen zweiten nehmen wollte, riss ich diesen schnell unter dem Tisch hervor. – ›Setzen Sie sich und erzählen Sie mir alles.‹* Später, wenn Rohlfs die Szene beschreibt, wird er nachdrücklich erwähnen, dass er dem Kaiser auf Blickhöhe gegenübergesessen habe; *Nachtigal wurde vor 14 Tagen noch stehend empfangen und die Militärs empfängt er natürlich immer stehend.* Er bleibe zwei Wochen in Berlin, werde also noch Gelegenheit haben, Rohlfs zu sehen, sagt der Kaiser und entlässt seinen Briefzusteller huldvoll. Einen eindrucksvolleren Beweis, aus seinem Leben etwas gemacht zu haben, kann sich Rohlfs nicht denken.

In der Weimarer Villa, die das Ehepaar endlich beziehen kann, ängstigt eine gelbe Hündin die Besucher, Bullit, eine Kreuzung aus Schakal und Hund, die Rohlfs aus Äthiopien mitgebracht hatte. Niemand mag »Meinheim 2« mehr betreten, und Bullit wird, nachdem sie ihren ersten Wurf ausgetragen hat, einem Hundefänger übergeben. Rohlfs behält nur einen Rüden, der, ebenso scharf wie Bullit, bald als »Rohlfssche Bestie« verschrien ist. Das Ehepaar muss den Hund oft wegschließen, wenn sich Gäste ansagen, Franz Liszt, Anton Rubinstein oder Eugen d'Albert musizieren. *Liszt bezauberte mich sofort. Er war ja eigentlich nicht schön zu nennen, aber er hatte ein Etwas, das in seinem Auge lag, was unwiderstehlich einen jeden anzog. Und später als ich ihn näher kennen lernte, habe ich die Kraft noch oft erproben können, in steigendem Maße. Namentlich wenn er am Klavier saß, umgeben von einer gro-*

ßen Menge von Anhängern und Schülern, konnte er mit seinem Blick, wenn sich dieser gerade auf einen richtete, eine ordentlich bezaubernde Wirkung ausüben.

Trojaausgräber Heinrich Schliemann macht mit der »Bestie« Bekanntschaft, Richard Wagner, Hans von Bülow, Alfred Brehm, auch Goethes Enkel, Wolfgang und Walter, deren Mutter Ottilie von Goethe. Und die Jungen kommen, Gustav Nachtigal, Wilhelm Junker, Hermann von Wissmann, ehe sie zu neuen Unternehmungen auf den afrikanischen Kontinent aufbrechen. Gerhard Rohlfs hat alle Hände voll zu tun, er ist ein viel gefragter Mann, der seine Wege durch die Sahara am Schreibtisch immer wieder nachläuft.

Berlin wird ihn nicht vergessen, im Oktober 1884 abermals auf Reisen schicken, und wieder in diplomatischen Diensten.

Das Samoapapier und die Folgen

Kaiser Wilhelm I. und sein Kanzler zeigten in den ersten Jahren nach der Reichsgründung wenig Neigung, unter der Reichsflagge über die Meere zu fahren und Kolonien zu erwerben. Otto von Bismarck war Realist genug zu sehen, dass es dazu eine starke Flotte brauchte, die England hatte, Deutschland jedoch nicht. Dem »Eisernen Kanzler« war die europäische Politik kompliziert genug, als dass er ein von ihm filigran ausgearbeitetes Gleichgewicht der Kräfte zwischen Frankreich, England und Deutschland in irgendwelchen fernen Weltgegenden hätte auf die Probe stellen wollen.

Das Handelskapital jedoch will arbeiten, sich vermehren, kennt nur Absatzmärkte und Rohstoffquellen, keine nationalen Grenzen. Die Hamburger Handelsfirma Godeffroy hatte sich um Bismarcks Weigerung, ein »Kolonialmensch« zu werden, nicht gekümmert und auf einigen Südseeinseln Faktoreien errichtet, Plantagen angelegt, auf denen schlecht bezahlte Arbeitskräfte Kaffee, Zuckerrohr und Baumwolle ernteten. Als »König der Südsee« war das hanseatische Handelshaus aufgestiegen, hatte die Tonga-, Ellice- und Gilbertinseln, die Salomonen und den damaligen Bismarckarchipel erfolgreich zur eigenen Interessensphäre erklärt; Godeffroys Aufstieg schien unaufhaltsam. Ende der siebziger Jahre geriet das Handelsimperium jedoch überraschend in Zahlungsschwierigkeiten, abseits seines profitablen Südseegeschäftes hatte es sich mit einem Minengeschäft in Südamerika verspekuliert. Godeffroy stand vor der Entscheidung, entweder die gesamten Besitzungen, rund 216 000 Morgen Land, an England zu verkaufen oder Bismarck davon zu überzeugen, dass mit dem Verkauf der Ländereien das Kräfteverhältnis zugunsten der Briten verschoben würde, nicht nur in der Südsee.

Bismarck ließ sich von solchen Argumenten überzeugen und brachte im April 1880 die so genannte »Samoavorlage« in den Reichstag ein, eine Zinsgarantie von 300 000 Mark, die Deutschland für die angeschlagene Firma übernehmen sollte. Der Kanzler scheiterte, die Vorlage verfehlte knapp die erforderliche einfache Mehrheit. Die Ablehnung der Zinsgarantie löste einen großen Wirbel im »national« gesinnten Großbürgertum aus, und dem Hause Godeffroy flossen nun private Gelder zu, so dass es sein Südseegeschäft unbeschadet weiter ausbauen konnte. Bismarck aber, der den Widerspruch des Reichstags gegen seine Vorlage als politische Niederlage empfinden musste, sah sich gezwungen, über Europa hinaus zu denken und sich mit den Vor- und Nachteilen einer aktiven deutschen Kolonialpolitik intensiv auseinander zu setzen.

1882, mit der britischen Besetzung Ägyptens, schlug auch die Stimmung im Reichstag um; nun sei »endlich auch den verstocktesten Landratten klar, dass die Stunde heranrückt, wo die Erde verteilt wäre und der deutsche Michel sich mit leeren Händen in das Nebelreich der Ideen zurückziehen könnte, um hier als kosmopolitischer Pensionarius und Kultur-Hämorrhoidarius seinem seligen Ende entgegen zu leben«. Noch im gleichen Jahr gründeten Handelsgesellschaften, die in Afrika, China, in der Südsee und Südamerika Handelsniederlassungen besaßen, einen »Deutschen Kolonialverein«, um ihren merkantilistischen Interessen auch ein politisches Gewicht zu verleihen.

Der Bremer Kaufmann Franz Adolf Lüderitz, dessen Familie im Tabakgeschäft groß geworden war, besaß an der so genannten Sklavenküste, in Lagos, eine Handelsfaktorei. Gerhard Rohlfs hatte die Niederlassung kennen gelernt, als er 1867 Lagos als letzte Station seiner Afrikadurchquerung erreichte. Das Tabakgeschäft lief in den siebziger Jahren eher schlecht als recht, und Lüderitz plante, afrikanische Gebiete in seinen Besitz zu bringen, um Land und Leute zu »zivilisieren«. Sein Emissionär, Heinrich Vogelsang, Sohn des Bremer Tabak- und Zigarrenfabrikanten C. E. Vogelsang, ging 1883 in Angra Pequena an Land und erwarb für seinen Auftraggeber das gesamte Gebiet der späteren Lüderitzbucht, etwa 1400 Quadratmeter Boden für 100 Pfund Sterling und 200 Gewehre. Weitere Besitzungen im heutigen Namibia kamen hinzu, und es dauerte nicht lange, bis Lüderitz die Küstenregion vom Oranje im Süden bis zum Kap Frio im Norden besaß, weit mehr, als er auf Dauer hätte kontrollieren können. Was lag näher, als für diesen Besitz, das Fundament der deutschen Kolonie Südwestafrika, den Schutz des Deutschen Reiches zu fordern. Nicht nur seine Ländereien wollte er geschützt wissen, auch seine umfangreichen profitablen Bergwerks- und Minenrechte, die ihm einen Teil der riesigen Gold- und Diamantenvorkommen in Südafrika sicherten, wenn er der englischen Konkurrenz nur energisch entgegentreten könnte. Das machte seine Forderung nach Beistand politisch brisant, und das Auswärtige Amt konnte sich so recht nicht entscheiden, wollte es doch einer Auseinandersetzung mit England aus dem Wege gehen. In Rohlfs fand Lüderitz den Mann, der für eine deutsche Kolonie »Südwestafrika« eintreten sollte und 1884 eine entsprechende Publikation vorlegte, »Angra Pequena«. *Ein freudiges Gefühl durchbebte die Brust eines jeden Deutschen, als im Sommer 1883 die Zeitungen die wunderbare Mär verkündeten, ein Deutscher habe ein bisher unabhängig gewesenes Gebiet an der Westküste von Afrika als eigen erworben.*

Lüderitz hatte auf den richtigen Mann gesetzt. Vier Tage wurden beide auf Bismarcks Landsitz Friedrichsruh eingeladen, man sprach über alles Mögliche, über Rohlfs' Verwendung im diplomatischen Dienst und über die Unternehmen des Bremer Kaufmanns. Bismarck referierte über den Status quo in Europa, durch die englische, französische und italienische Kolonialpolitik längst schon aus dem Gleichgewicht gekippt, und über seine Entschlossenheit, Deutschland als Handelsweltmacht zu etablieren. Nachdem er in seinen Amtssitz nach Berlin zurückgekehrt war, stellte er Angra Pequena unter den »Schutz« des Kaiserreiches. Das gesamte ›Lüderitz-Land‹ wurde zum »Deutschen Schutzgebiet« erklärt, zur Kolonie Deutsch-Südwestafrika. Der Damm war gebrochen, weitere Annexionen sollten in den kommenden Jahren folgen, das Witu-Schutzgebiet, Deutsch-Ostafrika, Togoland, Kamerun, Deutsch-Neuguinea, Samoa und das chinesische Pachtgebiet Kiautschou. Auf dem Höhepunkt deutscher Kolonialpolitik waren drei Millionen Quadratkilometer Land zu Schutzgebieten erklärt, in denen vierzehn Millionen Menschen lebten, unter ihnen 24 000 Deutsche.

Die Verwaltung dieser Schutzgebiete blieb vorerst den Handelsgesellschaften unterstellt, vom Auswärtigen Amt in Berlin kontrolliert. Der Schutzvertrag verpflichtete den Kaiser, das jeweilige überseeische Gebiet im Falle in- oder ausländischer Konflikte unter seinen militärischen Schutz zu stellen. Darüber hinaus wurden, wann immer in den »beschützten« Gebieten die Reichsflagge aufgezogen wurde, deutsche Kriegsschiffe an die Küste befohlen, um mit mehreren Salutschüssen den deutschen Anspruch auf das Gebiet zu dokumentieren. Lüderitz konnte sich dieses Schauspiels nur zwei Jahre erfreuen, er ertrank 1886 in der nach ihm benannten Bucht vor der Mündung des Oranje. Sein Leichnam wurde nie gefunden.

Seit auf Initiative Leopolds II. mit Gründung der »Internationalen Assoziation« (IAA) der »Wettlauf« der Europäer um Afrika eröffnet wurde, hatte sich der belgische König große Gebiete Äquatorialafrikas gleichsam zur Privatkolonie ausgebaut. Offiziell zum Freistaat Kongo deklariert, regierte Leopold mit grausamer Härte und ohne das Leben der Einwohner dieser Region, 77-mal größer als Belgien, zu schonen. Das Land und seine Menschen wurden schamlos ausgebeutet, mit Menschen verachtenden Methoden, die insbesondere die Franzosen kritisierten. Dabei zeigten sich die Franzosen in ihren Kolonien nicht weniger rücksichtslos. Leopold musste solche Kritik nicht fürchten, wohl aber deren Stoßrichtung. Bereits seit 1766 waren französische Missionare in Äquatorialafrika unterwegs, und Frankreich meldete selbst Ansprüche auf das Territorium an. Große Gebiete bis zum Unterlauf des Kongos (Kongo-Brazzaville) wurden vom französischen Militär kontrolliert, und Frankreich drohte, Belgien in eine militärische Auseinandersetzung zu verwickeln. Über Europa schwebte das Damoklesschwert eines Kolonialkrieges – ein Albtraum für Otto von Bismarck, dessen Außenpolitik einen Krieg zwischen Europäern zu verhindern suchte.

Entweder Deutschland kauft Leopold das ganze Unternehmen ab oder zahlt dem Belgier eine Entschädigung, der dann im Gegenzug eine Art deutscher Protektoratsherrschaft über den Freistaat anerkennen müsste. Rohlfs ist wieder Gast in Friedrichsruh, und Bismarck erläutert zwischen Heringshäppchen und Hasenkeule deutsche Außenpolitik. Man wolle eine wie auch immer geartete Beteiligung an der Kolonie. Anders als durch die Anwesenheit eines starken deutschen Korps sei das Pulverfass am Kongo nicht zu entschärfen. Ob er ihm darin zustimme, fragt der Kanzler Rohlfs und ist an einer Antwort wenig interessiert. Später sagt er noch, dass er, Rohlfs, Kaiser und Vaterland seine Treue oft bewiesen habe und dass er ihn einmal mehr brauche, als Privatperson gewissermaßen, die als Gründungsmitglied der IAA an passender Stelle zur passenden Zeit die deutschen Überlegungen zur Disposition stellen könnte, vielleicht in Brüssel. *Ich stehe ganz zu Befehl Ew. Durchlaucht.*

Dass der Interessenkonflikt um die Aufteilung Zentralafrikas mehr als einer nur bilateralen Lösung bedarf, ist dem deutschen Kanzler bewusst, dennoch könnte es nicht schaden, wenn dieser Mann an geeigneter Stelle deutsche Außenpolitik kolportierte. Vielleicht wäre Gustav Nachtigal eine bessere Variante, doch der ist unterwegs, um an der Küste von Kamerun und in Togo die Flagge des Kaiserreichs zu hissen. Soll Rohlfs zeigen, was er kann.

Ende 1884 lädt der Reichskanzler, stets bestrebt, das Heft des Handelns nicht aus der Hand zu geben, alle europäischen Staaten, die Türkei, Russland und die USA zu einer Konferenz nach Berlin ein, um den kalten Krieg der Kolonialmächte zu entschärfen und Deutschlands Präsenz als Kolonialstaat auszubauen. Stolz schrieb selbst des Deutschen liebste Klatschpostille, die »Gartenlaube«: »Im Hause des deutschen Reichskanzlers … wird heute über das Schicksal Afrikas beraten, und denkwürdig für lange, lange Zeiten wird der 15. November d. J. bleiben, an welchem Fürst Bismarck in Berlin die westafrikanische Konferenz eröffnete … von ihren Beschlüssen wird in Zukunft das Schicksal eines ganzen Weltteils abhängen.«

Vor den Vertretern der vierzehn Teilnehmerstaaten lag eine große Afrikakarte auf dem Tisch, auf der die Herren mit Bleistift und Lineal ihre jeweils beanspruchten Gebiete einzeichneten. Vier Monate hindurch beugten sich die Köpfe über die Landkarte, bis in den Februar 1885 hinein, dann war die Karte neu gezeichnet, ein Kontinent unter globalstrategischen Gesichtspunkten zerstückelt.

Man verständigte sich darauf, das Ufergebiet des größten afrikanischen Flusses, des Kongo, zu einer neutralen Freihandelszone zu erklären, die allen zur uneingeschränkten Nutzung offen zu stehen habe, ein zweieinhalb Millionen Quadratkilometer großes Areal. Leopold war geschickt genug, sich als Vertreter der gesamten europäischen Kultur auf diesem Kongress bestätigen zu lassen, der im Interesse aller Beteiligten den neutralen Kongostaat zu verwalten sich bereit erklärte. Damit sanktionierte Bismarcks Konferenz im Nachhinein die längst geschaffene Realität, Leopolds Privateigentum am Kongobecken.

Verabschiedet wurde auch eine Maxime der „effective occupation« und der »Hinterlandszugehörigkeit«. Danach durfte jeder Staat jene Gebiete sein Eigen nennen, die er besetzt und erschlossen hatte. Besaß er Küstenniederlassungen, hatte er das Recht, seine Herrschaft in das Hinterland auszudehnen. Die Kolonialmächte setzten jene Annexionspolitik fort, die sie schon vor der Konferenz betrieben hatten, nach der Konferenz jedoch als konzertierte Aktion der Europäer. Waren 1876 zehn Prozent Afrikas in europäischer Hand, hatten die Kolonialmächte 1902 90 Prozent Afrikas unter sich aufgeteilt.

An Bismarcks Konferenz nimmt Gerhard Rohlfs als Zeitungsleser teil und als Leser vertraulicher Mitteilungen, die das Auswärtige Amt den Diplomaten des Kaiserreiches zustellen lässt.

Zum Diplomaten taugte er nach Herkunft und Stand wenig, er war weder in eine Adelsfamilie hineingeboren, noch hatte er sich innerhalb der militärischen Nomenklatur hochgearbeitet. Rohlfs war nur ein Mann, den der Kanzler brauchen konnte und der sich darum doch empfehlen musste.

Fünf Monate vor der Berliner Konferenz hatte Rohlfs Otto von Bismarck seine Eintrittskarte in das diplomatische Korps übergeben, eine Denkschrift »Über die Zustände an der Ostküste Afrikas«, mit der er sich seinem Gönner empfahl und eine Aktivierung wirtschaftlicher Kontakte durch die Errichtung von Faktoreien an der Küste Somalias vorschlug. Doch wie genau er die politische und wirtschaftliche Situation auch beschreibt, die Denkschrift liefert aus zweiter Hand übermittelte Fakten, deren Wahrheitsgehalt Rohlfs ohne tiefer führende Recherche als verbürgt voraussetzt.

Der Aufsatz ist um keine Nuance besser als alle entsprechenden offiziellen und geheimen Papiere, die dem Auswärtigen Amt vorliegen, und Berlin weiß nicht wirklich, worauf man sich an Afrikas Ostküste, in Sansibar, einzulassen gewillt ist.

Aufstieg und Fall in Sansibar

Im frühen 8. Jahrhundert zogen Araber Afrikas Ostküste hinunter, okkupierten viel Land, gründeten zwischen Mogadischu und Sofala mehrere Sultanate und annektierten die bereits im Altertum als Handelszentrum bekannte Insel Sansibar. Als der Portugiese Vasco da Gama 1497 als erster Seefahrer des Abendlandes Afrikas Kap der Guten Hoffnung umsegelte, folgten ihm viele seiner Landsleute auf der Suche nach Glück und Reichtum. Aber wo immer sie anlandeten, waren andere schon da, Araber, die mit Feuer und Schwert vertrieben wurden. 1503 nahmen die Portugiesen die Insel Sansibar in Besitz, bis sie Ende des 17. Jahrhunderts von einer starken osmanischen Kriegsflotte vertrieben wurden. In den ersten Jahrzehnten des 19. Jahrhunderts baute Sultan Sayyid Said Insel und Stadt Sansibar zu einem Machtzentrum innerhalb dieser Region aus, das sich über Jahrzehnte hinweg relativ unabhängig von Europa entwickeln konnte. Als Said starb, buhlten ebenso englische wie französische Handelshäuser um die Gunst des neuen Herrschers von Sansibar, Sultan Bargash bin Said. Auch hanseatische Kaufleute konnten seit 1859 einen Vertrag vorweisen, der ihnen einen Handelsstützpunkt auf der Insel zusicherte. Während insbesondere die Engländer ihre Niederlassungen unter dem verbrieften Schutz des Mutterlandes weiter ausbauten, hatten die deutschen Kaufleute vom Kaiserreich den Schutz ihrer Interessen vorerst nicht zu erwarten. Einzig im Deutschen Kolonialverein fanden die Hanseaten Fürsprecher und in der »Gesellschaft für Deutsche Kolonisation«, die im Frühjahr 1884 von Carl Peters gegründet wurde und sich aus dem Verkauf von Anteilscheinen zu 5000 Reichsmark finanzierte.

Carl Peters wollte vollendete Tatsachen schaffen und dem deutschen Markt in Ostafrika Rohstoffquellen, Exportmärkte und Auswanderungsgebiete erschließen, um die staatliche Kolonialgründung zu erzwingen. Seine Klientel suchte und fand er in der Mittelschicht, der er in Afrika das Paradies versprach.

Mit einer Hand voll Abenteurer und Hasardeure landete Peters an der Ostküste Afrikas, um irgendwo gegenüber der Insel Sansibar sein Kolonialunternehmen zu starten. Ein Vierteljahr brauchte es, dann hatten die deutschen Konquistadoren ein 140 000 Quadratkilometer großes Gebiet zusammengeraubt. Man war dabei ebenso grausam wie unerbittlich vorgegangen, was Carl Peters am Horn von Afrika den Namen »Hängepeters« einbrachte. Zehn ostafrikanische Dorfhäuptlinge hatten unter ein ihnen unverständliches Schriftstück ein Kreuz gemalt, einige wurden durch etwas Handgeld gefügig gemacht, andere mit vorgehaltenem Revolver zur Unterschrift gezwungen. Das Piratenunternehmen kostete nicht mehr als 17 000 Mark.

Carl Peters kehrte nach Deutschland zurück, um die Anerkennung seiner »Erwerbungen« durch die Reichsregierung durchzusetzen. Bismarck, kein Freund wilder Aktionen, reagierte eher verärgert. »Was heißt Erwerbung? Ein Stück Papier mit Negerkreuzen darunter. Die Sicherstellung, soweit sie überhaupt reicht, d. h. gegen europäische Rivalen, liegt erst in unserem Abkommen mit England.«

In dieser Situation und um die tatsächlichen Verhältnisse vor Ort zu klären, ist Rohlfs als deutscher Generalkonsul nach Sansibar unterwegs, mit einigen Fehlinformationen im Diplomatengepäck. Geheime Lageberichte, die dem Auswärtigen Amt vorliegen, erwecken den Eindruck, dass Sansibars Sultan die Bevormundung Englands gründlich verabscheue und deutsche Kaufleute den englischen vorzöge. Rohlfs' Aufgabe als deutscher Generalkonsul ist eindeutig, er soll das angenommene freundschaftliche Verhältnis zum Sultan Bargash bin Said ausbauen, auf einen abzuschließenden Handelsvertrag hinarbeiten und vor allem die englische Konkurrenz ausschalten.

In Wilhelmshaven geht er an Bord der Panzerfregatte »Bismarck«, die ihn nach Sansibar bringen soll. Im Oktober 1884 liegt ein Sturmtief über der Wesermündung, und Rohlfs hat Mühe, die Gangway hinaufzukommen. *Aber,* so schreibt er seiner Frau, *welch erhabenes Gefühl ist es doch, auf deutschem Grund und Boden, auf einem deutschen Kriegsschiff seiner Bestimmung entgegenfahren zu können. Es ist mir der schönste Lohn meines*

Lebens, dies noch mitmachen zu können. All die Schrecknisse und Gefahren, all die vielen Mühen und Drangsale, das Hungern und Dürsten, das ich in Afrika erduldet habe, sind nichts gegen das Gefühl, dass nun dieser Erdteil auch für unser Vaterland gewonnen ist und dass ich auch hierbei noch mitwirken kann.

Er ist 53 Jahre alt und seit seinen Kindertagen, siebzig Kilometer weserabwärts, weit gekommen. Damals, in Vegesack, hatte er den Emigrantenschiffen nachgesehen, als zögen auf ihnen all seine Träume vom großen Abenteuer den Fluss hinunter. Ein Krieger wollte er werden, Abenteuer auf dem Schlachtfeld finden. Jetzt ist ihm auf einem Kriegsschiff eine größere Kabine zugewiesen, hat er einen Diener bei sich und einen in einen Käfig eingesperrten Kanarienvogel, in Weimar ein großbürgerliches Anwesen und eine Frau. Vielleicht spürt er manchmal einen schmerzhaften Stich, wenn seine Träume zurückkommen, Träume vom Ausbruch aus der erstarrten Welt der Vätergeneration. Dann wird er sie als Kinderträume in sich verschließen, der verlorenen Kindheit und den stürmischen Jugendjahren nachtrauern; dass er dort angekommen ist, woraus er hatte fliehen wollen, kann er sich nicht eingestehen. Rohlfs ist von der Generation der Väter besiegt worden.

Seinen exakt umrissenen Auftrag zu erfüllen, lässt er sich vorerst Zeit. In Madeira, *weil das Reisen auf einem Kriegsschiff für einen nicht zum Offizierskorps desselben Gehörigen doch allerlei Unannehmlichkeiten und Unruhen mit sich bringt*, wechselt er das Schiff und nutzt einen englischen Dampfer, um St. Helena zu besuchen. In Kapstadt wird er über Weihnachten von einigen Engländern zu Ausflügen eingeladen. Zum Jahreswechsel ist der deutsche Generalkonsul noch immer nicht dort, wo er schon längst hätte sein sollen. Am 5. Januar 1885 wirft das Schlachtschiff »Gneisenau« in Kapstadt Anker, dessen Kapitän unmissverständliche Befehle für den säumigen Konsul hat. Unannehmlichkeiten hin, Unruhe her: Ein Generalkonsul ist ein Regierungsbeamter, keine Privatperson, und hat sich dem diplomatischen Protokoll zu fügen. Drei Tage später legt die »Gneisenau« ab, um am 29. Januar vor dem Hafen von Sansibar die Anker fallen zu lassen. Die kaiserliche Konsulatsflagge und die Flagge des Sultans werden aufgezogen, 21 Salutschüsse donnern über die See. Rohlfs ist in seinem Dilemma angekommen, er weiß es nur noch nicht.

Sultan Bargash bin Said erweist sich als umgänglicher Mann, der den Deutschen mit allen Ehren empfängt und viele gute Worte für ihn hat. Warum er jedoch eine vorhandene Bevormundung seiner Herrschaft durch eine andere ersetzen soll, die englische durch eine deutsche, kann ihm Rohlfs darum doch nicht klarmachen, vielleicht noch nicht, man hat Zeit.

Rohlfs lässt Leontine aus Weimar nachkommen. Weil das deutsche Konsulatsgebäude nicht bezugsfertig ist, erhält er von seinem diplomatischen Konkurrenten vorübergehend ein angemessenes Quartier. Sir John Kirk, der britische Generalkonsul, erweist sich auch sonst als Gentleman, mit dem es sich trefflich plaudern und dinieren lässt. Als Mediziner war er fünf Jahre am Sambesi unterwegs, gemeinsam mit Livingstone. Unmöglich, einen solchen Mann als Feind zu behandeln, sosehr sich deutsche Kolonisten über den vertrauten Umgang der beiden Generalkonsuln auch wundern.

Rohlfs hält nicht viel von diesen Männern, die ihm das Amt schwer machen und seit Februar 1885 zur Sicherung der Ansprüche auf das ostafrikanische »Carl-Peters-Imperium« einen kaiserlichen Schutzbrief besitzen. Der Schutzbrief hält Wilhelm I. im Konfliktfall alle Entscheidungsmöglichkeiten offen, er kann eine Verantwortung für das Gebiet als ›Privatangelegenheit‹ ablehnen und braucht zudem keinen Pfennig in das Unternehmen zu stecken. Mit Erhalt des Schutzbriefes hatte Peters die »Deutsch-Ostafrikanische Gesellschaft« gegründet, um endlich aus der »wilden Landnahme« einen Gewinn zu ziehen. Nun suchen die Gesellschafter in Deutschland Käufer für das annektierte Land, versprechen ihnen das Glück auf Erden, Erze und reiche Mineralienvorkommen, wenn sie nur zugreifen wollten. Kapitalkräftige Anleger, Bankiers oder Industrielle verhalten sich reserviert, andere fallen auf Peters' Glücksversprechen herein. Ein Gutsbesitzer aus Löbau klagt dem Generalkonsul sein Leid, er habe im guten Glauben von der Gesellschaft 15 000 Morgen ostafrikanisches Land erworben. Jetzt müsse er feststellen, das er den Peters'schen Werbebroschüren auf den Leim gegangen sei. Was da als unter dem Reichsprotektorat stehend verkauft wurde, erweise sich als Handel unter Privatleuten, und der erworbene Besitz stünde eben nicht unter dem Schutz Kaiser Wilhelms. *Wie ich gehört habe,* schreibt Rohlfs an das Auswärtige Amt, *verkauft Dr. Peters Land in Berlin. Das ist der reine Schwindel. Die Leute, die in Berlin in Usagara gelegenes Land kaufen, werden sich schön umsehen, wenn sie dahin kommen.*

Mit solcher Post macht er sich in der Deutsch-Ostafrikanischen Gesellschaft keine Freunde, wie er sich in Berlin mit anderen Briefen keine Freunde macht, in denen er gegen den Sklavenhandel auf Sansibar interveniert. Bismarcks Antwort kommt prompt und ist in scharfem Ton gehalten. Philantropismus liegt »außerhalb Ihrer Aufgaben«, ebenso »die Beteiligung an der Anti-Sklaverei-Politik der Engländer«. Das ist eindeutig genug und ein Seitenhieb auf den freundschaftlichen Umgang des Generalkonsuls mit seinem englischen Kollegen.

»Alle sind auf dem Auswärtigen Amt gegen Rohlfs, nur mein Vater, der schwört auf ihn«, weiß Graf Herbert Bismarck, Sohn des Reichskanzlers. Der Kanzler selbst weiß, dass er seinen Mann in Sansibar nicht gegen allen Widerstand im diplomatischen Korps halten kann, und er will es auch nicht. Vor allem Graf Pfeil, der mit »Hängepeter« in Ostafrika unterwegs war, vergiftet die Atmosphäre zwischen dem Generalkonsul und dessen Dienstherren. Im Auswärtigen Amt reicht er seine Meinung über den deutschen Generalkonsul in Sansibar herum, eine interne Informationsnotiz, im Amtsdeutsch verfasst: »Nicht von Haus aus Beamter und von daher mit jenem allen amtlichen Organisationsstrukturen gemäßen Schematismus nicht vertraut, der auch seiner Aufgabe zugrunde lag, nicht dazu zu bewegen, sich den Gepflogenheiten seines – und ebenso des Auswärtigen – Amtes anzupassen, etwa die regelmäßige Berichterstattung strikt einzuhalten, kein geschulter Diplomat mit konventioneller Karriere und damit innerhalb des exklusiven Diplomatischen Dienstes ein Fremdkörper.«

Bismarck selbst hat den Apparat geschaffen, mit dem er sich nicht anlegen wird. Im Sommer 1885, nach nur fünfmonatiger Amtszeit, wird Rohlfs zur Berichterstattung nach Berlin beordert und erfährt auf der Reise durch Zufall, dass sein Nachfolger bereits in Sansibar eingetroffen sei. In Berlin erhält er seine Abberufung, ohne dafür auch nur eine Begründung zu bekommen. Ein Angebot des Auswärtigen Amtes, ihm eine neue Aufgabe zu übertragen, lehnt er ab. Er schreibt nach Sansibar, *jetzt nach solchen Reisen Missionen zu machen, und wenn sie auch noch so ehrenvoll sind, dazu bin ich zu alt, und habe außerdem nicht den Willen, mich auf längere Zeit wieder von Dir zu trennen.* Leontine Rohlfs packt ihre Sachen, als sie diese Nachricht erhält.

In Sansibar und dem der Insel gegenüberliegendem ostafrikanischen Küstenstreifen kommentieren die deutsch-ostafrikanischen Gesellschafter Rohlfs' Abberufung lakonisch: »Wir sehen Rohlfs gerne scheiden, der Generalkonsul mag in seinem Metier – dem Reisen – am Platze gewesen sein, zum Diplomaten taugt er nicht.« Nun glauben sie den Weg freigeräumt, um die private Landnahme in eine deutsche Kolonie zu überführen, Berlin aber zögert noch immer. Wir können uns nicht in das Schlepptau der Gesellschaft und ihres unbegrenzten Annexionsdranges nehmen lassen, der Weg der Verständigung mit England und Frankreich würde dadurch ungangbar werden. Die Gesellschaft mag nehmen, was sie ohne unsere Ermunterung und Einmischung zu nehmen sich getraut, wir werden später sehen, was wir amtlich decken können, heißt es.

Im Januar 1889 wird August Bebel im Reichstag eine Rede halten und sich ausdrücklich auf Carl Peters und Genossen beziehen: »Wer ist denn diese Ostafrikanische Gesellschaft? Ein kleiner Kreis von Großkapitalisten, Bankiers, Kaufleuten und Fabrikanten, d. h. ein kleiner Kreis von sehr reichen Leuten, deren Interessen mit den Interessen des deutschen Volkes gar nichts zu tun haben, die bei ihrer Kolonialpolitik nichts als ihr eigenes persönliches Interesse im Auge haben. Einer solchen Kolonialpolitik werden wir nie unsere Zustimmung geben.«

Bismarck hätte die Verhältnisse an der Ostküste gern belassen, wie sie waren, doch der Weigerung des Sultans von Sansibar, den kaiserlichen Schutzbrief anzuerkennen, wollte er mit einer Demonstration der Stärke entschieden entgegentreten. Im August 1885 läuft ein deutsches Geschwader in den Hafen von Sansibar ein – »Nicht schießen, nur drohen!« Bismarcks Kanonenbootpolitik hat den erhofften Erfolg. Sultan Bargash bin Said anerkennt den Schutzbrief für die ostafrikanischen Regionen und stimmt darüber hinaus auch zu, die Häfen Dar es Salam und Pangani dem »Schutz« des Deutschen Reichs zu unterstellen. 1888 übernimmt Deutschland endgültig die »Verwaltung« der Peters'schen Eroberungen als deutsche Kolonie Ostafrika.

Mythos und Wirklichkeit

Gegenüber den Ergebnissen dieser Abenteuer – Ergebnissen, die man rational nennen möchte – trägt die Gesellschaft eine absolute Gleichgültigkeit zur Schau. Denn es handelt sich weder um wissenschaftliche Entdeckungen noch um dichterische oder literarische Bereicherungen, da die Zeugnisse meist von schockierender Armseligkeit sind. Es zählt der Versuch an sich, nicht sein Ziel.

Claude Lévi-Strauss

Als das Ehepaar nach der überraschenden Entlassung aus dem diplomatischen Dienst im Sommer 1885 nach Weimar zurückkehrt, liegt wärmer als erwartet der Altweibersommer im Ilmtal, und in die Villa »Meinheim 2«, die für die Zeit der Abwesenheit vermietet worden war, zieht alsbald wieder die gewohnte Geselligkeit ein. Hatte er gedacht, die erfahrene Demütigung in dem ihm vertrauten Städtchen rasch vergessen zu können, sieht er sich nun getäuscht. Stehen zwei, drei Weimaraner beieinander, glaubt er, dass sie einzig über sein unrühmliches Ende in Sansibar reden, über die Umstände seiner Abberufung als Generalkonsul. Gerüchte scheinen durch die Straßen zu laufen, denen er nicht entgegenzutreten vermag, niemand will offen darüber sprechen. Selbst die Beziehungen zum Weimarer Hof sind nicht mehr, was sie vor seiner Berufung waren; die Besuche des Herzogs in der Belvedere-Allee werden seltener, seit Rohlfs' Bemühungen, mit Bismarck in Berlin ein klärendes Gespräch zu führen, gescheitert sind. Der deutsche Kanzler empfängt den Konsul a. D. nicht mehr.

Gerhard Rohlfs ist vierundfünfzig Jahre alt und hat noch elf Jahre zu leben. An Nuancen spürt er, wovor er sich stets gefürchtet hatte, dass das Leben an ihm allmählich vorbeizulaufen beginnt, obwohl er an den gesellschaftlichen Vergnügungen in Weimar teilnimmt, Konzerte und das Singspiel besucht, Vorträge hält, die Zeitungen studiert, eine umfangreiche Korrespondenz führt. Noch immer muss er den Besuchern von seinen gefahrvollen Reisen durch die große Wüste erzählen, manchen gar praktische Ratschläge erteilen. *Was die Kleidung betrifft, so soll der Kopf stets kühl und beschattet sein, denn wenige werden es so weit bringen wie der ehemalige Kriegsminister des Kaisers Theodor von Abessinien, Herr Zander aus Dessau, der barhaupt den ganzen Weg von Magdala bis zur Küste zurücklegte. Ein Korkhelm ist das praktischste. Darüber, ob Wollstoffe, ob Baumwolle in Anwendung kommen sollen, haben sich die hervorragenden Reisenden noch nicht ent-*

schieden. Diejenigen, welche gern schwitzen, mögen sich wollner Hemden und Socken bedienen. Ein Hauptaugenmerk sollte auf gutes Fußwerk gerichtet sein. Für den Sudan möchte ich Stiefel oder starke Schuhe ohne hohe Absätze empfehlen. Und diese in hinlänglicher Anzahl, weil man auf Ersatz nicht rechnen kann.

Das war immer so, schon vor Sansibar, doch nun fragt niemand mehr nach neuen Reiseplänen, und hätte einer gefragt, hätte Rohlfs keine Antwort gewusst. Er ist im Ruhestand angekommen, und das Gefühl, nur aus der Erinnerung zu leben, lässt ihn keine wirkliche Ruhe finden. Mehr als 15 000 Kilometer war er in der Sahara unterwegs gewesen, kreuz und quer auf der Suche nach dem Abenteuer seines Lebens, jetzt liegt alles hinter ihm, kommt seine Karriere an ihr Ende.

Rohlfs Zeitgenossen machen keinen Unterschied, wie viele Kilometer einer in der Sahara, nilaufwärts oder im Tropenwald zurückgelegt hat; jeder Afrikareisende ist ihnen ein namhafter Reisender wie jeder Afrikaner, der nach Deutschland kommt, ein »Häuptling« ist. Doch die Karriere eines Afrikareisenden ist von kurzer Dauer, wenn sie aus neuen Reisen nicht genährt wird, denn nicht die Persönlichkeit des Reisenden erregt das öffentliche Interesse, sondern die Reise selbst.

Manchmal, wenn er auf Vortragsreisen vor ein größeres Auditorium tritt, wird er als Pionier der deutschen Afrikaforschung angekündigt, als der letzte große Forschungsreisende. Das macht ihn stolz und schmerzt zugleich. Er weiß, dass seine Wege durch die Sahara mit der Wirklichkeit neuer Unternehmungen nichts mehr zu tun haben. Jetzt brechen größere Expeditionen auf, das räumlich Unbekannte zu durchreisen, junge Männer mit einer wissenschaftlichen Ausbildung, denen die Forschungsreise Sprungbrett in eine Universitätskarriere ist.

Jahrzehnte hindurch galt der Reisende dem breiten Publikum als Wissenschaftler, unabhängig von seinem Bildungsstand. Noch ein 1878 in Zürich veröffentlichtes »Handbuch des Reisenden« resümierte: »Dem Reisenden unserer Tage ist eine doppelte Aufgabe gestellt. Er muss einerseits Entdeckungsreisender, andererseits fachgelehrter Forscher sein. Selbstverständlich sind die beiden Rollen nicht scharf getrennt und nicht immer auseinander zu halten. So muss es denn jedem Reisenden überlassen bleiben, für sich selbst diese Grenze zu ziehen.«

Eine Aufgabe, die einerseits den Gegensatz zwischen ›Beobachter‹ und ›Forscher‹ zu harmonisieren versucht, andererseits, im positivistischen Wissenschaftsverständnis des 19. Jahrhunderts, eine Art Arbeitsteilung beschreibt. Der Reisende, so erläutert das »Manuel du voyageur«, sei der Pionier der Wissenschaft. »In allen Theilen der Erde sammelt er Beobachtungen, Facta, welche der Gelehrte in seinem Kabinett oder Laboratorium analysiert, vergleicht, klassifiziert; er liefert dem Gelehrten die Mittel, um induktive Folgerungen und Hypothesen auf ihre Richtigkeit zu prüfen.«

Rohlfs hat sich nie anders denn als ein Pionier der geographischen Wissenschaft verstanden und war froh, dass er in August Petermann jenem Mann begegnete, der seine Beobachtungen glänzend zu vergleichen und zu analysieren, ihnen ein geographisches Gewicht zu verschaffen wusste, den Abenteurer als ›Afrikaforscher‹ im Bewusstsein seiner Zeitgenossen etablierte, im Nachhinein. »Was der Reisende bedarf«, weiß das »Handbuch des Reisenden«, »ist mit einem Wort, Scharfblick, Beobachtungsgabe und eine gewisse allgemeine Bildung zum Verständnis des Geschehens.« Darin war zwischen allen deutschen Einzelreisenden wenig Unterschied. Hornemann wie Barth, Vogel wie Rohlfs, unabhängig von ihren Reisemotiven und verschiedenen Fähigkeiten, waren Zulieferer, deren Beobachtungstalent der Erdkunde jene Fakten lieferte, die ihr nötig waren, um aus dem Zustand einer Liebhaberei herauszukommen und sich als Wissenschaft zu konstituieren. Als sie sich, im letzten Viertel des Jahrhunderts, in den deutschen Universitäten als Wissenschaftsdisziplin festgesetzt hatte, beklagten wiederum einige Gelehrte den Dilettantismus in ihrem Fach. »Das Reiseabenteuer und der historische Verlauf der Reise werden in den Vordergrund gestellt mit Vernachlässigung der wissenschaftlichen Ausbeute, und da jeder Amateur ein Geograph ist wie jeder Perser ein geborener Reiter und sich für kompetent hält, seinen Beitrag zu leisten, sind die unreifsten Arbeiten nicht allein im Stande, in großer Anzahl zu erscheinen, sondern auch mehr als in jeder anderen wissenschaftlichen Sphäre im Stande, sich rühmliche Erwähnung zu verschaffen.« Solche Klage konnte das tradierte Verhältnis von Reisen und Forschung, von Reisenden und Wissenschaftlern nicht verändern, solange die Geographie als Erdbeschreibung betrieben und als eine die Natur- und Geisteswissenschaften verbindende Wissenschaftsdisziplin verstanden wurde. Als Geograph wurde jener gehandelt, der dem Fach Fakten lieferte und seine Reisen durch Raum und Zeit mit Anstand zu Papier bringen konnte. Noch Ende des 19. Jahrhunderts, als die Mehrzahl der »weißen Flecken« aus den Afrikakarten getilgt waren, war die geographische Leistung eines Reisenden im Wesentlichen abhängig von seiner publizistischen Tätigkeit, mutierte die literarische Fähigkeit des Reisenden zum Kriterium seiner Wissenschaftlichkeit. Von solcher Auffassung der geographischen Wissenschaftsgeschichte hat Gerhard Rohlfs entscheidend profitiert, wurden doch manche Lücken, manche Mängel seiner Reiseberichte erst vom Gothaer Kartographen geschlossen oder korrigiert, ohne dass Rohlfs' wissenschaftliche Reputation dadurch Schaden genommen hätte.

Als Abenteurer zog er durch die Sahara, ausgerüstet mit Notizheft und Bleistift – *natürlich muß der Reisende mit guten Waffen versehen sein. Revolver und andere Gewehre müssen stets bei Hand sein* –, als »reisender Naturforscher« wurde er von der Geographie vereinnahmt. Er steht, so urteilt Georg Schweinfurth, an »derjenigen Stelle, wo die deutsche Saharaforschung ihren heroischen Ausdruck findet. In diesem ausgedehntesten und fast schwierigsten aller Forschungsgebiete war es, wo unsere Wissenschaft so recht eigentlich ihren Stammsitz aufgeschlagen hatte (...) So wurde Gerhard Rohlfs zum Typus jener Klasse von Reisenden, jener klassischen Reisenden, die, ohne des Aufwandes einer grossen Expedition zu bedürfen, allein oder mit wenigen Begleitern hinauszogen ins Unbekannte, jener Reisenden, für die das Reisen Selbstzweck war, uneigennützig und harmlos, mit wenig Geld und ohne Opfer an Blut, ausser dem eigenen. In dieser Periode der Afrikaforschung hatte die durch Reisen sich betätigende Geographie etwas von der Weihe der freien Forschung, wie sie die des Köders der Nützlichkeit entkleidete Wissenschaft verbürgt.«

Die Geographiegeschichte ist reich an Legenden, eine davon ist »die Weihe der freien Forschung«. Doch konnte sie nur dadurch aufrechterhalten werden, dass der historische Hintergrund der Reisen nach Afrika ebenso ausgeblendet wurde wie der biografische. Legenden, wenn sie nur unkritisch genug rezipiert werden, tendieren zum Mythos. Ein solcher Mythos ist die in ganz Europa erzählte »Entschleierung des schwarzen Kontinents« als stringente »Entdeckungsgeschichte«. In Wahrheit waren den Europäern die geographischen, insbesondere die historisch-kulturellen, die politisch-soziologischen Dimensionen Afrikas zu unbekannt, zu fremdartig, als dass sie auf dem riesigen Kontinent zielstrebig hätten umherreisen können. Selbst jene spektakulären Reiseunternehmungen in Zentralafrika, die den großen Strömen Afrikas folgend die Quellen des Nils, des Nigers und des Kongos suchten, lassen sich kaum als gezieltes Fortschreiten der Geographie interpretieren. Europa, ehe es den Kontinent kolonialisierte, kam dorthin, wohin es von Afrikanern geführt wurde. Das Neben- und Durcheinander der späteren afrikanischen Kolonien ist der kartographierte Beweis, dass europäische Reisende eher von den Wechselfällen in Innern Afrikas abhängig waren als von geographischen Planspielen.

Ein vorgegebenes Ziel hatten alle, eine Oase, einen Herrscherhof oder eine Handelsstadt. Ob sie ihr Ziel erreichten und auf welche Weise, hing von den politischen, sozialen und auch militärischen Verhältnissen ab, mit denen sie sich auseinander zu setzen hatten, von der Persönlichkeit der Reisenden und von ihrer Fähigkeit, sich im fremdartigen politischen Terrain durchzusetzen.

Der Belgier Jérôme Becker, zehn Jahre in Äquatorialafrika unterwegs, beschreibt seine Begegnung mit dem Stamm der Warua, die sich der Forderung widersetzten, seiner Expedition Führer und Träger bereitzustellen. »An solche Art und Weise wären die Warua nicht gewöhnt, man habe sie nicht zur Bereitstellung von Führern zu drängen, sondern sie zögen es vor, alle Geschäfte ruhig und dem Gebrauche gemäß zu erledigen. Von Reisenden erwarteten sie, dass sie, in einem Dorf angekommen, ihre Zelte aufschlügen, Erfrischungen zu sich nähmen und eine Weile rasteten; dass sie sich dann zum Häuptling begäben und sich vom Volke sehen ließen. An dies Alles seien sie gewöhnt … zum ersten Mal auf meiner Reise wurde ich gewahr, dass ich mich unter einem mächtigen Stamme befand, welcher mit äußerster Sorgfalt und Vorsicht behandelt zu werden verlangte, wenn wir nicht in Ungelegenheit kommen wollten.«

Ihre Reisen wollten alle möglichst schnell zum Ziel bringen, Rohlfs nach Timbuktu oder Kufra, Livingstone an die Nilquellen; das Ziel zählte, nicht der ›unwirtliche‹ Weg, die Eroberung mehr als die wissenschaftliche Erkundung. Die für die Wissenschaft, für die Geographie und Ethnographie relevanten Fakten waren dabei nur Nebenprodukte der jeweiligen Reisen, deren Charakter ebenso von nationalen Rivalitäten geprägt war, wie sie immer wieder als »sportlicher« Wettstreit beschrieben wurde. Das 19. Jahrhundert sprach von der »Erstdurchquerung« der Sahara durch Rohlfs, von seinem »Alleingang durch die Wüste«, davon, dass er als erster Europäer diese Oase oder jenes Terrain betreten habe, vom historischen und biografischen Kontext seiner Reisen sprach es nicht.

Noch über das 19. Jahrhundert hinaus ist ein Desinteresse der Wissenschaftshistoriker spürbar, die Biografie des Reisenden anders als aus seinem »Werk« zu erklären, aus den Reisebeschreibungen, in denen die Autoren als Erzähler und zugleich als Akteure des Erzählten auftreten. Das kennzeichnet die gesamte Reiseliteratur des Rohlfsschen Jahrhunderts, eine Mischung aus Fiktion und Wirklichkeit der durchlebten Erfahrungen, die unterschiedslose Durchdringung der Erzählebenen, des auktorialen und des subjektiven Blicks. Die populären Reisebeschreibungen erzählen die abendländische wissenschaftliche Erforschung Afrikas jenseits der tatsächlichen Abläufe als den heroischen Kampf Einzelner, als Ausdruck männlicher Willensstärke und einer zivilisatorischen Überlegenheit Europas, von nachfolgenden Generationen eher unkritisch rezipiert. Rohlfs' Publikationen machen davon keine Ausnahme, auch sie erzählen den Mythos einer heroischen »Afrikaentschleierung«, deren Helden Jérôme Becker beschreibt: »Da sind zunächst die Unerschrockenen, deren unwiderstehliche Berufung mit Instinkt gepaart ist; sie scheuen vor keinem Hindernis zurück und schreiten vorwärts, als hielten sie sich für unverwundbar. Das sind Halbgötter, häufig Märtyrer ihrer Beherztheit und Kühnheit wie der Prometheus der griechischen

Mythen, aber im Pantheon der Wissenschaft in ewigem Glanz strahlend. Danach kommen die lediglich unternehmenden und wissbegierigen Naturen, die von Leidenschaft für den Kampf und von Begeisterung für das Unbekannte erfüllt sind. Was sie in der Ferne suchen, sind Aufregungen und neue Eindrücke; unter ihnen gibt es den Draufgänger ebenso wie den Künstler, aber wir verdanken ihnen wertvolle Informationen. Ferner gibt es den Ehrgeizigen, der den Wunsch hat, etwas zu sein, und den Heruntergekommenen, den es verdrießt, dass er nichts ist. Und da ist schließlich der Soldat, der Seemann und der Kaufmann, welche sich nicht um die Gefahr kümmern und von ihrem Stand und ihrem Beruf her auf ihren guten Stern vertrauen.« Und, so möchte man hinzufügen, zu jenen, die auf ihren Stand und ihren guten Stern vertrauen, gehören auch die Missionare. »Unberücksichtigt«, schreibt Becker weiter, »lasse ich den gewöhnlichen Abenteurer, der, von persönlichem Interesse getrieben, als Freibeuter des Fortschritts von einer beliebigen Fahne Freibriefe begehrt, um seine zweifelhaften Unternehmungen zu decken. Mit einem Wort, keine Auslese, sondern zahlreiche Freiwillige, die entschlossen tätig sind und bisweilen Glück haben; sehr wenige echte Reisende, welche die komplexen Fähigkeiten in sich vereinen, die allein ein durchdachtes, vollständiges Ausbildungssystem entwickeln kann.«

Aus Heroismus und selbstloser Entsagung, aus Abenteuerlust und Berufung ist jenes Klischeebild geformt, das den Reisenden als Forscher, den Forscher als Geographen fixierte. Der Unterschied zwischen Entdeckung und Erforschung wurde dabei unterschlagen, wie er in den Reiseberichten unterschlagen wurde. Alles wurde als Entdeckungsreise ausgegeben, was in Wahrheit eine Reise auf ausgetretenen Pfaden war, im wörtlichen und im übertragenen Sinne.

In Weimar drängt Leontine Rohlfs ihren Mann an den Schreibtisch, seine Autobiografie zu schreiben; dazu kann er sich nicht entschließen. Kein Europäer, der in Afrika unterwegs war, hat eine Autobiografie vorgelegt, manche haben selbst ihre Aufzeichnungen zurückgehalten. Als Paul Pogge, der sich 1875 einer Forschungsreise der Deutschen Gesellschaft zur Erforschung Äquatorialafrikas anschloss, 1884 an Angolas Küste im Sterben lag, verfügte er, dass seine Tagebücher verbrannt würden. Doch dem Wunsch des Sterbenden wurde nicht entsprochen, Pogges Tagebücher erschienen ein Jahr später in den »Mittheilungen der afrikanischen Gesellschaft in Deutschland«. Im Vorspruch des Herausgebers heißt es dann: »Welches die Gründe gewesen sind, die den sterbenden Forscher zu dem Wunsche bewogen, auch diese letzten Zeugen seiner Thätigkeit vernichtet und dem Feuer übergeben zu sehen, wer vermöchte dieses psychologische Rätsel zu lösen? War es seine allzugrosse Bescheidenheit, war es vielleicht die Annahme, dass ein Fremder aus diesen flüchtig hingeworfenen Gedanken und Erkundigungen nichts zu entnehmen vermöge, oder war es vielleicht nur die Einwirkung der verhängnisvollen Krankheit, welche ihn zu diesem extremen Schritt trieb? Wir haben eine Lösung dieser Frage nicht zu finden vermocht.«

Ein Tagebuch haben sie alle geführt, haben mehr oder minder akribisch ihre Bewegung durch Raum und Zeit festgehalten, immer wieder ihre Abhängigkeit von den Wechselfällen afrikanischer Geschichte und Kultur notiert. Das Tagebuch lieferte nicht nur ein schriftliches Fixierbild der Landschaften, durch die der Europäer zog, der Menschen, die ihm begegneten, der Ereignisse und Erfahrungen, denen er sich ausgesetzt sah; die Tagebucheintragungen waren zuerst eine Form der Selbstdisziplinierung, der Kontrolle über sich und die anderen.

Leontine mag reden wie sie will, eine Autobiografie will er nicht schreiben, seine Biografie, so wird er ihr gesagt haben, sei in seinen Büchern und in den Petermannschen Mitteilungen niedergelegt, da sei er als Afrikaforscher vorhanden, wenn auch vielleicht nicht als Geograph, habe sich doch die Kartographie entwickelt und seine Routenkarten, bis auf wenige Ausnahmen, seien modernen Anforderungen nicht mehr gewachsen. Das akzeptiere er, wird er noch hinzugefügt, dagegen aber verschwiegen haben, dass er sich damit nur schwer abfinden kann.

1888 stirbt Kaiser Wilhelm I., und sein Enkel besteigt als Wilhelm II. den Thron des Deutschen Reichs. Zwei Jahre später wird der junge Kaiser Otto von Bismarck in den Ruhestand entlassen. Rohlfs unternimmt noch einen halbherzigen Versuch, sich dem neuen Kaiser als deutscher Konsul in Tripolis anzubieten; Wilhelm II. jedoch will ihn ebenso wenig empfangen wie der neue Reichskanzler Leo Graf von Caprivi. Einmal mehr fühlt er sich aus der Mitte des öffentlichen Lebens an dessen Rand versetzt. Darüber helfen auch nicht die Besucher hinweg, denen er sein Haus noch immer offen hält, obwohl er die Gastfreundschaft nur noch mühsam finanzieren kann. Die Bücher werfen nichts mehr ab. Seine Haupteinnahmequelle versiegt somit zum Rinnsal, die Vortragsreisen werden ebenso seltener, wie sie ihm beschwerlicher werden. Die Sahara fordert ihren Tribut.

1889 verkauft das Ehepaar die Weimarer Villa und zieht nach Rüngsdorf, heute längst in Bad Godesberg eingemeindet und baut sich in der Friedrichstraße 10 »Meinheim 3«. *Obschon ich bloß 59 Jahre alt bin und meine Frau 40, fühle ich mich keineswegs so sehr alt – nur hinsichtlich des Klimas muß ich mich, da ich mit Unterbrechung allerdings ja 30 Jahre afrikanische Luft geatmet habe, sehr in acht nehmen. Dies hat auch meine Übersiedlung nach Godesberg, einem der wärmsten Punkte Deutschlands, zur Notwendigkeit gemacht. Im vergangenen Jahr habe ich Weimar, wo ich 20 Jahre mit Unterbrechung, bedingt durch Reisen, glücklich und zufrieden lebte, verlassen.*

Als er das schreibt, 1890, wird die bislang britische Insel Helgoland dem deutschen Kaiserreich zugeschlagen, erhält England im Gegenzug die deutschen Schutzgebiete Witu und Sansibar. An der Entwicklung deutscher Kolonien nimmt Rohlfs noch immer den lebhaftesten Anteil, er schreibt für die »Kölnische Zeitung« Artikel, in denen er die Besetzung der Kyrenaika durch deutsche Kolonialisatoren einfordert. *Die Italiener haben, wie es scheint, Cyrenaica wieder aufgegeben … Für mich steht es aber fest, dass, wenn auch das Mittelmeer nicht mehr die Bedeutung wie im Altertum für Europa hat, wir doch augenblicklich danach trachten sollten, uns dort eine Kolonie zu sichern, und das einzige Land, welches geeignet ist, scheint mir Cyrenaica zu sein. Wir müssen unbedingt am Mittelmeer eine Kolonie haben, schon der zunehmenden Schifffahrt wegen.* Doch ebenso, wie er als Abenteurer zur letzten Konsequenz wenig fähig war, als Forschungsreisender die Forschung gern anderen überließ, bleibt auch der ›Kolonialpolitiker‹ Rohlfs ohne jede Verbissenheit, frei von aller Apologie.

Timbuktu hatte er nicht erreicht, in Kufra war er gescheitert, und was er zur Geographie, Geologie oder zur Archäologie der Großen Wüste zu sagen wusste, war selten genau recherchiert. Selbst in den unverkennbar rassistischen, zunehmend nationalistischen Passagen seiner Reisebücher spiegelt sich eher der in Deutschland herrschende Zeitgeist, weit mehr, als dass Rohlfs ihn hätte prägen können.

In Godesberg kommt Rohlfs zur Ruhe, von seinem sich verschlechterndem Gesundheitszustand gezwungen. Weil er nur mühevoll die Treppe in den ersten Stock der Villa hinaufsteigen kann, wird das Erdgeschoß um zwei Zimmer, ein Arbeitszimmer und einen Schlafraum, erweitert. Die oberen Räume werden als Gästezimmer hergerichtet; oft werden sie nicht benötigt, und falls doch, sind es Familienangehörige, die einige Tage in »Meinheim 3« Logis nehmen. Im Winter reist das Ehepaar nach Wiesbaden zum Bruder Heinrich Rohlfs, der seit Jahren gelähmt ist. *Lieber eine Kugel durch den Kopf, als solch ein Leben.* Jedes Mal sagt er das, wenn er in Godesberg zurück ist.

1895 erleidet Rohlfs einen Schlaganfall. Er sei gelähmt, sagt er, und könne nicht mehr aufstehen; doch er erholt sich schnell. Im Mai 1896 versagt nach erneutem Schlaganfall die Sprache, drei Tage später stirbt Gerhard Rohlfs an Herzlähmung. Es ist der 2. Juni 1896. Leontine Rohlfs wird ihn um vierzig Jahre überleben.

Anhang

Literaturliste

Gerhard Rohlfs' Werke

Reise durch Marokko, Obersteigung des Großen Atlas. Exploration der Oasen von Tafilelt, Tuat und Tidikelt und Reise durch die Große Wüste über Rhadames nach Tripolis. Norden 1868.

Im Auftrag Sr. Majestät des Königs von Preußen mit dem Englischen Expeditionskorps in Abessinien. Bremen 1869.

Land und Volk in Afrika. Bremen 1870.

Von Tripolis nach Alexandria. Band 1–2. Norden 1871

Mein erster Aufenthalt in Marokko und Reisen vom Atlas durch die Oasen Draa Tafilet. Bremen 1873

Quer durch Afrika. Reise vom Mittelmeer nach dem Tschad-See und zum Golf von Guinea. Band 1–2. Leipzig 1874–1875.

Drei Monate in der Libyschen Wüste. Cassel 1875.

Beiträge zur Entdeckung und Erforschung Afrikas. Berichte aus den Jahren 1870–1875. Leipzig 1876.

Kufra. Reise von Tripolis nach der Oase Kufra, ausgeführt im Auftrage der Afrikanischen Gesellschaft in Deutschland. Leipzig 1881.

Neue Beiträge zur Entdeckung und Erforschung Afrikas. Cassel 1881.

Expedition zur Erforschung der Libyschen Wüste unter den Auspizien Sr. H. d. Chedive von Ägypten im Winter 1874/1875 ausgeführt. Cassel 1883.

Meine Mission nach Abessinien. Auf Befehl Sr. Maj. des deutschen Kaisers, im Winter 1880/1881 unternommen. Leipzig 1883.

Angra Pequena. Leipzig 1884.

Quid novi ex Africa. Kassel 1886.

Werke über Gerhard Rohlfs

Günther, Konrad: Gerhard Rohlfs. Lebensbild eines Afrikaforschers. Freiburg 1912.

Schweinfurth, Georg: Zur Erinnerung an Gerhard Rohlfs. In: Westermanns illustrierte Monatshefte. Band 82. 1897.

Wolkenhauer, W.: Gerhard Rohlfs. In: Deutsche Geographische Blätter. Band 19, H. 4. Bremen 1896.

Wolfgang Genschorek: Im Alleingang durch die Wüste. Das Forscherleben des Gerhard Rohlfs. Leipzig 1982

Leben und Werk des Afrikaforschers Gerhard Rohlfs (1831–1896): Gerhard-Rohlfs-Symposion am 1. Juni 1996 in Bremen-Vegesack. Hrsg.: Kulturreferat Bremen-Nord im Ortsamt Vegesack in Zusammenarbeit mit Zentrum für Afrika-Studien, Universität Bremen. Bonn : PAS, 1998

Eckart, Wolfgang Uwe: Gerhard Rohlfs, Gustav Nachtigal und Emin Pascha: drei Ärzte als Afrikaforscher und Diplomaten am Beginn der deutschen Kolonialzeit, in: Tempo Medical 9 (1982), 31–35.

Fotografien aus der Libyschen Wüste. Eine Expedition des Afrikaforschers Gerhard Rohlfs in den Jahren 1873/74 fotografiert von Philipp Remelé. Hg.: Museum Schloss Schönebeck. Bremen 2002

Bildnachweis

Alle Bilder. Heimatmuseum Schloss Schönebeck, Bremen